大学生就业指导

主 编 ▪ 易滨秀

副主编 ▪ 袁剑峰 叶高亮 宋海妍

清華大學出版社

北 京

内 容 简 介

党的二十大报告指出，“强化就业优先政策，健全就业促进机制，促进高质量充分就业”。本书结合大学生实际情况，引入企业典型案例，旨在为毕业生提供就业形势、就业政策、求职准备、求职技巧、就业权益保护等方面的指导，帮助大学生树立正确的择业观，促进大学生更加充分、更高质量就业。

本书在内容编排上力求知识性、实践性、时代性和实用性相结合，在结构上采用理论、案例、阅读、练习相结合的方式，帮助大学生分析当前就业形势，掌握求职方式、方法和技巧，激励大学生增强职业生涯规划的自主意识，提高就业竞争力。

图书在版编目(CIP)数据

大学生就业指导/易滨秀主编. —北京：清华大学出版社，2023.9
ISBN 978-7-302-64279-4

Ⅰ. ①大… Ⅱ. ①易… Ⅲ. ①大学生一职业选择 Ⅳ. ①G647.38

中国国家版本馆 CIP 数据核字(2023)第 138462 号

责任编辑：陈凌云
封面设计：张鑫洋
责任校对：刘 静
责任印制：沈 露

出版发行：清华大学出版社
网　　址：https://www.tup.com.cn，https://www.wqxuetang.com
地　　址：北京清华大学学研大厦 A 座　　**邮　　编**：100084
社 总 机：010-83470000　　**邮　　购**：010-62786544
投稿与读者服务：010-62776969，c-service@tup.tsinghua.edu.cn
质量反馈：010-62772015，zhiliang@tup.tsinghua.edu.cn
课件下载：https://www.tup.com.cn，010-83470410
印 装 者：三河市君旺印务有限公司
经　　销：全国新华书店
开　　本：185mm×260mm　　**印　　张**：13　　**字　　数**：295 千字
版　　次：2023 年 11 月第 1 版　　**印　　次**：2023 年 11 月第 1 次印刷
定　　价：49.00 元

产品编号：101680-01

前　言

就业乃民生之本，关系到千家万户的幸福，是国家稳定发展的重要基石。大学生是我国宝贵的人力资源，对国家未来发展有着至关重要的作用，是实现中华民族伟大复兴的希望。做好大学生就业工作，是大学教育工作的重中之重。据教育部统计，全国 2023 年大学毕业生人数达到 1158 万人，创历史新高，大学毕业生就业形势变得更为复杂严峻。为促进大学生高质量充分就业，国家出台了一系列的就业扶持政策，并督促各地各高校强化对大学生的就业指导，聚政府、社会、高校和学生本人之力解决大学生就业难问题。为此，我们结合大学生实际情况，融入编者多年从事大学生就业工作及就业指导教学的经验，引用企业的典型案例，编写了本书。本书旨在为大学毕业生提供就业形势、就业政策、求职准备、求职技巧、就业权益保护等方面的指导，帮助大学生树立正确的择业观，根据自身条件和就业形势选择职业，实现自己的人生价值。本书高度重视课程思政，将党的二十大精神融入教材、带入课堂，号召青年学子紧密团结在党中央周围，牢记空谈误国、实干兴邦，坚定信心、同心同德，埋头苦干、奋勇前进，为全面建设社会主义现代化国家、全面推进中华民族伟大复兴而团结奋斗。

本书在内容编排上力求知识性与实用性相结合，注重实践并紧随时代，将就业指导分为大学毕业生就业现状分析、就业能力培养、就业信息收集、求职心理调适、求职材料准备、求职技巧提升、就业手续办理七个专题，覆盖了整个就业链条。本书在结构上采用理论、案例、阅读、练习相结合的方式，让学生拥有广阔的思考与练习的空间，通过丰富的教学内容，扩充教学资源，帮助学生学会分析当前的就业形势，掌握求职的方式、方法和技巧，激励学生增强职业生涯规划的自主意识，提高自身的就业竞争力。

本书由宜春职业技术学院二级教授易滨秀担任主编，由多年从事就业指导工作的袁剑峰、叶高亮、宋海妍担任副主编，由教学经验丰富的陈超、吴菊花、况晶、万发瑞担任编委。华为开发者创新中心负责人童得力参与了教材内容的设计与编写。在本书编写过程中，编者引用了国家关于就业方面的政策文件，参阅了多本同类教材和相关资料，并吸取了其中精粹，同时还引入了企业资源，从合作企业方获得了许多一手资料，在此一并表示衷心的感谢。

由于编者水平有限，书中难免存在不妥之处，敬请专家和读者批评、指正。

编者

2023 年 7 月

目　录

专题一

大学毕业生就业现状分析

知识目标：

1. 了解就业的概念与意义；
2. 了解影响大学毕业生就业的因素；
3. 熟悉国家关于大学毕业生的就业政策。

能力目标：

1. 认清大学毕业生的就业形势；
2. 掌握破解就业难问题的应对策略；
3. 学会运用大学毕业生就业政策。

思政目标：

了解新时代、新形势下大学生的新任务，鼓励大学生到祖国最需要的地方去建功立业，为建设祖国贡献力量。

案例 1-1

做大城市的“蚁族”不如做家乡的“俊杰”

一晃，我已经站在了就业的风口浪尖。

我出生在辽阳的边远农村，承载着几辈人的希望踏上求学路。临近毕业，当再一次面对前景的抉择时，我陷入了两难，心中潜伏的是“留下”，耳边唤起的却是“回来”……

留下来做“蚁族”吗？为了1%的机会和希望，去付出200%的斗志与期待，奋斗将成为生活中的主打节奏，只为有朝一日衣锦还乡时父母脸上的荣光。一位同乡的学长在沈阳打拼了两年，他说：“最怕父母催问我攒的钱够不够买房，什么时候能结婚。”

我很同情他。每个人都坚信自己有一天能够搬进钢筋水泥筑成的房子，给自己的孩子自豪地讲述曾经的奋斗史。

我明白了，真正能安放我青春和梦想的，是我亲爱的家乡！

家乡翻天覆地的变化和发展速度召唤着我：回来，家乡人民欢迎你；回来，家乡建设需要你。返乡路上我不会孤单。只要我们努力，只要我们能接受心理的落差，小地方一样能成就大事业。家乡对人才的极度需求，广阔的自我发展空间，基层部门的重视，亲朋好友的鼓励，都能让我将梦想放飞得更高、更远。

小地方，大舞台。我已经看到了自己的明天，怀揣梦想，拎着行李走出家乡的车站……

案例分析

就业观念不同，就业选择就不同。该同学通过对就业形势的分析，放弃了做大城市的“蚁族”，选择做家乡的“俊杰”，表明了他对自己未来生活和工作的态度。

阅读材料 1-1

随着互联网数字技术的进步，新就业形态也在蓬勃发展，灵活就业已经成为就业市场的一大趋势。近年来，新就业形态在城镇、乡村都创造了大量就业岗位，尤其是云客服、人工智能标注师等新岗位。据国家统计局相关数据，截至2021年年底，中国灵活就业人员已经达到2亿人。

任务一 认识大学毕业生就业形势

党的二十大报告指出，中国共产党已走过百年奋斗历程，要高举中国特色社会主义伟大旗帜，全面贯彻新时代中国特色社会主义思想，弘扬伟大建党精神，自信自强、守正创新，踔厉奋发、勇毅前行，为全面建设社会主义现代化国家、全面推进中华民族伟大复兴而团结奋斗。实现这一目标，需要大批优秀的人才，高校应坚持立德树人，肩负起“为党育人、为国育才”的责任。习近平总书记指出：“我国拥有世界上规模最大的高等教育体系，有各项事业发展的广阔舞台，完全能够源源不断培养造就大批优秀人才，完全能够培养出大师。”保障大学生就业是国家的一项大事，但高校毕业生就业受诸多因素的影响，近年来，随着大学毕业生人数快速增长，就业市场总体供大于求，大学生人力资源的社会供需矛盾愈发突出，大学生的就业问题成为社会、学生家长、学生共同关注的热点问题。大学生就业难已经成为不争的事实。在这样的情形下，正确认识当前的就业形势，寻找适合自己的目标，提前决策，成为大学毕业生的首要任务。

一、就业的概念和意义

了解就业的概念，认识就业的意义，能让我们为就业注入动力。

（一）就业的概念

就业是指具有劳动能力的公民在法定劳动年龄内，依法从事某种有报酬或劳动收入的经济活动。就业应同时满足以下三个基本条件：一是劳动者具有劳动能力，并在法定劳动年龄内；二是劳动者所从事的是合法的经济活动；三是劳动者从事这一经济活动可获得相应的收入。随着社会的发展，就业的形式越来越灵活，除了到行政与企事业单位就业外，还有自主创业、社会服务和自由职业等灵活多样的就业形式。

（二）就业的意义

从大处讲，就业是最大的民生，关系到国家的发展，社会的稳定，民族的富强，以及千万个家庭的幸福，具有非常重要的意义；从小处讲，就业是每个学子的归宿，也是他们生存、发展和实现自我价值的起始，同样意义非凡。

1. 生存

通过就业获得某一具体的劳动岗位，取得一定的经济报酬，从而获得自身生活资料的来源，即维持生计，实现自立。

2. 发展

在职业活动中，逐步适应社会，完成个人的社会化过程，获得自身的全面发展，实现自强。

3. 升华

通过完成国家、社会和单位所赋予的任务，获得自我升华，实现自身价值。

二、大学毕业生就业形势

当前乃至今后相当长一段时期，大学生就业形势依然严峻，就业矛盾依然突出，毕业生就业的竞争压力在加剧。政府为了减轻毕业生的就业压力，正大力开拓就业渠道，引导毕业生响应国家需求，进入一些新领域、新业态。

（一）大学毕业生就业人数逐年增长，竞争日益加剧

我国深入贯彻以人民为中心的发展思想，建成世界上规模最大的教育体系、社会保障体系、医疗卫生体系，教育普及水平实现历史性跨越，我们国家的高等教育已从传统的精英化模式向现代化大众化模式转变。自 1999 年高校扩招以来，高校毕业生人数逐年增长，呈跃进式增长态势。2001 年，全国高校毕业生仅为 113 万人，2010 年达到 631 万人，2020 年 874 万人，到 2022 年已达到 1076 万人。2001—2022 年，当年需要就业的高校毕业生人数从 113 万人扩张到 1076 万人，增长近 10 倍（见图 1-1）。与此同时，全社会对大学生的就业吸纳能力并没有同步增长，就业竞争日益加剧。

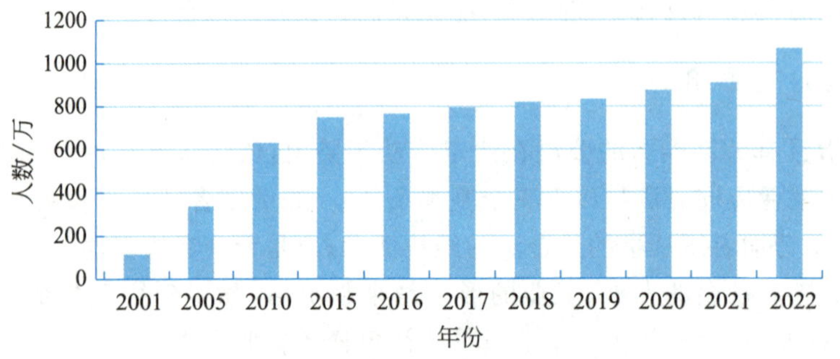

图 1-1　2001—2022 年全国大学毕业生人数

数据来源：根据教育部网站资料整理。

（二）社会就业岗位增长缓慢，劳动力总体供大于求

就业岗位的增长与国家经济总量的增长息息相关。近年来，我国改革开放和社会主义现代化建设取得巨大成就，但问题仍然存在。一方面，经济结构性、体制性矛盾突出，发展不平衡、不协调、不可持续，传统发展模式难以为继；另一方面，国际政治形势日益复杂，经济摩擦不断增多，全球经济形势具有很大的不稳定性，这些因素都给我国的经济增长带来了很多不确定性，经济增长缓慢，甚至有下行的风险，因此，经济增长创造的就业机会也十分有限，加上企业结构调整、技术进步等原因，使得企业对员工数量的需求进一步降低。据人力资源和社会保障部统计，近十年，我国城镇新增就业人数年均为 1300 万人左右，并不能满足全部的就业需求。

（三）大学毕业生就业存在结构性矛盾，岗位与人才不匹配

我国就业市场存在一个很典型的现象：有人没事做，为了获取一份体面轻松的工作，几千人竞聘一个岗位，竞争异常激烈；有事没人做，有的企业需要大量技术技能型人才，但招聘非常难。这是就业市场的结构性矛盾所造成的后果。由于区域发展不平衡，环境和职业收入的差异以及大学生就业观念的变化，导致大学生的职业选择存在偏差，就业的结构性矛盾突出，岗位与人才不匹配。从高校毕业生的就业观念上分析，他们比较偏好时尚、自由、轻松及环境优美的职业，而对传统、严谨、辛苦及劳动密集型职业比较排斥，导致我国高学历人才富余，而企业需要的高技能人才缺乏。从学科专业结构上分析，与我国产

业发展结合紧密的机械、电子、电力、制造、信息、能源、环境等工科和应用性较强的学科专业就业形势较好，其中高技能人才的需求增幅最大，而一些基础理论和文科专业如财经、历史、中文、哲学、体育、艺术等学科的毕业生供过于求，就业比较困难。从毕业生就业的区位选择来看，地区之间就业不平衡，"亲东远西"矛盾突出。东部省市吸纳了全国大部分的高校毕业生，而中西部地区、资源枯竭城市、老工业基地、困难行业集中的地区，吸纳的毕业生则不足30%。东部及沿海发达地区是毕业生择业的热点地区，高校毕业生云集，供给相对过剩；而广大中西部地区，高素质人力资源供给不足。从城乡就业分布看，基本呈现大、中、小城市次第递减分布趋势，"亲城远乡"的情况比较明显。90%的高校毕业生集中在县以上城市，选择县以下乡镇与农村就业的比例过低。从高校毕业生就业单位选择来看，毕业生大多对政府机关、事业单位和国企等体制内用人单位感兴趣，就业选择上"扎堆"现象突出。

（四）国家大力扶持大学生就业创业，优惠政策增多

近年来，国家针对大学生就业创业的优惠政策不断加强，每年国家部委都会针对大学生就业创业出台一些新的政策规定。在就业方面，很多往年已有的政策要么是力度进一步加大，要么是得到了具体和细化，而且有很多新的政策出台。比如，着眼于解决社会保障、档案户口、人员编制等各类实际问题的基础性政策，还有一些引导性的政策。比如，部属高校应届毕业生如果到中西部、艰苦边远地区基层单位服务三年以上，其学费由国家补偿等。除此之外，地方的就业部门也在努力为毕业生创造更多的便利条件，高校更是开足马力保证毕业生的就业工作能够顺利开展。在创业方面，2018年12月国务院印发的《关于做好当前和今后一个时期促进就业工作的若干意见》提出：加大创业担保贷款支持力度，符合条件的个人和小微企业，除了可分别申请最高不超过15万元和300万元的创业担保贷款外，各地还可因地制宜适当放宽创业担保贷款申请条件，由此产生的贴息资金由地方财政承担。从各地来看，对创业的补贴对象、补贴标准和补贴上限均有所调整。比如广东对符合条件的创业者提供最高30万元的创业担保贷款及贴息，并将一次性创业资助标准提高到1万元。这些支持大学毕业生创业的政策，对想创业的人而言是很大的利好。

阅读材料 1-2

2022届中国高校毕业生总规模达1076万人，首次突破千万大关，其中85%是"00后"。

截至2021年年底，中国灵活就业人员已经达到2亿人，其中从事主播及相关行业的人员达160多万人，较2020年增加近三倍。

2022年全国硕士研究生报考人数达到457万，比2021年增加80万，增幅超过21%。

当前，我国面临较大的就业压力。在"六稳"和"六保"中居首位的，就是"稳就业"。面对未来越来越多的不确定性，这一代站在就业"十字路口"的年轻人，特别是大学生，应该何去何从？在他们每个人的心里，是否有属于自己的选择和答案？

“我觉得，我们应该给现在的年轻人，特别是大学毕业生更多的时间和空间，用更平和、更包容的态度看待他们的就业选择。”全国人大代表、南京农业大学经济管理学院院长朱晶在接受中国发展改革报社记者采访时表示，无论他们做出什么样的决定，社会，特别是家长一定要克服焦虑情绪，尊重这些大学毕业生的选择和追求。

三、影响大学毕业生就业的不利因素

影响大学毕业生就业的因素是多元的，要解决大学毕业生就业难问题，需要全社会的共同努力。对于毕业生来讲，有些因素是自己无力改变的，有些因素是自己能够改变的，毕业生必须主动适应社会变化，抓住新机遇，努力提升自我。影响大学毕业生就业的不利因素主要有以下几个方面。

（一）用人单位的选择误区

1. 过分关注文凭

不少用人单位认为，学历越高越好，选人只看学历，造成了受聘人员的水平和能力与岗位不相适应，导致人才浪费。比如一些用人单位非名牌大学毕业生不要，宁愿接收重点高校的“普通生”，也不要普通高校的“优秀生”。如有些单位招聘的仅仅是简单的文字处理人员，却要求应聘者必须是计算机软件研究生毕业。而且，现实工作中有些人的能力与文凭并不能直接画等号，不少高职学生的业务能力不比本科生、研究生业务能力差。

2. 过分看重工作经验

经验不足是应届大学毕业生最大的劣势，不少用人企业因经营有困难，急于招聘某一方面的能人，并且希望很快给企业带来变化，认为应届大学生无法满足用人单位要求。实际上，用人单位忽视了大学生的潜力和可塑性，其实经验是在实践中培养起来的，大学生有较高的理论水平，只要经过短期实践即能胜任工作岗位。

3. 存在性别歧视

许多情况下，女大学生相较于男大学生明显处于劣势，不少用人单位会考虑女大学生的生理因素、婚姻因素、成就动机，以及生育保险费和女工劳动保护费用等，认为同等情况下女大学生将来工作成本比男大学生高，因此在选人时优先考虑男生，甚至非男生不要，严重破坏了就业的平等性。

（二）高校的人才培养问题

1. 人才培养与社会需求脱节

部分高校不顾人才的社会需求，盲目招生，人才培养与市场需求脱节，社会急需的专业毕业生供应不足，而需求较少甚至是“夕阳”产业的毕业生又供应过剩。

2. 市场应变慢

专业调整步伐太慢，不能面向就业市场大胆创新，人才培养的针对性不够。

3. 产教融合不紧密

高校教育与产业发展联系不紧密，一些课程的理论知识老化，严重滞后于当今产业发展；对产业实践性教学环节的重视程度不够，大学毕业生应当具备的实践经验和操作技能未在高校人才培养中得到有效保障。

4. 开创意识弱

学校过分依赖政府投入，利用社会力量联合办学、“开门办学”的胆识和力度不够。

（三）毕业生自身的局限

1. 毕业生的就业观念滞后

当今社会已进入知识经济时代，以现代科技知识为基础，以信息产业为核心，产品的更新迭代很快，经济形态千变万化，这些形势大大加速了职业的变化，许多职业被淘汰，不少以前吃香的职业现在已经不行了，同时又有许多新的职业涌现出来，为劳动者提供了新的机遇。因此，大学生的就业观念必须跟上快速变化的市场形势，积极参与到市场的变化与竞争当中，与时俱进。但目前仍有部分毕业生的就业观念落后，具体表现在：毕业生缺乏新的市场环境下应有的竞争意识、参与意识和风险意识；毕业生择业态度消极、被动，在思想深处缺乏“成家立业”应有的敢想敢干、甘当风险、用行动改变自身命运、营造健康人生的积极进取精神，甘当无所作为的“躺平族”、无所事事的“闲逛族”、待价而沽的“观望族”、闭门不出的“啃老族”等。

2. 毕业生的自我认知模糊

首先，部分毕业生对工作的期望值过高，好高骛远，职业定位与岗位需求、收入期望值与社会实际工资水平均存在较大差距；其次，缺乏换位思考意识，不能从用人单位角度着想。市场经济条件下，单位招聘的第一条原则就是实用性，即招聘一个人才，支付一份代价，产出一种效益。多数毕业生虽然理论基础扎实，但实践操作能力与动手能力较差，加上缺乏工作经验，大学毕业后必须重新先接受较长时间的岗前培训与实践锻炼才能上岗。

3. 毕业生的自信心缺乏

毕业生由于对自身能力缺乏自信，因此对就业的前景过度担忧，就业预期不乐观。实际上，不自信主要源于对就业岗位和专业知识缺乏了解，毕业生和用人单位之间没有建立起畅通的了解渠道，缺乏有效的、实质的沟通交流。比如，毕业生求职前最希望了解的诸如人才市场的供求状况及走势、单位的选人标准、如何面试、单位的真实状况等，常常因信息缺失、传输不畅而影响毕业生的判断。

4. 毕业生对求职途径把握不准

不少大学生通过参加各种各样的人才交流会“广泛撒网”，或希望通过熟人“托关系”“找门路”以捧上“金饭碗”，而不善于“推销”自己，没有针对自己的优势，通过重点了解用人单位的实际需求情况，提高自己的竞争优势。

案例 1-2

适合自己的才是最好的

今年23岁的刘希金，大学学的是信息与计算机科学，可他认为自己所学专业过于偏重理论，很难应用于实际，于是决定不找与本专业相关的工作，而是进入另外一个相对陌生的领域。刘希金现在就职于国家信息中心直属的北京某公司，做着与军工有关的工作。从去年九月上岗到现在，刘希金觉得自己已经从最初的迷茫中渐渐适应了现在的岗位，并融入了公司，自己的能力也慢慢发挥出来了。

回忆近一年的工作经历，刘希金深感平时所学的每一样东西都是有用的，在机会没到来时，当下的积累都是为了将来的爆发。在工作的过程中，他学习了很多公关方面和业务方面的知识，只用了三个月便升到了公司新成立的业务部的副经理职位。现在，刘希金被调到了公司主导的军工部门做项目，职业生涯有了新的起点。这对于年纪轻轻的刘希金来说，既是一种肯定，也是一种鞭策。

案例分析

大学毕业生不一定要找与所学专业对口的工作，适合自己的才是最重要的。做自己真正喜欢的工作，才会更有动力，获得更好的发展。

四、破解就业难的应对策略

面对严峻的就业形势，以及年年增长的就业人数，大学生应当如何应对呢？大学生要认识到，就业难只是一种表象，社会并非没有人才需求，而是因为人才供应充足，对人才的质量要求更高了。因此，对于大学毕业生来说，破解就业难的最佳应对策略就是让自己变得比别人优秀。

（一）拓宽就业视野，转变就业观念

大学生就业市场需求不平衡的现象，使得“大学生就业难”问题不仅仅是劳动力市场中供需矛盾的问题，更是大学毕业生如何看待职业选择中各要素重要性的问题。这就需要大学生拓宽就业眼界、转变就业观念、积极应对就业。现实中就有一些大学生因为执着于某些就业偏见而未能顺利就业。

（二）调整期待，先谋生存再图发展

调整过高的就业期待，从基层做起，先进入职场，再慢慢朝着自己的理想职业发展，不要想着一步到位。有些毕业生既没有工作经验，又不能吃苦耐劳，不愿意从基层做起，妄想一步到位，找工作高不成低不就，结果错失了就业机遇。所以，对于快要毕业的大学生来说，先谋生存再图发展、先就业再定位是一个好的策略。而对于大一、大二的学生来说，可以提早熟悉职场，锻炼职业技能，这样在毕业的时候就有实力找到心仪的工作。

（三）未雨绸缪，做好职前准备

大学生在进入职场之前要做好充分的职前准备、未雨绸缪，及早进行职业生涯规划，加强对自我的认知与对职场的认知，找到适合自己的职业发展方向与定位。同时还要加强社会实践，利用寒暑假等闲余时间积极参加社会实践，将所学的理论知识与实际工作相结合，提高处理实际问题的能力，积累工作经验；在校期间可通过职业访谈、实训、实习等方式充分了解职场，了解未来职业的能力要求，为进入职场积累知识、技能与经验。

（四）畅通就业渠道，把握就业机会

大学生就业的渠道很多，政府的、企业的、学校的、用人单位的，以及线上线下的各种平台，不一而足。大学生应该提前收集、梳理，寻找合适的就业岗位，主动大胆把自己的真实才干“推销”出去，珍惜和抓住来之不易的就业机会。

（五）努力提升综合素质，增强竞争力

当代大学生应该把个体事业与国家进步、社会发展及人类文明融为一体，树立正确的世界观、人生观、价值观，崇尚真善美，坚持真理，有强烈的事业心和责任感，并具有良好的职业道德。大学生要具备广博的知识，合理的知识结构，要有一定的科学文化素养，具有创新精神和灵活的思维方式，做到因人、因事、因时而异；要有良好的心理素质，面对更加激烈的社会竞争时能视变化为机遇，视困难为坦途，有良好的自制力，坚定的信念，对生活要充满期望，充满热情；此外要有良好的身体素质，健康欠佳对人的工作和生活都有不利影响；要注重能力的培养，能力是一个人素质的外在表现，是在社会中直接产生作用的那部分内容，在当前社会中，大学生必须尽可能地培养自己处理信息的能力、处理人际关系的能力、系统看待事物的能力、处理好人与资源关系的能力和运用技术的能力等。

（六）关注大学生就业政策

大学生是国家重要的人力资源，是国家富强、民族振兴的重要基石，促进大学生就业，是国家的一项基本政策，因此，国家和地方政府制定了很多大学生就业扶持政策，对促进大学生就业起到了非常积极的作用。不过，政策虽然很多，但很多大学生对政策的了解还不够，这既有信息传递方面的原因，也有大学生不去主动了解就业政策的原因。如果没有主动收集信息的意识，只是单纯被动地接受，可能会漏掉很多重要的信息。因此，经常关注相关网站，掌握最新的政策动态，是求职过程中必须要做的一件事。

案例 1-3

大学毕业不久就成为公司高管

浙江财经学院来了位很年轻的COO（首席运营官）做宣讲，大学期间，他曾在雀巢、梅赛德斯-奔驰、汇丰银行等世界500强企业实习过。他叫刘伟标，今年刚大学毕业，就已成

为一家公司的高管。是什么让他在短短的时间里飞黄腾达?

在职场上如何走出第一步?刘伟标把自己的经历作为范本来分析。他讲述了自己的大学生活,并告诫大学生:无论读哪所大学,勇气永远是打开成功之门的钥匙,要让他人知道自己是最特殊的一个,用自信和能力去赢得他人的青睐。在刘伟标读大一时,就开始利用上课之外的业余时间来实习。他告诉自己,实习是接触社会的最好方法。他说"大一、大二的学生需要有前瞻性,为今后发展累计更多的筹码。实习是简历中最重要的部分,对今后的就业应聘有重要影响。"

刘伟标建议,大学生要积极培养人脉,拓展社交圈,感受各地文化,使世界观、价值观不断升华,这对于将来融入社会有很大帮助。在大学里,教授是特殊的人脉资源,与他们保持良好关系可以得到很多经验。"从大一到大四,可以让人有很大改变。只要合理安排这四年时间,明确目标,努力进取,就能活出和别人不一样的人生。"

案例分析

在这个案例中,我们看到刘伟标在世界500强企业实习,并且毕业后很快成为公司高管,这与他在校期间的积累与准备是分不开的。有句话说"机遇永远只留给有准备的人",相信我们若能珍惜大学时光,提前为自己的职业目标做好充分的准备,在面临就业时就会更加从容。正如刘伟标所讲的,"从大一到大四,可以让人有很大改变。只要合理安排这四年时间,明确目标,努力进取,就能活出和别人不一样的人生"。

案例 1-4

小张的"大城市工作"梦

小张是位优秀的毕业生,希望在北京、上海等大城市找到自己满意的工作。可是事与愿违,他找了半年多仍然一无所获,但是他不愿意放弃梦想,坚持在一线城市找工作,直到6月中旬他仍执着地在各大城市间寻找工作机会。眼看即将毕业,万般无奈的小张来到了就业指导中心,希望得到老师的帮助。

交谈中老师发现,小张对职业选择的看法直接影响了他求职的过程与结果。"只有在大城市工作才能实现人生价值","只有在大城市工作才能对得起父母的养育之恩","只有在大城市工作才有面子",这些根深蒂固的求职价值观使得小张的求职之路举步维艰。通过与老师交谈,小张认识到中小城市也有很多的发展机会,同样可以实现自己的个人价值,也认清了自己的个人发展与家庭荣耀之间的关系。之前他一直渴望到大城市工作,认为那里的机会比较多,生活也比较有面子。现在他意识到,发展快的地方竞争也更加激烈,机会不一定属于自己,反而中小城市更能让他尽快地找到属于自己的职业发展空间。只要干得好,在哪里都能实现个人价值。他不再一味地执着于"一定要在大城市找到满意的工作",而是拓宽了求职择业的思路,开始尝试在其他地方找工作,最终找到了自己满意的工作。

案例分析

从这个案例中我们可以看到，小张之前之所以找不到满意的工作，最主要的原因就在于他持有一些不太合理的就业观念，这些就业观念缩小了他的就业视野，也让他屡屡受挫。后来在老师的指导下，小张终于意识到自己就业观念的局限性，于是拓宽了就业视野，转变了就业观念，最后终于成功就业。

任务二 熟悉大学毕业生的就业政策

大学毕业生就业政策是指政府为解决大学毕业生就业问题制定和推行的一系列方案及采取的措施，是国家经济政策中一个重要的组成部分，对保障国家的经济、政治稳定，调控需求总量平衡，促进大学生就业起到重要作用。国家非常重视大学生就业，党的十九大报告明确提出：就业是最大的民生，要坚持就业优先战略和积极就业政策，实现更高质量和更充分就业；党的二十大报告提出：实施就业优先战略，强化就业优先政策，健全就业公共服务体系，加强困难群体就业兜底帮扶，消除影响平等就业的不合理限制和就业歧视，使人人都有通过勤奋劳动实现自身发展的机会。对大学生的积极就业政策主要体现在多项针对大学生就业的扶持政策，以拓宽大学生就业渠道，创造更多的就业岗位和就业机会，并鼓励和支持劳动者自谋职业和自主创业，通过推动创业来促进就业。

大学毕业生就业政策涉及多个方面，总结起来主要有以下几种：一是市场规制政策，是指由各级政府和部门制定的法律法规、规章制度或管理条例，旨在帮助大学生充分就业、安全就业和有序就业，保护大学生的就业权益，如《中华人民共和国劳动法》《人力资源市场暂行条例》《普通高等学校毕业生就业工作暂行规定》《教育部关于做好2022届全国普通高校毕业生就业创业工作的通知》等；二是战略调控政策，是指由政府制定的，旨在调控地方和行业人才配置，促进人才结构平衡，拓宽大学生就业渠道的一系列鼓励性措施，如大学生应征入伍政策，鼓励大学生到投身基层的“三支一扶”（支教、支农、支医和帮扶乡村振兴）计划、农村教师“特岗计划”（农村义务教育阶段学校教师特设岗位计划）、“西部计划”（大学生志愿服务西部计划）等；三是就业保障政策，是指国家制定的，政府就业部门为未就业的大学毕业生提供就业保障的相关规定，如为家庭困难的大学生提供一次性求职创业补贴、免费为大学生提供职业技能培训、加强职业指导和信息服务等；四是地方性就业政策，是指各地方政府根据本地实际制定的相关就业政策，如惠民惠企政策、人才引进政策等。

熟悉大学毕业生就业政策是大学毕业生就业前的一项重要任务，有助于大学毕业生拓宽就业渠道、降低就业成本、提高求职成功率。同学们应培养高尚的理想情操，立志报效祖国，认真规划自己的人生，投身到国家与家乡的建设中去，寻找于己有利、于国有益的发展道路，与此同时，还要积极关注大学毕业生就业政策，认真梳理，借助政策帮助，实现更加充分更高质量就业。

一、政策性就业岗位

政策性就业岗位也称公共机构岗位，是国家为了促进大学毕业生就业，拓宽大学毕业生就业渠道而推出的就业帮扶政策，提供了包括党政机关、事业单位、地方国企等机构的就业岗位。

（一）公务员

中国公务员的正式称呼叫作国家公务员，不管是中央还是地方都统称为国家公务员，然后才细分为中央、国家机关公务员和地方国家公务员。公务员考试是公务员主管部门组织录用担任一级主任科员以下及其他相当职级层次的公务员的录用考试。公务员考试分为中央和地方两种形式，国家公务员考试是指中央、国家机关以及中央国家行政机关派驻机构、垂直管理系统所属机构录用机关工作人员和国家公务员的考试；地方公务员考试是指地方各级党政机关、社团等为招录机关工作人员和国家公务员而组织进行的各级地方性考试。

公务员考试分笔试和面试两个部分，国家公务员考试一般在 11 月底或 12 月初举行，考试信息由国家公务员局网站发布，地方公务员考试则由各地自行决定时间并组织实施。

近年来，公务员考试逐年升温，甚至有“中国第一考”之称。据报道，2021 年度国家公务员考试计划招录 2.6 万人，涉及中央和国家机关 79 个单位、23 个直属机构，最终通过资格审查的人数大约为 157.6 万，录取比例约为 61∶1，竞争非常激烈，一些最热门的岗位，录取比例甚至超过了 1000∶1。整体来看，公务员招考热度逐年递增，但考生报名心态也趋于理性。

1. 报考公务员的条件

根据《中华人民共和国公务员法》第十三条的规定，公务员应当具备下列条件：

（1）具有中华人民共和国国籍；

（2）年满十八周岁；

（3）拥护中华人民共和国宪法，拥护中国共产党领导和社会主义制度；

（4）具有良好的政治素质和道德品行；

（5）具有正常履行职责的身体条件和心理素质；

（6）具有符合职位要求的文化程度和工作能力；

（7）法律规定的其他条件。

《中华人民共和国公务员法》第二十五条规定，报考公务员，除应当具备本法第十三条规定的条件以外，还应当具备省级以上公务员主管部门规定的拟任职位所要求的资格条件。此外，根据《中华人民共和国公务员法》第二十六条的规定，下列人员不得录用为公务员：

（1）因犯罪受过刑事处罚的；

（2）被开除中国共产党党籍的；

（3）被开除公职的；

（4）被依法列为失信联合惩戒对象的；

(5) 有法律规定不得录用为公务员的其他情形的。

招考职位明确要求有基层工作经历的，报考人员必须具备相应的基层和生产一线工作经历。离校未就业高校毕业生到高校毕业生实习见习基地(该基地为基层单位)参加见习或者到企事业单位参与项目研究的经历，可视为基层工作经历。在军队团和相当于团以下单位工作的经历，可视为基层工作经历。报考中央机关的，在市(地)直属机关工作的经历也可视为基层工作经历。但是，应届毕业生在校期间的社会实践经历不能视为基层工作经历。

2. 报考公务员的基本步骤

(1) 阅读招录公告。报考人员要先了解基本的政策和要求，特别是报考条件，选择与自己条件相符的招录机关和职位。

(2) 注册。报考人员报考前，应登录考录专题网站进行“考生注册”。

(3) 填写报名信息并提交上报。报考人员要慎重填报相关信息，遇到问题及时咨询，如资格审查不通过，则不得再次报考同一职位。

(4) 查询资格审查结果。提交报名信息后，报考人员可登录考录专题网站，查询是否通过资格审查。

(5) 查询报名序号。通过资格审查的报考人员，可登录考录专题网站查询报名序号。

(6) 报名确认。通过资格审查的报考人员需要在规定的时间内登录所选考试地的考试机构网站，进行网上报名确认。报名确认主要包括：考生承诺遵守考试纪律、上传照片、交纳考试费用。未进行报名确认的报考人员，视为自动放弃考试资格。

(7) 打印准考证。报考人员应在规定时间内登录所选考试地考试机构网站，自行下载并打印准考证。

(8) 参加公共科目笔试。报考人员应携带准考证、身份证到指定考点参加考试。身份证必须与报名时使用的身份证一致。未携带身份证的报考人员不能参加考试。

(9) 查询成绩。报考人员应在规定时间内登录考录专题网站，查询公共科目笔试成绩和是否进入面试范围。

3. 公务员考试内容

(1) 笔试。国家公务员考试的笔试部分包括行政职业能力测验和申论两科，全部采用闭卷考试的方式。考试没有指定教材。行政职业能力测验为客观性试题，考试时限120分钟，满分100分。申论为主观性试题，考试时限180分钟，满分100分。

行政职业能力测验主要测查与公务员职业密切相关的、适合通过客观化纸笔测验方式进行考查的基本素质和能力要素，主要包括言语理解与表达、数量关系、判断推理、资料分析和常识判断等部分。

申论是测查从事机关工作应当具备的基本能力的考试科目，一般是定一篇(或一组)1500字左右的资料，要求考生在认真阅读给定资料的基础上，理解资料所反映的事件(或案例、社会现象)的性质和本质，然后按要求答题。全部过程可以归纳为阅读资料、概括主题、提出对策、进行论证四个主要环节，要求考生具有比较丰富的常识。

(2) 面试。在公务员考试总成绩中，公共科目考试(即行政职业能力测验和申论)成绩占50%,面试成绩和专业科目考试成绩共占50%。一般来说,入围面试的考生们笔试分数相差不大,很多都是相差1分或0.5分,而面试过后后来居上的例子比比皆是,因为面试成绩很容易就能相差十几分。而且,如果没有专业科目考试,面试一项就占到了总成绩的50%,由此可见面试的重要性。

4. 公务员考试录用

通过面试的应试者需进行进一步体检。为了判断应试者是否具有胜任工作的身体素质,一般会要求应试者到指定的医院进行体检。体检合格后,用人单位会进一步调查了解、审阅档案,对应试者的品行、业绩进行审核,在综合评定报考者的考试与考核结果的基础上,最终确定录用人选。

(二) 应征入伍

如期实现建军一百年奋斗目标,加快把人民军队建成世界一流军队,是全面建设社会主义现代化国家的战略要求。应征入伍是指从2010年开始部队每年从应届高校毕业生中征收义务兵。大学生入伍服义务兵役,对于提高兵员素质、优化兵员结构,加快实施人才强军、科技强军战略都具有重要意义;还有助于完善国防动员体系,增强大学生服务国防、服务国家和人民的意识和责任,并能拓宽青年学生磨砺品质、丰富阅历、增强体魄、健康成长的途径。经国务院、中央军委批准,自2020年起,将义务兵征集由一年一次征兵一次退役,调整为一年两次征兵两次退役,征兵时间区分为上半年和下半年两次,上半年征兵从2月中旬开始,3月底结束,新兵批准入伍时间为3月1日;下半年征兵从8月中旬开始,9月底结束,新兵批准入伍时间为9月1日。

1. 应征入伍的条件

大学生应征入伍服义务兵役需满足以下条件。

(1) 学历条件。国家鼓励大学生应征入伍服义务兵役,这里的"大学生"是指根据国家有关规定批准设立、实施高等学历教育的全日制公办普通高等学校、民办普通高等学校和独立学院,按照国家招生规定录取的全日制普通本科、专科(含高职)、研究生、第二学士学位的应(往)届毕业生、在校生和已被普通高校录取但未报到入学的学生;不包括往届毕业生及成人高等教育、高等教育自学考试类学生、各类非学历教育的学生。

(2) 政治条件。热爱中国共产党,热爱社会主义祖国,热爱人民军队,遵纪守法,品德优良,决心为抵抗侵略、保卫祖国、保卫人民的和平劳动而英勇奋斗。征兵政治审查的内容包括:应征公民的年龄、户籍、职业、政治面貌、宗教信仰、文化程度、现实表现以及家庭主要成员和主要社会关系成员的政治情况等。

(3) 身体条件。应征入伍的大学生要身心健康、体魄强健。基本身体条件如下。

身高:男性160cm以上,女性158cm以上。

体重:体重符合下列条件且空腹血糖<7.0mmol/L。

① 男性:$17.5 \leqslant BMI < 30$。

② 女性:$17 \leqslant BMI < 24$。

BMI=体重(kg)÷身高^2(m)。

视力：任何一眼裸眼视力不低于4.5。屈光不正经准分子激光手术后半年以上，无并发症，视力达到相应标准的，合格。

内科：乙型肝炎表面抗原检测阴性。90mmHg≤收缩压＜140mmHg，60mmHg≤舒张压＜90mmHg；心率60～100次/分；等等。

（4）年龄条件。男性在校生为18至22周岁，高职（专科）毕业生可放宽到23周岁，本科及以上学历毕业生可放宽到24周岁。女性在校生和毕业生为18至22周岁。

2. 应征入伍的流程

（1）网上报名预征：有应征意向的高校毕业生可在征兵开始之前登录全国征兵网进行报名，填写、打印应届毕业生预征对象登记表和高校毕业生应征入伍学费补偿国家助学贷款代偿申请表（以下分别简称登记表和申请表），交所在高校征兵工作管理部门。

（2）初审、初检：毕业生离校前，在高校参加身体初检、政治初审，符合条件者确定为预征对象，高校协助兵役机关将登记表和申请表审核盖章发给毕业生本人，并完成网上信息确认。

（3）实地应征：高校应届毕业生可在学校所在地应征入伍，也可在入学前户籍所在地应征入伍。后者应将户籍迁回入学前户籍地，持登记表和申请表到当地县级兵役机关参加实地应征。

（4）批准入伍：在学校所在地征集的，由学校所在地县（市、区）人民政府征兵办公室为其办理批准入伍手续。政治审查以本人现实表现为主，由其就读学校所在地的县（市、区）公安部门负责，学校分管部门具体承办，原则上不再对其入学前和就读返乡期间的现实表现情况进行调查。在入学前户籍所在地应征入伍的，经体格检查、政治审查合格的，由当地县（市、区）人民政府征兵办公室办理批准入伍手续。

（5）补偿代偿阶段：高校对本校入伍毕业生学费和国家助学贷款信息进行审核，并汇总各县资助管理中心寄送来的生源地信用助学贷款信息，将申请表盖章并按院校性质分送国家或省级资助管理中心；国家学生资助管理中心完成材料复审，开展补偿代偿后续工作。

3. 应征入伍的优惠政策

国家鼓励高校应届毕业生和在读生应征入伍服义务兵役。入伍大学生可享受“四个优先”、国家资助等方面的优惠政策。

（1）“四个优先”。应届高校毕业生入伍时，享受优先报名应征、优先体检政审、优先审批定兵、优先安排使用。

（2）国家资助。高校毕业生入伍的，在入伍时对其在校期间交纳的学费实行一次性补偿或对其获得的国家助学贷款（国家助学贷款包括校园地国家助学贷款和生源地信用助学贷款，下同）实行代偿，本专科生每人每年最高不超过12000元；应征入伍服兵役前正在高等学校就读的学生（含按国家招生规定录取的高等学校新生），服役期间按国家有关规定保留学籍或入学资格、退役后自愿复学或入学的，国家实行学费减免。学费补偿或国家助学贷款代偿金额，按学生实际交纳的学费或获得的国家助学贷款（国家助学贷款包括本金及其全部偿还之前产生的利息，下同）两者金额较高者执行。退役复学后学费减免金额，按学校实际收取学费金额执行。超出标准部分不予补偿、代偿或减免。因本人思想原因、故意隐瞒病史或弄虚作假、违法犯罪等行为造成退兵的学生，学校会取消其受助资格，并不得申请学费减免。

(3) 选用培养。高校毕业生士兵可优先选取士官;符合条件的本科以上毕业生可选拔为军官;在报考军校方面,专科毕业生士兵可参加全军统一组织的本科层次招生考试,进入有关军队院校学习;高校毕业生士兵参加优秀士兵保送入学对象选拔时,年龄放宽1岁,同等条件下优先。

(4) 考试升学。高职(专科)学生应征入伍服义务兵役退役的,在完成高职(专科)学业后,可免试入读普通本科,或根据意愿入读成人本科。参加政法干警招录培养体制改革试点考试的,教育考试笔试成绩总分加10分。

(5) 就业服务。报考公务员、应聘事业单位职位的,在军队服现役经历视为基层工作经历,同等条件下应当优先录用或者聘用;按照国家规定发给退役金,由安置地的县级以上地方人民政府接收,根据当地的实际情况,可以发给经济补助;安置地的县级以上地方人民政府应当组织其免费参加职业教育、技能培训,经考试考核合格的,发给相应的学历证书、职业资格证书并推荐就业;退役后一年内可视同高校应届毕业生办理就业报到手续,户档随迁;参加户籍所在地省级毕业生就业指导机构、原毕业高校就业招聘会,可享受重点推荐、就业指导等就业服务。

(三) 到基层就业

基层不仅是指我们常说的广大农村,也可指生产、科研和服务的第一线。我们不能把基层简单地当作穷乡僻壤的代名词,它是一个内涵十分丰富的概念。基层既包括广大农村,也包括城市街道社区;既涵盖县级以下党政机关、企事业单位,也包括社会团体、非公有制组织和中小企业;既包含自主创业、自谋职业,也包括艰苦行业和艰苦岗位。因此,所谓"到基层就业",就是指到城乡基层去工作,到生产、服务第一线去工作。

近几年来,我国为了引导大学生到基层、到祖国和人民最需要的地方去建功立业,促进边远、贫困、山区乡村社会事业的发展,拓展大学生就业、创业的渠道,培养造就一大批既有现代科学知识又有基层工作经验和强烈社会责任感的优秀青年人才,不断促进经济社会发展,陆续出台了一系列优惠政策,以鼓励高校毕业生积极参加社会主义新农村建设、城市社区建设,积极引导和鼓励大学毕业生面向基层就业。

归纳起来,目前由国家统筹实施的引导高校毕业生到基层就业的项目主要有四个,分别是"三支一扶"计划、农村义务教育阶段学校教师特设岗位计划(简称农村教师"特岗计划")、大学生志愿服务西部计划(简称"西部计划")和"选聘高校毕业生到村任职工作"(简称"村官计划")。结合高职院校实际,这里重点介绍前三个基层就业项目。

1. "三支一扶"计划

"三支一扶"是毕业生基层落实政策,是由人力资源社会保障部牵头,中组部、教育部、财政部、水利部、农业农村部、国家卫生健康委、国家乡村振兴局、国家林草局、共青团中央共同组织开展的高校毕业生到农村基层从事支教、支农、支医和帮扶乡村振兴工作的简称。"三支一扶"计划包含的岗位有支农、支教、支医和帮扶乡村振兴岗位,以及基层公共服务岗位;招募的高校毕业生在服务期间的身份是"三支一扶"志愿者。

引导和鼓励高校毕业生面向基层就业,是党中央、国务院着眼党和国家事业发展全局做出的一项重大战略决策。2006 年 2 月，中组部、人事部、教育部、财政部、农业部、卫生部、扶贫办、共青团中央联合下发了《关于组织开展高校毕业生到农村基层从事支教、支农、支医和扶贫工作的通知》(国人部发〔2006〕16 号)，正式提出实施高校毕业生“三支一扶”计划，决定按照公开招募、自愿报名、组织选拔、统一派遣的方式，每年招募一定数量的高校毕业生，主要安排到乡镇从事支教、支农、支医和扶贫工作，服务期限一般为 2～3 年。

截至 2021 年，全国已累计选派 43.1 万余名高校毕业生参加“三支一扶”，其中 2019 年 2.7 万余名，2020 年 3.2 万余名，在引导高校毕业生面向基层就业、促进农村基层公共服务体系建设、培养青年人才等方面发挥了重要作用，受到了广大基层用人单位和高校毕业生的欢迎。2021 年 5 月 28 日，中央组织部、人力资源社会保障部、教育部、财政部、水利部、农业农村部、国家卫生健康委、国家乡村振兴局、国家林草局、共青团中央决定，实施第四轮(2021—2025 年)高校毕业生“三支一扶”计划，计划每年选配 3.2 万左右高校毕业生。下面介绍江西省“三支一扶”计划的实施办法。

(1)“三支一扶”计划的招募对象。

① 江西生源大专(含初中起点五年一贯制大专)及以上学历的高校毕业生。江西生源是指在江西参加中考或高考的上述毕业生。

② 就读于我省高校的本科以上(取得相应学位)应届毕业生及毕业 2 年内的毕业生。

③ 我省高级技工学校、技师学院的全日制高级技工班毕业生，可视同大专学历报考；我省技师学院全日制预备技师班毕业生，可视同本科学历报考。

支教岗位须是师范类或已取得教师资格证的非师范类高校毕业生；支医岗位须是医疗卫生类高校毕业生。

(2)“三支一扶”计划的招募条件。

① 政治素质好，热爱社会主义祖国，拥护党的基本路线和方针政策。

② 学习成绩合格，具有相应的专业知识。

③ 具有敬业奉献精神，遵纪守法，作风正派。

④ 身体健康。

(3)“三支一扶”计划的招募原则。招募工作坚持“公开、平等、竞争、择优”的原则，在专业上以农村基层急需的农业、林业、水利、医学、教育、经济类为重点，同时优先招募家庭经济困难的毕业生，优先安排高学历毕业生、已考取研究生的毕业生、回生源地的毕业生。

(4)“三支一扶”计划的待遇。

① 工作生活补贴。参与“三支一扶”的大学毕业生两年服务期间的工作生活补贴标准，按照当地乡镇机关或事业单位从高校毕业生中聘用工作人员试用期满后的工资收入水平确定，并根据同岗位人员待遇水平动态调整。

② 一次性安家费。按照每人 3000 元的标准，为新招募且在岗服务满 6 个月的“三支一扶”人员发放一次性安家费。

③ 社会保险待遇。参与“三支一扶”的大学毕业生按照国家有关规定参加城镇职工基本养老、医疗保险和工伤保险，保险涉及的服务期限视同养老保险缴费年限。

(5) 服务期满后的政策。“三支一扶”的服务期是两年，服务期满后考核合格的“三支一扶”大学生会被颁发《高校毕业生“三支一扶”服务证书》，可转为事业编，具体政策如下。

① 愿意留在基层原服务单位就业的，由县(市、区)人力资源社会保障部门会同有关部门办理接收安置手续。服务期满后安置在基层事业单位的“三支一扶”大学毕业生，安置后最少应在接收单位服务满2年，方可调入其他事业单位，通过公开招聘考取其他事业单位的除外。

② 相关事业单位公开招聘工作人员，应拿出不低于40%的比例，聘用具有两年以上基层工作经历的高校毕业生，在同等条件下要优先聘用“三支一扶”大学毕业生。

③ 每年拿出乡镇公务员考录计划的20%以上，面向“三支一扶”大学毕业生等服务基层项目人员定向考录；每年从各级事业单位公开招聘工作人员中拿出10%～15%的比例，面向“三支一扶”大学毕业生等服务基层项目人员定向招聘。

④ 三年内报考硕士研究生的(包括全国所有研究生招生单位)，初试总分加10分，同等条件下优先录取。

⑤ 自主创业3年内免交登记类、管理类和证照类的各项行政事业性收费，享受小额贷款优惠政策。

⑥ “三支一扶”服务期满考核合格的，其服务期限计算为工龄；服务期间符合评定专业技术职务资格的，可评定专业技术资格；在今后晋升中高级专业技术职称时，同等条件下优先评定。

阅读材料 1-3

2021年江西省高校毕业生“三支一扶”计划招募公告

根据《中共中央组织部　人力资源社会保障部等十部门关于实施第四轮高校毕业生“三支一扶”计划的通知》(人社部发〔2021〕32号)和《江西省人民政府关于印发2021年民生实事工程安排方案的通知》(赣府发〔2021〕4号)精神，2021年江西省继续招募高校毕业生到农村基层从事支教、支农、支医和帮扶乡村振兴工作(简称“三支一扶”)。为做好招募工作，现将有关事项公告如下。

一、招募对象

(一) 江西生源大专(含初中起点五年一贯制大专)及以上学历的高校毕业生。江西生源是指在江西参加中考或高考的上述毕业生。

(二) 就读于我省高校的本科以上(取得相应学位)2021年应届毕业生及2019年、2020年毕业生。

(三) 我省高级技工学校、技师学院全日制高级工班毕业生，可视同大专学历报考；我省技师学院全日制预备技师班毕业生，可视同本科学历报考。

二、招募条件

(一) 具有中华人民共和国国籍；拥护中华人民共和国宪法，拥护中国共产党领导和社会主义制度；具有良好的政治素质和道德品行；具有正常履行职责的身体条件和心理素质；具有较强的吃苦和奉献精神，自愿到农村基层工作。

（二）年龄30周岁以下，即1991年6月（含）以后出生。

（三）限应届毕业生报考的岗位，符合条件的2021年应届毕业生和择业期内（即2019年和2020年毕业）的高校毕业生均可报考。2021年应届毕业生，如能在2021年8月底之前取得学历证书的，可按毕业时的学历报考。

（四）符合招募公告中拟报考岗位所要求的专业、户籍、从业资格证书等其他条件。专业分类参照省人社厅2019年1月编印的《学科专业目录汇编》执行。支医岗位须是医疗卫生类专业高校毕业生。

（五）岗位有户籍要求的，往届毕业生须于2021年6月底前具备该岗位要求户籍，2021年应届毕业生须于入学前具备该岗位要求户籍。

（六）身体、时间等条件须能保证"三支一扶"两年服务期的完整性，并能胜任所报岗位的工作（如不能保证两年服务期的完整性或不能胜任岗位工作的，期满考核将评定为不合格，不享受期满考核合格人员的优惠政策）。

（七）自愿签署并遵守《2021年江西省"三支一扶"人员登记表》所列个人承诺内容。

（八）有下列情形之一人员，不得报考：1. 不符合招募岗位条件要求的人员；2. 身份信息已录入全国"三支一扶"工作管理信息系统的人员和经省"三支一扶"办批复取得过"三支一扶"资格的人员；3. 现役军人；4. 经政府人力资源社会保障部门认定具有考试违纪行为且在停考期内的人员；5. 曾因犯罪受过刑事处罚的人员和曾被开除公职的人员、受到党纪政纪处分期限未满或者正在接受纪律审查的人员、处于刑事处罚期间或者正在接受司法调查尚未做出结论的人员；6. 法律规定不得参加报考的其他情形。

三、报名办法

（一）本次全省招募"三支一扶"岗位数、岗位要求详见《2021年江西省高校毕业生"三支一扶"计划招募岗位信息表》。

（二）网上报名时间为2021年6月16日9:00至6月20日17:00，报名网址为江西人事考试网，考生须登录"三支一扶"招募报名系统完成网上报名。每人限填报一个服务县（市、区）的一个服务岗位。服务岗位的招募计划数与报名人数不低于1∶2的比例，低于1∶2比例的，由设区市"三支一扶"办拟定调剂计划，报省"三支一扶"办同意后组织实施。报名不收取费用。

（三）网上报名实行诚信报考制度，不设网上资格预审环节。报考人员应仔细阅读岗位资格条件，选报符合条件的岗位。如对自己是否符合岗位资格条件有疑问，报名前应先向设区市"三支一扶"办咨询，确认符合条件后再填报。如因不符合岗位条件被取消招募资格，后果由报考人员自行承担。如所报岗位要求专业为大类，则该大类中原专业已取消的视为符合条件。

已报考人员须按时参加考试；因故无法参加考试的考生须在考试开考前3天将个人信息及缺考理由以电子邮件形式发送至指定邮箱；无故缺考的考生一经查实，将记入考试诚信档案。

（四）报考人员应提供真实、准确的个人信息、证件等相关资料，如因弄虚作假被取消招募资格，或因提供不准确信息造成无法与报考人员联系而影响招募的，后果由报考人员自行承担。

（五）打印准考证时间为2021年6月29日至7月3日，请报考人员在规定时间内自行登录报名系统下载打印准考证。

四、考试

（一）考试时间为2021年7月4日上午9:00—11:00。

（二）考试科目为《行政职业能力和农村工作能力测验》。

（三）成绩公布时间为8月上旬。

（四）考试由省人事考试中心组织实施，考点设在各设区市，报考人员在填报岗位所属的设区市参加考试。考试题型为主、客观题，客观题用2B铅笔在专用答题卡指定区域填涂作答，主观题用黑色字迹的钢笔或签字笔在专用答题卡指定区域作答。

考试不指定考试复习用书，不举办也不委托任何机构举办任何形式的辅导培训班。

（五）应试人员应遵守考场规则，违纪违规行为处理参照《事业单位公开招聘违纪违规行为处理规定》（中华人民共和国人力资源和社会保障部令第35号）执行。

五、资格审查、体检

“三支一扶”招募不设面试环节，资格审查、体检的时间和具体要求，由各设区市“三支一扶”办公布。设区市“三支一扶”办以县（市、区）为单位，按岗位分类从高分到低分，按照1∶1的比例确定入闱体检人员名单，并在网上公布，确定入闱人员时，如遇末位同分情况，一并入闱体检。同等条件下优先招募已参加住院医师规范化培训的医学类毕业生、大学生退役士兵、脱贫户和零就业家庭毕业生。入闱人员应在规定的时间内携带相关证件资料参加资格审查，逾期不参加资格审查的，视为自动放弃招募资格。

资格审查贯穿于招募工作全过程，凡发现报考人员与招募岗位所要求的资格条件不符的，取消招募资格。

本公告的最终解释权归江西省“三支一扶”工作协调小组办公室。

案例 1-5

参加“三支一扶”的小苏

小苏是宜春职业技术学院护理专业的毕业生，在学校成绩不错，个人条件也优秀，她的就业目标是进入城里的一家大医院工作。毕业后，她先去了一家民营医院做护士，一边工作，一边等机会，但1年多下来，她还是没有实现目标。这时候，在家人的建议下，她报名参加了“三支一扶”考试，经过认真备考，她成功通过考试。现在，她在一家乡镇卫生院工作，工作强度不高，工作环境和工资待遇也很令她满意，她觉得参加“三支一扶”的决定是对的。

案例分析

小苏的经历说明，多一条就业渠道，就能多一次就业机会。参加“三支一扶”考试就是一次很好的就业机会。

2. 农村教师"特岗计划"

2006 年，教育部、财政部、人事部、中编办联合颁发了《关于实施农村义务教育阶段学校教师特设岗位计划的通知》，决定组织实施"农村义务教育阶段学校教师特设岗位计划"（以下简称"特岗计划"）。"特岗计划"的目标和任务是：通过公开招聘高校毕业生到西部地区"两基"攻坚县县以下农村学校任教，引导和鼓励高校毕业生从事农村义务教育工作，创新农村学校教师的补充机制，逐步解决农村学校师资总量不足和结构不合理等问题，提高农村教师队伍的整体素质。从 2006 年到 2008 年，"特岗计划"的实施范围以国家西部地区"两基"攻坚县为主（含新疆生产建设兵团的部分团场），包括纳入国家西部开发计划的部分中部省份的少数民族自治州，适当兼顾西部地区一些有特殊困难的边境县和少数民族自治县等。从 2009 年开始，"特岗计划"实施范围扩大到中西部地区国家扶贫开发工作重点县，江西省也是实施"特岗计划"的省份之一，以下为江西省特岗教师的招聘要求、流程和相关待遇。

(1) 招聘对象和条件。

① 已取得相应层次和学科教师资格证书的人员。

② 符合教师资格考试报名条件和教师资格认定关于思想政治素质、普通话水平、身体条件等方面的要求。

③ 年龄不超过 30 岁。

④ 报考初中岗位须具备本科及以上学历，报考小学岗位须具备师范类专业专科或本科及以上学历。

⑤ 所学专业应与岗位学科一致。各岗位专业要求按《江西省中小学教师招聘专业要求参照目录》执行。例如，考生报考语文教师岗位，则其所学专业应在语文教师相关专业目录范围内。

(2) 招聘程序。特岗教师实行公开招聘，合同管理。合同规定用人单位和应聘人员双方的权利和义务。招聘工作由省级教育、人力资源社会保障、财政、编办等相关部门共同负责，遵循"公开、公平、自愿、择优"和"三定"（定县、定校、定岗）原则，按下列程序进行：

① 网上报名。登录"江西教育管理公共门户"，从"省级业务系统"进入"江西省特岗教师招聘管理系统"进行注册报名、网上资格初审、打印准考证。

② 笔试和调剂。考试科目为"教育综合知识"和"学科专业知识"两科。音乐、体育、美术教师岗位笔试和面试成绩分别占 40%和 60%，其他学科教师岗位笔试和面试成绩各占 50%。笔试成绩公布一周内发布调剂公告，对未达面试比例的岗位公开在网上调剂，凡未入闱面试的特岗考生，如符合调剂岗位的报考条件，均可自愿在报名系统中报名参加调剂。调剂报名时，不能跨报名系统调剂（即省统招不能调剂特岗，特岗也不能调剂省统招）。

③ 资格复审及面试。入闱人员须在招聘部门规定的时间和地点，持招聘学校教育主管部门规定的相关材料原件和复印件进行现场资格复审，资格复审合格后方可参加面试；因资格复审未通过产生的面试人员空额，按笔试成绩从高分到低分依次递补。

④ 聘用上岗。根据笔试和面试总成绩从高分到低分确定拟聘人员。若总成绩相同，则以面试成绩高低确定拟聘人员。经体检、考察，公示无异议后，办理聘用备案等相关手

续。体检按照江西省教师资格申请人员体检相关规定执行。

聘用人员在同一县域内中小学校任教累计服务不少于5年。因体检、考察、公示不合格或考生自动放弃造成的空岗，由当地教师招聘工作领导小组决定是否递补。

(3) 待遇及优惠政策。

① 特岗教师实行合同管理，由设岗县(市、区)教育部门与教师签订3年聘任协议，纳入所在学校在职在编教师统一管理范围，享受当地公办教师工资、津贴、职称评聘、评优评先等各项政策同等待遇。

② 3年聘期结束后，对考核合格，自愿留在本地学校的特岗教师，经审核，办理事业单位人员聘用手续，工资发放纳入当地财政负担范围。

③ 特岗教师工资享受国家规定的待遇，且不实行试用期。

④ 设岗县(市、区)统一为特岗教师办理人身意外伤害保险和各项社会保险。

⑤ 设岗县(市、区)为特岗教师提供周转宿舍及其他必要的生活条件。

⑥ 符合相应条件要求的特岗教师，可按规定推荐免试攻读农村教育硕士。

⑦ 有从教经历的志愿者、大学生退役士兵和参加过半年以上实习支教的师范院校毕业生在同等条件下优先聘用。符合条件的本县生源毕业生回原籍所在县农村学校任教的，同等条件下优先聘用。

3. 大学生志愿服务西部计划

大学生志愿服务西部计划简称“西部计划”，是根据共青团中央、教育部、财政部、人事部发布的《关于实施大学生志愿服务西部计划的通知》(中青联发〔2003〕26号)，由中央财政支持的全国项目，按照公开招募、自愿报名、组织选拔、集中派遣的方式，招募一定数量的普通高等学校应届毕业生或在读研究生，到西部基层开展为期1～3年的志愿服务工作，鼓励志愿者服务期满后扎根当地就业创业。

“西部计划”是国家重大人才工程“高校毕业生基层培养计划”的子项目，是引导和鼓励高校毕业生到基层工作的5个专项之一。作为实践育人工程，“西部计划”可以引导具有理想主义情怀的青年人，通过火热的西部基层实践进一步坚定理想信念，锤炼意志品格，升华志愿情怀；作为就业促进工程，“西部计划”可以引导和帮助高校毕业生树立正确的就业观，并为他们搭建到西部去、到基层去、到祖国和人民最需要的地方去干事创业的通道和平台。

(1) 工作内容。“西部计划”的工作内容分为乡村教育、服务乡村建设、健康乡村、基层青年工作、乡村社会治理、服务新疆、服务西藏七个专项。

(2) 实施步骤。

① 确定服务岗位。服务省根据实际情况，合理规划和审定当年度服务县及其实施规模。各服务县项目办负责本县服务岗位的采集和申报工作，并由省级项目办审核确认、汇总后报全国项目办审定。

② 确定招募指标。全国项目办综合考虑各种情况，建立相关省份对口招募机制，并确定各服务省省内招募指标、对口招募看招募指标。各招募省项目办要将西部计划招募工作的相关信息通报本省所有符合条件的高校，确定高校招募指标，指标可在教育部、西部计划网站查询。

③ 网上报名。各招募省通过高校申报、省项目办确认的方式，确定本省参与招募高校名单，并录入“西部计划信息系统”，指定专人负责使用西部计划网站的“西部计划信息系统”，并对高校项目办工作人员进行培训。报名学生可登录西部计划网站和中国志愿者网站查看有关情况，填写报名信息，打印报名表。报名表由辅导员或院系团委负责人签字，并由所在院系党组织盖章后，交至本校项目办。高校项目办在收到学生的报名表后，应及时对其网上报名所填写信息的真实性等情况进行审核；审核后，在“西部计划信息系统”中填写审核意见。

④ 选拔招募。选拔招募的流程分为考察、笔试、面试和体检。各高校项目办在省级项目办指导下，先根据本校招募指标及服务岗位，考察报名学生的政治思想素质、学习成绩、志愿服务经历等情况。随后组织对报名的高校毕业生的笔试、面试工作，择优选拔志愿者，面试结果要书面备案。面试结束后，受省项目办委托与面试合格的志愿者及时签订招募协议。对入选的报名者，招募省项目办统一指定时间和医院，组织其进行集中体检。体检不合格的，要及时调换。在所有测试都通过后，进入公示和录取环节，由高校项目办公布录取志愿者名单并在校园网公示 3 天。若无异议，则将志愿者名单报招募省项目办。招募省项目办对本省录取的志愿者名单审核后，在团省委网站公示 3 天，随后通过“西部计划信息系统”报全国项目办，并将结果及时反馈至服务省项目办。最后，由全国项目办委托各招募省项目办向志愿者发放确认通知书。

⑤ 培训上岗。各招募省项目办派工作人员集中组织本省志愿者到服务省培训地报到，参加由服务省项目办统一组织的培训。志愿者需携带确认通知书、毕业证和本人身份证件方可参加，培训时间不得少于 4 天。服务省培训结束后，由服务县项目办将本县志愿者集中接到服务县，并由服务县项目办、服务单位、志愿者签订三方服务协议。

二、就业保障政策

政府为了保障部分未就业的重点群体顺利就业，制定了一系列保障政策。

（一）一次性求职补贴

一次性求职补贴是指政府给高校毕业生的一次性求职补助。

1. 发放对象

普通高等院校和中职学校有就业创业意愿并积极求职创业的残疾、获得国家助学贷款以及低保家庭、贫困残疾人家庭、脱贫户（原建档立卡贫困户）、特困人员中的应届毕业生。

2. 发放原则

诚实守信、自愿申请、公开公正、属地管理、专款专用。其中，属地管理指由普通高校（技师学院）校区所在地的设区市管理。

3. 发放标准

各省的一次性求职补贴标准不一样，江西省的一次性求职补贴标准为每人 1000 元，同时具备多个条件的毕业生不累计发放。

4. 发放时间

最后一学年的10月底开始申请，当年12月底发放。

5. 发放程序

（1）本人申请。学生本人按上述规定时间集中一次性向所在学校就业部门提出申请，上报申请材料

（2）复核公示。所在学校就业部门对申请材料原件进行初审，通过初审的，名单在本校进行公示，时间不少于5个工作日。

（3）补贴发放。学校所在设区市人力资源和社会保障部门复核无误后，统一向同级财政部门提交一次性求职补贴拨款申请，财政部门收到拨款申请后，在10个工作日内将资金拨付至同级人力资源和社会保障部门。人力资源和社会保障部门收到财政部门拨付的资金后，在10个工作日内将资金分别划入申请人个人银行卡，并通知申请人所在高校，由高校通知申请人本人领取。

（二）一次性创业补贴

政府给首次创办小微企业或从事个体经营，且所创办企业或个体工商户自工商登记注册之日起正常运营1年以上的大学生发放一次性创业补贴。

1. 发放对象

以江西省为例，江西省一次性创业补贴的发放对象为在本省行政区域内创办企业或从事个体经营且稳定经营1年以上的在校生和毕业5年内自主创业的高校毕业生。

2. 发放标准

各省的一次性创业补贴标准不一样，江西省的一次性创业补贴标准为5000元，每人可享受一次。

3. 申领程序

（1）本人申请。符合条件的学生本人向所在学校就业部门提出申请，上报申请材料。

（2）学校申报。学校就业部门对审核材料进行审核并在本校公布后，向市级公共就业服务机构申报，上报申请材料。

（3）就业机构受理。

（4）财政部门拨付。

（三）职业技能培训

1. 培训时间

大学生在毕业年度内或是毕业后未就业的，可享受政府补贴的免费职业技能培训。

2. 培训类型

政府组织的短、长期补贴性职业培训主要由人社部门、职业院校、技工院校、民办培训机构开展，同时也支持企业兴办职业培训。

3. 培训内容

职业技能培训主要包括职业技能、通用职业素质和求职能力等综合性培训，培训内容包括职业道德、职业规范、工匠精神、质量意识、法律意识和相关法律法规、安全环保和健康卫生理念、就业指导等。

4. 报名地点

大学生可在就读学校与户籍地、常住地、求职就业地的人社部门报名参加职业技能培训。

阅读材料 1-4

河南省部分就业创业补贴政策

1. 就业技能培训补贴

毕业学年及离校未就业高校毕业生（含技师学院高级工班、预备技师班和特殊教育院校职业教育类毕业生）参加线上培训的，按规定给予在线培训补贴；对完成培训后取得培训合格证书的，按规定给予就业技能培训补贴（完成 40 个学时以上，按每学时 10 元，最多不超过 700 元）；对完成培训后取得职业资格证书（或职业技能等级证书、专项职业能力证书）的，按规定给予职业技能培训补贴（国家职业资格或职业技能等级五级/初级 1200 元/人、四级/中级 1600 元/人、三级/高级 2000 元/人、二级/技师 4000 元/人、一级/高级技师 5000 元/人；专项职业能力证书 800 元/人；初次取得特种作业操作证书的，给予 800 元/人补贴，参加 3 年一次复审培训并换发新证的，给予 300 元/人补贴）。

2. 职业技能鉴定补贴

对通过初次职业技能鉴定并取得职业资格证书（不含培训合格证书）的毕业学年高校毕业生（含技师学院高级工班、预备技师班和特殊教育院校职业教育类毕业生），按规定给予职业技能鉴定补贴。

3. 离校未就业毕业生求职创业补贴

毕业年度内按规定进行实名登记的离校未就业应届高校毕业生，按每人 300 元标准给予一次性求职创业补贴。

4. 灵活就业社会保险补贴

实现灵活就业并按规定进行就业登记、交纳社会保险费的离校 2 年内未就业高校毕业生，可按其实际交纳社会保险费的 2/3 给予社会保险补贴，补贴期限最长不超过 3 年。

三、地方性就业政策

为激励用人单位聘用应届大学毕业生，吸引更多更好的人才，促进更充分就业，各地纷纷出台了独具特色的地方性就业政策。大学生在确定求职地点前，应先了解当地的相关政策，用好、用足政策，以便更好地就业。地方性就业政策主要包括人才引进政策和企业吸纳毕业生的补贴政策。

（一）人才引进政策

1. 出台背景

改革开放以来，我国进入了发展的快车道，目前我国的国民生产总值已位列全球第二，尤其是东部沿海省份如上海、广东、浙江和江苏等地发展尤其迅速。东部发达省份的崛起，主要原因之一便是其人才吸引能力强，这些地方汇聚了全国各地人才，为经济发展提供了源源不断的动力。习近平总书记提出："发展是第一要务，人才是第一资源，创新是第一动力。"为促进发展，各地政府不遗余力地拿出真金白银来吸引人才。近年来，随着国家的不断重视，中西部地区经济发展的势头也越来越好，对人才的吸引力进一步增强。此外，随着我国步入老龄化社会的进程加快，劳动力资源的供应逐渐紧张，各城市对于人才的争夺也越来越激烈，纷纷出台相应的促进就业政策，稳固本地就业，吸引外来人才，为城市未来的发展储备人力资源。近几年，全国掀起了一场具有标志意义的"抢人大战"，南京、武汉、成都、天津、海南、长沙等先后出台了力度非常大的人才引进措施。

2. 城市落户政策

为了引进人才，众多城市放宽了人才落户限制，部分地方直接推出"零门槛"落户。2020 年，青岛市推出的人才落户政策规定：在青高校在校大学生、国内（境）外高校专科及以上毕业学年在校大学生可申请落户；2020 年 4 月，南昌市人民政府办公厅印发了《关于全面放开我市城镇落户限制的实施意见》，全面取消在南昌市城镇地域落户的参保年限、居住年限、学历要求等迁入条件限制，实现落户"零门槛"。

3. 经济补贴政策

部分城市规定，大学毕业生在当地就业的，持毕业证即可申请购房、租房和路费补贴。

4. 创业贷款及补贴政策

部分城市规定，大学生在当地创业的，可以申请创业担保贷款，享受相应的创业补贴。

（二）企业吸纳毕业生的补贴政策

1. 一次性吸纳就业补贴

一次性吸纳就业补贴是指政府给吸纳应届高校毕业生稳定就业的中小微企业的一次性补助。

江西省人力资源和社会保障厅 2022 年 8 月发布的《关于做好一次性吸纳高校毕业生就业补贴工作的通知》规定：在江西省行政区域内依法登记注册的企业，招用 2022 届高校毕业生（含 2022 届春季高校毕业生）、与其签订一年以上劳动合同并按规定交纳社会保险费的，企业可申请 1000 元/人的一次性吸纳高校毕业生就业补贴。

2. 企业吸纳高校毕业生社会保险补贴

江西省人力资源和社会保障厅规定，对招用毕业年度高校毕业生或离校 2 年内未就业高校毕业生，与之签订1年以上劳动合同并为其交纳社会保险费的小微企业和家庭服务业企业，给予最长不超过1年的社会保险补贴。

3. 就业见习补贴

就业见习补贴是指人力资源和社会保障部门给予见习基地的实训费补贴。

(1) 补贴对象：只要是合法经营、制度健全、管理规范的企业，都可以申请成为就业见习基地并申领补贴。

(2) 补贴标准：对企业(单位)一次性吸纳10人以上离校未就业高校毕业生参加就业见习，并按月足额发放其基本生活补助的，企业(单位)可每年向所在设区市人力资源社会保障部门申请就业见习补贴。见习时间为3至12个月，具体的补贴标准由各省自行确定。

阅读材料 1-5

关于支持大学毕业生和技能人才来昌留昌创业就业的实施意见

为深入实施人才强市战略，切实加大人才引进力度，扎实有效做好支持大学毕业生和技能人才来昌留昌创业就业工作，结合我市实际，特制定如下实施意见(简称南昌“人才10条”)。

1. 指导思想

坚持以习近平新时代中国特色社会主义思想为指导，深入贯彻党的十九大和十九届二中、三中、四中全会精神，全面落实党中央、国务院“六稳”“六保”决策部署特别是稳就业的要求，不断解放思想，加快赶超步伐，彰显省会担当，立足我市产业发展和经济社会发展的人力资源需求，加快建设一支数量充足、结构合理、素质优良的人才队伍，为做大做强做优大南昌都市圈、建设富裕美丽幸福现代化江西提供坚强有力的人才保障和智力支持。

2. 目标任务

以内陆开放型经济试验区建设为契机，着眼提高省会首位度，不断做大城市人口规模和人才总量，大力提升南昌核心竞争力和创新力，围绕吸引百万大学毕业生和技能人才来昌留昌创业就业目标任务，持续优化人才结构，强化人才支撑，举全市之力扎实做好人才引进、培养、使用、服务、保障等各方面工作，努力营造人才在昌创业就业的良好环境和氛围，形成人才合理有序流动的良性循环。

3. 适用范围

坚持以普惠性、实用性和可操作性为原则，注重政策的简要、明了、管用，保持“新老政策”衔接和一体化，支持大学毕业生和技能人才来昌留昌创业就业。本意见适用范围和对象包括：自意见发布后，首次来昌留昌创业就业的全日制博士、硕士、本科、大专应届毕业生；首次来昌留昌创业就业的35周岁以下全日制博士、硕士、本科、大专历届毕业生；首次来昌留昌创业就业的35周岁以下高级技师(一级)、技师(二级)、高级工(三级)。

4. 主要举措

(1) 支持大学毕业生和技能人才落户南昌。大学毕业生(含驻昌院校在校生)和技能人才首次将户口迁移至南昌(含集体户口,下同),每人发放1000元落户奖励。

(2) 支持大学毕业生和技能人才来昌留昌就业。大学毕业生和技能人才落户南昌,录用在行政机关、事业单位工作或与驻昌企业签订3年以上劳动合同,并首次在昌交纳社保的,按全日制博士,全日制硕士及高级技师(一级),全日制本科及技师(二级),全日制大专及高级工(三级),分别给予每人一次性就业、安家、租房等生活补贴5万元、3万元、2万元、1万元。全日制博士、硕士研究生未落户南昌的,则需在昌首次交纳社保满1年以上方可申领生活补贴。

大学毕业生和技能人才申领生活补贴后须在昌就业满3年,对未达到规定年限离开南昌或将户口迁出南昌的,需退回剩余补贴。

(3) 支持大学毕业生和技能人才在昌创业。大学毕业生和技能人才首次在昌创办企业(含个体工商户)等经济实体,除按前款条件和标准可申请落户奖励和生活补贴外,还可申请最高30万元创业担保贷款;对合伙创业或组织起来共同创业人员数量较多的,执行最高200万元贷款额度;大学毕业生创办的小微企业,可申请最高600万元的创业担保贷款;对具有全日制博士学位的大学毕业生、高级技师职业资格的技能人才创办的优质创业项目,贷款额度100万元以内的,可免除反担保。

(4) 支持来昌留昌创业就业人才安居乐业。对在昌创业就业并交纳社保满2年的人才,可以在本市辖区内购买首套商品住房。对在昌创业且稳定经营2年以上或在昌就业且与企业(不含行政机关、事业单位和国有企业)签订3年以上劳动合同,并在昌交纳社保满2年的全日制博士、硕士研究生(含高级技师),在昌首次购买商品住房的,分别给予10万元、6万元购房补贴。购买产权型人才住房的,不能同时享受本购房补贴政策。享受购房补贴的人才自取得房屋权属证书满5年后,所购住房方可进行产权转让。

(5) 支持"985"高校毕业生来昌创业就业。对来昌创业就业的"985"高校全日制大学本科毕业生,按照第(2)条和第(4)条规定的全日制硕士研究生标准和条件,给予生活补贴和购房补贴。

(6) 支持驻昌企业提供就业岗位。凡引进大学毕业生和技能人才在昌落户且与本企业签订3年以上劳动合同,并首次在昌为其交纳社保满1年的,按照全日制本科(技师)以上3000元/人、全日制大专(高级工)1000元/人标准,给予该企业提供就业岗位补贴。

(7) 支持驻昌院校设立创业就业指导中心。在驻昌院校设立一批大学生创业就业指导中心,引导鼓励在校大学生落户南昌、毕业后留昌创业就业。对工作成效突出的指导中心,分别给予每年10万~50万元工作经费补贴。

(8) 支持人力资源服务机构参与人才服务工作。采取政府购买服务的方式,利用市场化手段,积极支持人力资源服务机构参与人才服务平台建设,有效发挥人力资源服务机构在政策宣传、信息发布、求职招聘、人才交流等方面的专业优势和作用,努力为来昌留昌创业就业人才提供贴心服务。

(9) 支持有条件的县区和企事业单位开发建设人才公寓。支持县区(开发区)积极盘活现有存量公寓,并按照统筹规划、多点布局思路,结合人才需求,择址建设一批集居住消费、社交文娱、就学就医等配套功能的租赁型人才公寓,面向"重点产业、重点企业、重点人才"建设一批产权型人才住房。同时,大力支持企事业单位按照政策规定自建人才公寓。

落户南昌且在昌创业就业的全日制大学本科及技师(二级)以上人才可申请租住人才公寓，最长可租住3年，人才公寓出现供不应求时应通过摇号进行定向配租。

(10) 支持兑现人才政策"一网通办"。与人力资源服务机构联合搭建政府服务平台——南昌市人才"港、网、窗"一体化服务平台，来昌留昌创业就业的大学毕业生和技能人才对人才政策可以"一网查询"，申报审核兑现政策可以"一网通办"。来昌留昌创业就业人才可以在"港网窗"平台申请兑现落户奖励、生活补贴、购房补贴等。本政策自发布之日起施行。按照"老人老办法、新人新办法"原则，政策发布之后来昌留昌创业就业的人才执行本政策；政策发布之前，已在昌创业就业的人才执行南昌市原有人才政策。

5. 组织保障

(1) 加强组织领导。各级党委、政府及有关部门要高度重视，认真做好支持大学毕业生和技能人才来昌留昌创业就业工作。此项工作坚持在市委人才工作领导小组领导下组织开展，市委人才办负责统筹协调、定期调度，市人社局负责组织实施，各有关单位按职能抓好落实。要切实发挥政府、院校、中介机构、用人单位做好大学毕业生和技能人才来昌留昌创业就业工作的主观能动性，特别是有关职能部门要积极为人才提供优良服务，加大资金保障力度，统筹分配人力物力财力，形成工作合力。

(2) 统筹就业岗位。统筹全市行政机关、事业单位、国有企业及基层社会服务管理机构提供就业岗位开发力度，力争每年为大学毕业生和技能人才提供约15万个就业岗位。各县区(开发区)要加强对所辖区用人单位人员需求、岗位(工种)分类、技能要求、薪酬标准等信息的归集汇总，定期更新岗位需求数据上报市人社局；市工信局、市建设局、市商务局等单位要发挥行业主管作用，指导各县区(开发区)做好就业岗位调查摸底工作。

(3) 强化资金保障。各级财政部门要大力筹集资金，确保各项政策措施兑现落实。行政机关、事业单位、驻昌企业(含中央和省属、市属企业)和在昌创业的人才兑现落户奖励、生活补贴所需资金以及在驻昌企业(不含行政机关、事业单位和国有企业)工作和在昌创业的全日制博士、硕士、"985"高校大学本科毕业生兑现购房补贴所需资金均由市财政统筹予以保障；驻昌企业提供就业岗位、驻昌院校设立创业就业指导中心和人力资源服务机构参与人才服务工作政策兑现由市人社局统一办理，所需经费由市财政统筹予以保障。

(4) 健全考核机制。坚持把做好大学毕业生和技能人才来昌留昌创业就业工作，特别是各县区(开发区)各单位提供的就业岗位数量和实际招聘人数情况纳入全市综合目标考核内容。对工作成绩突出的，给予通报表扬；对工作落实不力的，给予批评纠正并实行考核扣分；情况严重的，追究相关县区(开发区)或单位领导责任。

本实施意见由市委人才工作领导小组办公室负责解释。

练习与思考

1. 结合自身实际，谈谈如何解决大学生就业难的问题。
2. 报考公务员的步骤和考试内容有哪些?
3. 应征入伍有哪些优惠政策?
4. "三支一扶"计划的具体内容有哪些?

实践训练

1. 小张在大学学习的是小学教育专业，即将毕业，她的初期职业目标是担任一所学校的小学教师。为此，在校期间的她学习非常努力，多次获得奖学金，并于今年顺利考取了教师资格证，为求职做了充足的能力准备。经过慎重考虑，她确定了报考“三支一扶”的职业规划，但对“三支一扶”考试她并不是非常了解。她担心自己考不上，还因为准备考试错过了求职的窗口。为此，她特意咨询了就业指导老师，老师给了她一些建议，让她放下了顾虑，认真备考，最终顺利通过了考试。如果你是小张，在参加“三支一扶”考试前你会做好哪些准备？

2. 小王是某高职院校会计专业的学生，即将毕业。他计划到沿海大城市求职，一是为历练自己，提升自己的能力；二是听说大城市机会多，他想趁年轻出去拼搏一把，即便输了也不后悔。但他没去过沿海大城市，对那里并不了解，而且担心自己的学历不高，找不到满意的工作。如果你是小王，你会选择去沿海大城市吗？为什么？

专题一习题.docx

专题二

就业能力培养

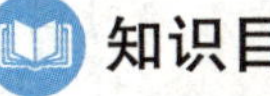

知识目标：

1. 了解职业素质的内涵，熟悉培养大学生职业素质的途径；
2. 掌握培养大学生职业素质的方法；
3. 了解职业道德的含义，熟悉职业道德的价值和社会责任。

能力目标：

1. 能够通过不同途径培养职业素质；
2. 能够在学习生活中培养学习能力、沟通能力、自我管理能力和创新能力；
3. 能够运用学习内容加强品德修养，德技并修。

思政目标：

明确职业素质和职业道德的重要性，坚定理想信念，加强道德修养，增长知识才干，增强创新意识和激发创新能力。

案例 2-1

“刮大白”刮出来的金牌

2022 年 10 月 26 日“央视新闻”公众号上发表了一篇题为“00 后小伙‘刮腻子’，刮成世界冠军”的文章，来自浙江温州的“00 后”小伙马宏达在 2022 年世界技能大赛特别赛中获得抹灰与隔墙系统项目金牌，实现中国队在该项目上金牌“零”的突破。

2000 年出生的马宏达从小就喜欢画画，动手能力强，后考入浙江建设技师学院，参加抹灰与隔墙系统项目训练已有 5 年。2019 年，马宏达曾与学校教练团队一起前往第 45 届世界技能大赛现场为学校参赛选手加油助威，踏入比赛现场的那一刻，他就暗下决心：“我也要成为代表中国出战的那个人”。

为了参赛，马宏达每天早晨 8 点就会出现在实训室内，一天的训练时间不低于 7 个小时，一到夏天，他都会多备几套训练服，因为天气炎热，往往几组动作下来身上的训练服就湿透了，5 厘米厚的钢头鞋更是不到 2 个月就磨破了底。2021 年 9 月，马宏达如愿以偿加入国家集训队，他抓紧一切机会学习，观察身边选手的操作技艺，完善自己的操作流程。

功夫不负有心人，2021 年 12 月，第 46 届世界技能大赛抹灰与隔墙系统项目迎来了首次阶段性考核，马宏达顺利晋级。马宏达此次参加的项目赛程为期 4 天，赛题在比赛前才公开，要求选手不仅需要读懂英文图纸，还要在短时间内完成施工。这个项目考验的不仅是选手的技艺，还有身体、心理等综合素质。

比赛最后的创意模块，马宏达的作品需要的技艺最多也最复杂，整幅作品由红、蓝、白三种颜色构成，红色的埃菲尔铁塔与蓝天交相辉映，顶部中央一枚卷起的白色羽毛被群鸽环绕。马宏达说：“羽毛和鸽群是最大的难点，因为它们不是平面，而是 3D 的，细微的地方需要靠镊子抠出细节，不能有半点马虎。”教练徐震表示，不少人认为抹灰和隔墙看不出技术含量，但在世界竞赛领域，操作误差往往不能超过 1 毫米。马宏达说：“去之前，我们的目标就是金牌，要把最有把握的高超技艺展示出来，为国争光！”

网友纷纷赞道：“任何事情做到极致都了不起！”“祝贺马宏达。”

案例分析

世界技能大赛被誉为“世界技能奥林匹克”，是世界上级别最高、规模最大、影响力最强的职业技能赛事，代表了当今世界职业技能发展的最高水平。2022 年世界技能大赛特别赛于 9 月中旬至 11 月下旬在 15 个国家分散举办，共设 62 个比赛项目，中国共派出 36 名选手参加 34 个项目的比赛。马宏达凭借着扎实过硬的技术和稳定的心理素质，技压群雄，一举摘得桂冠，充分展示了现代中国青年的风采。这个案例启示我们，无论在什么位置、什么专业，只要有理想，敢担当，脚踏实地、艰苦奋斗，就一定能在实践中磨砺成才，成就出彩人生。

任务一 职业素质

党的二十大报告指出:青年强,则国家强。当代中国青年生逢其时,施展才干的舞台无比广阔,实现梦想的前景无比光明。广大青年要坚定不移听党话、跟党走,怀抱梦想又脚踏实地,敢想敢为又善作善成,立志做有理想、敢担当、能吃苦、肯奋斗的新时代好青年,让青春在全面建设社会主义现代化国家的火热实践中绽放绚丽之花。

一、职业素质的内涵

就业是每位大学生都要面临的现实问题。随着高校毕业生人数的逐年增加,大学生就业形势日益严峻,大学生就业难与社会高素质技术技能型人才供应紧张的结构性矛盾日益突出。大学生能否在未来的求职择业中顺利就业并在将来的职业生涯中获得成功,很大程度上取决于他是否具有良好的职业素质,这是其拥有正确的职业发展目标、社会责任感和价值观的重要保证。

(一)职业素质的含义

职业素质是大学生就业能力的重要组成部分,是与职业相关的核心素质,是一个人从事相应职业应当具备的内在基本品质。

《国务院关于推行终身职业技能培训制度的意见》(国发〔2018〕11 号,以下简称《意见》)指出:"推行终身职业技能培训制度,大规模开展职业技能培训,着力提升培训的针对性和有效性,建设知识型、技能型、创新型劳动者大军,为全面建成社会主义现代化强国、实现中华民族伟大复兴的中国梦提供强大支撑。"高校毕业生是就业创业的重点群体,《意见》要求,持续开展高校毕业生的技能就业行动,增强高校毕业生适应产业发展、岗位需求和基层就业工作能力,强化工匠精神和职业素质培育,努力培养造就规模宏大的高技能人才队伍和数以亿计的高素质劳动者。

结合目前面临的就业形势,大学生应该积极地锻造自身,掌握过硬的技术技能,同时结合个人具体情况,及时做出明智选择,先就业再择业或者创业。

阅读材料 2-1

随着中国经济进入高质量发展新阶段,整个社会对高素质技术技能型人才的需求更加旺盛。截至 2021 年年底,我国技能人才已超过 2 亿人,占就业总量的 26%。然而高技能人才仅有 6000 万人,占技能人才总量的 30%,无论是改造提升传统产业、发展壮大新兴产业,还是实现由制造业大国向制造业强国转变、由中国制造向中国创造转变,都需要更多高素质技术技能型人才支撑。

人生道路千万条，条条大道通罗马。不同的赛道、不同的前进方式，都可以达到同样的终点。大学生作为国家高素质技术技能型人才的后备军，在校期间就要通过加强知识技能的学习和综合素质的开发，获得将来能够满足社会需求、实现自己职业理想和人生目标的职业素质。

（二）职业素质的特征

职业素质具有下列主要特征。

1. 职业性

不同的职业具有不同的职业素质要求，这是职业素质的职业性特征，又叫职业差异性。例如，教师必须具有较高的思想政治素质和爱岗敬业、教书育人的职业道德修养，同时具备较强的专业能力和健康的身心素质；医务工作者必须具有救死扶伤的人道主义精神、扎实的专业基础知识、较强的动手能力和创新素质等。

2. 抽象性

在职业活动中，个人经过自身学习和实践，能够有意识地内化形成一种客观存在的心理品质，它具有看不见、摸不着的非直观的特点，但可以通过其工作表现、行为结果、社会评价等方式显现出来，这就是职业素质的抽象性。

3. 稳定性

职业素质的养成是个长期的过程，一旦形成就会在特定时间内对特定事物表现出持续而相对稳定的行为特征，这就是职业素质在一定时间内的稳定性。这是一个人胜任职业的基本条件。职业素质并不是一成不变的，它会随着个人的不断学习实践和职业、环境的影响而继续得到提升，因此职业素质的稳定性是相对的。

4. 整体性

职业素质和个人的综合素质密切相关，同一素质的各种成分可整体存在于同一个体，它们相互联系，相互影响，这就是职业素质的整体性。例如，评价某大学生职业素质较高，不仅指他的思想政治素质、职业道德素质高，也指他具有较高的专业技能素质、沟通协作素质、健康素质等。

5. 发展性

职业素质可以通过学习教育、社会实践和环境影响来获得并逐步积累，具有相对的稳定性。但随着当代科技、文化的飞速发展，社会生产方式发生巨大变革，从而对从业者提出了更多、更高的要求。个人只有不断学习训练和接受继续教育才能提升和完善职业素质、适应自己职业发展的需要。所以，职业素质并非是一成不变的，而是具有发展性的。

（三）职业素质的分类

美国著名社会心理学家戴维·麦克利兰提出了一个著名的“素质冰山模型”，该模型将一个人的个体素质的不同表现形式划分为表面的“冰山水面以上部分”和深藏的“冰山水面以下部分”（见图 2-1）。

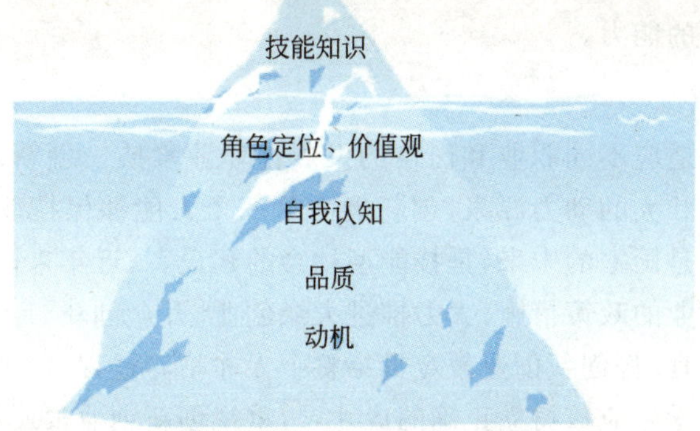

图 2-1　素质冰山模型

该模型将“冰山水面以上部分”称为显性素质，它包括一个人的基本知识和基本技能，是容易了解和被测量的外在部分，可以通过专业考试、学历证书、职业证书来验证或证明。这一部分容易通过学习和培养来改变和发展，但不能从根本上解决综合素质问题。“冰山水面以下部分”称为隐性素质，它包括价值观、角色定位、自我认知、品质和动机等，是内在的难以被测量的部分，也无法通过简单说教而改变，往往需要通过加强自身的学习感悟和实践才能改变和提升。

在培养和提升职业素质时，我们不仅要重视显性素质，加强学习理论、掌握技能，更应该重视隐性素质，在学习过程中修炼个性品质、道德修养、思维方式、团队合作能力等。

根据职业素质内容的不同，可将其分为思想政治素质、职业道德素质、专业技能素质、创新创业素质、沟通协作素质、健康素质六大类。

1. 思想政治素质

思想政治素质是最重要的素质，是一个人形成科学的世界观、正确的人生观和价值观的根本保证。职业是连接个人与社会的纽带，伴随当今社会经济的飞速发展和日益繁荣，大学生将不断面临新的挑战。加强培养自身的思想政治素质，对形成正确的职业价值观和将来步入职场取得职业成功都能产生积极而深远的影响。

2. 职业道德素质

职业道德素质是职业素质的重要组成部分，是与人的职业角色和职业行为紧密关联的角色道德。我们要把“爱岗敬业、诚实守信、办事公道、服务群众、奉献社会”的职业道德、把为人民服务的精神贯穿于整个职业生涯中。意大利诗人但丁说过：“一个知识不全的人可以用道德来弥补，而一个道德不全的人却很难用知识去弥补。”作为有理想、有追求、有担当的当代大学生，更应该扎根祖国大地，爱国奉献，勇于探索，勤奋坚韧，敢闯能创，自信乐观，知行合一，在为实现中华民族伟大复兴的奋斗中实现自身的人生价值。

3. 专业技能素质

专业技能素质是职业素质的核心部分，是从事具体职业必须具备的专业性职业素质，也是大学生成为一名合格的劳动者应具备的最基本的素质。一个人无论从事哪种职业，都必须有娴熟的专业技能。大学生不仅要扎实学好专业基础理论，还要反复训练、强化，以熟练掌握专业技能，具备将所学专业和其他相关领域知识联系结合起来、将所学知识运用到实践中解决问题的能力。

4. 创新创业素质

创新创业素质是适应不同职业和岗位的发展性职业素质。创新是一个民族的灵魂，是一个国家不断发展壮大的动力源泉，创新能力是一个人能够保持职业发展和竞争优势的重要因素。大学生是国家的未来，是技能型社会的建设者，近年来国家出台了一系列促进高校毕业生就业创业的政策措施，大力推进大众创业、万众创新。各地高校有机融合专业教育与创新创业教育，将创新创业教育贯穿整个人才培养过程，着力培养大学生的创新意识和创新能力。大学生应该树立正确的成才观，重视创新创业素质的自我培养，学习相关的创业基础知识，同时积极参加学校的创新创业实践活动，如社团活动、创新创业大赛、创业见习、市场调查等，在实际应用中增长聪明才智，在奋斗进取中锤炼品质意志。

5. 沟通协作素质

沟通协作素质是职业素质的关键部分。随着现代信息化社会的到来，社会分工越来越细，我们的学习、工作和生活都离不开与他人的有效沟通和团队协作。学会有效沟通和团队协作、提升沟通能力、协调人际关系能力，是成就事业的关键。大学生精力充沛、思维活跃，对人际交往的需求非常强烈。因此，大学生要学习使用语言和非语言沟通技巧，并在人际交往中灵活运用，如学会赞美、学会微笑、学会换位思考和学会宽容，培养真诚、自信、热情、克制、果敢、毅力等良好的交往品质，积极参加各种社会实践和社团活动，在实践活动中培养自己与他人建立和谐人际关系的能力和团队合作能力，以便更好地成长成才。

6. 健康素质

健康素质是一个人从事任何职业都应具备的基本职业素质，是其能够胜任工作的前提条件。健康不仅指身体没有疾病，也指在精神和社会适应性方面处于完满状态，也就是我们常说的身心健康。大学生要想拥有健康的体魄和情绪稳定、乐观进取的健康心理，要做好以下四个方面：一是学习掌握体育运动和锻炼的基本技能，养成坚持参加运动锻炼的习惯；二是注意合理饮食、规律作息和讲究卫生；三是遇到困难、挫折时学会调控情绪，化解困难、排除困扰，维护平稳心态；四是树立正确的审美观，陶冶高尚的道德情操，逐步提高对美的感知能力和审美情趣，培养表达美和创造美的能力。

阅读材料 2-2

泰康之家的用人标准

泰康之家长期秉承“专业化、市场化、规范化”的企业理念，通过大胆创新和实践，完成了传统保险向实体经济跨界的战略任务，坚持打造中国医疗养老产业第一品牌。基于泰康之家的企业理念和行业性质，公司在用人标准上秉承以热爱养老行业为前提的五大原则和五大特点。

五大原则：年轻化、专业化、知识化、国际化、市场化。

五大特点：有爱心、有责任心、有同理心、有精气神、积极乐观。

泰康之家不仅看中员工的专业能力素质，同时也关注员工的认知力、价值观、心理风险、个性特质等多维度的综合能力。泰康之家认为，好的员工需要具备更加健全的人格和更强的个人综合素质。

二、培养职业素质的途径

具有良好的职业素质是大学生求职成功的第一要素，是适应职场、适应社会的基础，也是职业发展、事业成功的保证。大学生要认识到，整个大学阶段都是培养职业素质的过程，从跨入大学校门的第一天起就要做好充分的思想准备，并开始制订相应的规划。

（一）通过大学生涯规划培养职业素质

大学生从入学开始，就要确立自己的人生目标，明确专业发展方向，塑造正确的职业价值观，充分认识自我，思考未来理想职业与当前专业的关系，不断增强学习的自主性和积极性。

学校为适应社会需求构建的专业人才培养方案，注重紧跟行业产业发展现状和实际需求，融职业素质教育于专业和课程建设中。例如，通过“大学生职业生涯规划”及相关课程的认知学习和实践训练，大学生能够认真审视自我，了解职业和职业生涯，清楚自己的能力差距，对大学生涯做出科学规划，从而确立大学生涯发展目标（就业、升学、创业），在学习过程中更加注重培养终身受益的专业能力、工匠精神和职业素质。

（二）通过课程思政教育培养职业素质

学校作为落实立德树人的主要教育阵地，会将思想政治教育贯穿于专业人才培养体系和课程建设中，把社会主义核心价值观寓于学生的知识传授和职业素质培养的整个过程。作为有理想抱负的当代大学生，应当将个人的职业理想和目标追求融入我国全面建设社会主义现代化国家的第二个百年奋斗目标新征程中，清晰认识到整个大学阶段都是培养职业素质的过程。大学生在积极完成公共基础课程、专业教育课程和专业实践课程的学习过程中，要注重加强思想品德修养，培养吃苦和奋斗精神，真正成为政治理念坚定、思想品德高尚的高素质人才。

在公共基础课程的学习中大学生要注重学习中华优秀传统文化，在潜移默化的学习中坚定理想信念，厚植爱国主义情怀，加强思想品德修养，提高人文素质、审美素养，强化文化自信、法治意识和国家安全意识。

在专业教育课程的学习中大学生要依据专业特色与优势，学习其中所蕴含的思想价值和精神内涵，从课程所涉及的行业和专业、国际和国家、文化和历史等角度，了解相关行业领域和本专业的发展趋势，培养爱岗敬业、遵纪守法、无私奉献、诚实守信、公道办事、开拓创新的职业品格。

专业实践课程包括实习实训课、毕业设计（论文）等，大学生要积极参与校内和校外的专业实践，通过实验室和贴近真实职业环境的技能训练，将所学知识和技能迁移到职业情境中，形成理论知识和技能知识的相互渗透。通过向实训指导教师学习和学习小组成员间的讨论分享，大学生可以在提高专业技能的同时学会找准自己的角色定位，在实践中增长才干智慧，锤炼意志品质，增强勇于探索的科学精神和创新精神，培养独立思考和分析解决问题的能力，以及判断和决策能力，从而有效提升个人的职业素质。

（三）通过实践活动培养职业素质

大学生的主要生活空间在校园内，缺乏工作经历和社会生活经验，对一些社会现象和将来职业生涯的看法容易理想化、片面化或简单化，这会导致步入职场后常常出现转换角色慢、心理承压力不够强、职场适应过程长等问题。用人单位在招聘毕业生时，更多的是选择那些在校期间积极参加社会实践和社团活动、充满自信、心理素质好、具有一定组织管理能力的大学生，因此这就需要大学生在校期间要重视参加各种形式的实践活动，以此来培养自己的综合素质。大学生在校的实践活动主要包括社会实践活动和校园文化建设两个方面。

大学生首先要积极参加学校的各类社团、学生会等组织的各种社会实践活动，如各级各类竞赛、学术讲座、科技创新活动、志愿活动、校外参观、社区服务、社会调查等；还要在指导老师的引导下通过自我教育和自我管理，增强人际交往能力、团队合作能力、组织管理能力、心理承压能力，提高学习能力和应变能力，培养科学精神和创新精神。

校园文化作为一种群体文化，是一所学校在办学实践中发展出的物质形态和精神风貌的总和。校园文化分为物质文化和精神文化：物质文化主要指校园建筑和景观绿化，精神文化包括办学理念、学校制度、校风学风等。

校园文化建设主要通过学校风貌宣传、形象文化建设和文化艺术体育活动来体现，要把德育与智育、体育、美育、劳动教育结合起来，真正做到“以德树人，以情育人，以智启人”。学校通过寓教育于文化活动之中，培育优良的教风和学风，促进大学生思想道德素质、科学文化素质和身心健康素质的协调发展。同时，学校要通过大力加强校园自然环境和人文环境建设，打造富有精神内涵、雅静宜人的育人景观氛围，如校园人文景观、山水自然景观等，使校园呈现自然美、人文美和艺术美的和谐统一。

大学生是校园文化的重要参与者，在舒适宜人的学习生活环境中，大学生应当积极参加丰富多彩的校园科技和文化实践活动，如参与校园网、广播、讲座、校报、宣传橱窗、自办刊物等宣传载体的建设，在参与中不断增强学习的内在动力，培养健康人格，完善道德品质。

（四）通过赛证融通培养职业素质

2021 年，全国职业教育大会首次提出深化岗课赛证综合育人的新要求。其中，“赛”是指职业技能竞赛，是依据国家职业技能标准，以突出操作技能和解决实际问题为重点的有组织的专业性赛事。当前我国已形成以校赛为基础、省赛为支点、国赛为龙头、世赛为顶峰的职业技能赛事体系。职业院校技能竞赛是学校教育教学的最高展示，竞赛成果可用来促教、促学。“证”是学习成果的检验和评价，是包括职业资格证书、职业技能等级证书、行业资格证书、培训证书等在内的证书体系，学习的课程涵盖职业资格标准的要求。“赛证融通”指在竞赛内容和职业资格之间建立有机联系，通过学赛结合、学训结合、以证验学来加强自身的职业综合素质培养，检验学习的实用性。

大学生要积极参加各级各类的职业技能大赛，通过参赛构建基于职业环境的核心技能，培养包括人际沟通能力、团队协作能力等在内的职业胜任能力。通过赛前的精心准备和强化训练，能够把自己培养成精技能、厚人文、通智能、强体能、具有高度社会责任感和职业素质的应用型人才。

职业证书的考证学习是对课程学习的强化和提高，证书是学习成果的检验。《中华人民共和国劳动法》明确规定："国家确定职业分类，对规定的职业制定职业技能标准，实行职业资格证书制度，由经备案的考核鉴定机构负责对劳动者实施职业技能考核鉴定。"对于从事技术复杂、通用性广、涉及国家财产、人民生命安全和消费者利益的职业的劳动者，必须经过培训，并取得职业资格证书后方可就业。例如，教师必须取得"教师资格证"、护士必须取得"护士资格证"，才具有职业准入条件。这类考试实行国家统一考试制度，统一合格标准。大学生应当充分利用课堂学习与课余时间，掌握理论，反复练习专业技术，做到准确、熟练、规范地操作，在反复练习中获得职业成就感并增强自信心，增强爱岗敬业情感。在参加职业资格认定考试获得职业资格证书的过程中，为就业做好充分准备。

案例 2-2

应届高职毕业生一次性通过注册会计师考试

唐虎是某职业技术学院 2015 级会计专业学生，从入校的那一刻起，他就立志要成为注册会计师，实现自己的理想。他认为，专业能力是事业的基础，要想事业成功，一定要学好专业。同学们对此都不以为然，因为就算是本科生，甚至是硕士生，考取注册会计师证书的也寥寥无几，何况一个高职生。但唐虎并不气馁，他全身心投入专业学习中，坚信只要努力就能成功。2018 年，他参加注册会计师全国统一考试，六门科目一次通过。这一成绩令人震惊，要知道，注册会计师考试的通过率是极低的，更别说一次通过了。没过多久，他就收到了著名的立信会计师事务所的录用通知，成为少有的应届高职毕业生注册会计师。

案例分析

唐虎进校就明确了自己的奋斗目标，清晰规划自己的大学生涯并付诸实践，不断提升自己的职业能力。这个案例启示我们，大学生只要心怀梦想，树立明确目标，持之以恒地努力拼搏，最终一定能实现自己的梦想。

三、培养职业素质的方法

大学生的职业素质可以通过学校教育、环境影响来培养和积累。学校通过构建产教融合、德技兼修、工学结合的育人机制，确立既传授知识又培养道德、既重视能力提升又重视人格塑造的人才培养目标，引导大学生践行社会主义核心价值观，融合职业素质教育的专业课程建设，充分借助互联网优势改革教学模式，培养大学生终身学习的习惯，营造人人皆可成才、人人尽展其才的校园文化。大学生可通过提升学习能力、沟通能力、协作能力、管理能力和创新能力，达成具有较强就业能力、社会适应能力、职业竞争力和可持续发展能力的高素质劳动者和技术技能型人才的目标。

（一）树立新的学习理念，培养学习能力

党的二十大报告指出，建设全民终身学习的学习型社会、学习型大国。学习是大学生的主要的成长成才方式，是大学生活的中心内容。不同于中学的是，大学的学习内容、形式和方法都发生了变化。题海战术、强化考试都已成为过去，大学的课程学习不再是修建知识的仓库，而是要学会运用知识。学习能力是影响专业技能素质的重要因素，大学生通过不同类型的课程学习，可实现知识的积累、应用技能的掌握，进而逐步学会发现问题、分析问题和解决问题的方法。

大学生要树立自主学习、全面学习、创新学习、终身学习的学习新理念，养成优良的学风，培养自己的学习能力。

1. 自主学习

自主学习是一种能动的学习理念。教师将知识、技能、价值观作为整体来教学，教会学生在系统化的学习中学会思考、学会内化、学会迁移。学生应在合理规划学习目标的基础上科学安排学习时间，在学习过程中掌握思维方式、方法论等，学会从整体上分析、把握和解决问题，从而获得能够应对将来职场变化、发展的自主学习能力。

2. 全面学习

全面学习是重要的学习理念。大学生进入大学后，在学好专业知识的同时，还要注重培养综合素质，树立全面发展的目标。在人类文明进入 21 世纪的今天，全面学习已成为个人全面发展及养成完满人格的必然要求。联合国教科文组织指出，“新世纪的学生要学会求知、学会做事、学会共处、学会做人”，这是对全面学习的一种解读。“欲穷千里目，更上一层楼”，只有当我们的知识和眼界越来越有高度，才能明确职业更深远的前进方向和意义。大学生要树立积极的职业心态，学会向书本学习、向生活学习、向实践学习，多读书、多实践，增长见识、开阔心胸，通过学会知识技能、学会生存生活、学会做人做事，养成全面学习的能力。

3. 创新学习

在学习的过程中不拘泥于书本、不墨守成规，这就是创新学习。创新学习可以帮助大学生以锐意进取、敢为人先、求真务实的创造性思维方式，获得应对职场未来变化的能力。创新是一个国家进步发展的不竭动力，也是个人在学习工作中取得成就的重要因素。当前知识创新已成为经济社会发展的驱动力，自觉培养创新意识与能力是时代对大学生提出的要求。大学生要刻苦学习，独立思考，勇于创新，养成创新学习的能力。

4. 终身学习

终身学习是指个体为了适应社会发展、实现自身发展的需要而贯穿一生的持续学习能力。俗话说“活到老，学到老”，现代社会随着新技术革命的飞速发展，每个人只有不断进行知识和技能的再学习，才能适应社会的发展和胜任自己职业的社会职责，才能不被时代所淘汰。一个人在学校的学习时间远远少于在职场的工作时间，大学生除了在学校教

育中获得知识技能外,更需要学会自我学习、自我调适、自我成长的终身学习理念与方法;不仅要学会如何学习知识、存储知识,更重要的是学会如何应用知识。有的大学生入校后就考虑转专业,认为某某专业前景不好,会限制自己以后的发展,但专业只是培养学习能力的一个载体。大学不是学习的终点站,而是人生路上的加油站。所以,大学生在学习专业知识技能的同时,更重要的是培养自己终身学习的能力,具备应对社会变迁和发展的能力。

(二)掌握人际沟通技巧,培养沟通协作能力

美国著名的教育家卡耐基说过:“一个人事业上的成功等于15%的专业技术加上85%的人际关系与处事技巧。”在社会生活中,我们几乎每天都在与人交往。据统计,沟通占据了我们工作生活70%的时间,由此可见沟通在人际交往中有多么重要。良好的沟通协作能力对于促进身心健康、实现生活幸福和事业成功具有非常重要的意义。

良好的沟通是实现团队协作的基础。随着现代科技的飞速发展,社会分工越来越细,未来全球化的交互会更加广泛频繁与深入,更高水平的团队合作要求大学生具备良好的团队协作能力。协作能力包括协作意识和协作技能。协作意识指对他人的信赖度,协作技能包括对他人的容纳度和被他人的容纳度,这是建立团队信任关系的基础。大学生可以通过在学校的拓展训练、社团活动的锻炼来培养团队协作意识,训练协作能力。这是个人成才的要求,更是适应社会发展的需要。

1. 沟通和沟通要素

沟通的原意是表达、交流、通信、交往,一般指人们通过语言或非语言的方式分享、传递并理解信息、知识、思想、情感和态度的双向交流过程。与人交谈、打电话、阅读书报、看电视、听广播、使用微信、上网、谈判、演讲、报告等都属于沟通的形式。人与人之间、人与群体之间信息传递和反馈的过程是双向的,要实现感情交流、达成思想共识,必须彼此理解对方的真实意图,这才是有效沟通。大学生在沟通过程中要学会把握沟通技巧,这样才能实现有效沟通。

沟通要素包括信息发送及接收者、信息、渠道、反馈、环境这五个方面。

(1) 信息发送及接收者。在大多数沟通过程中,人既是信息的发送者,也是信息接收者。作为沟通的主体,每个人都有不同的属性特征,包括年龄、性别、性格、情绪、社会角色、文化背景、学科专业等。因此,要实现有效沟通,最重要的是了解人、理解人和尊重人。

(2) 信息。信息是人们沟通中传递并交换的知识、思想、情感等内容,以语言文字或肢体语言(非语言符号)的符号形式进行表达或传递。有时因为沟通双方的背景经历不同,同样的信息符号可能产生不同的理解。

(3) 渠道。渠道是信息传递的媒介或路线。在面对面的沟通中,信息主要依靠视觉、听觉来进行传递。如在求职面试时,求职者的简历、言谈举止、服饰穿着、眼神表情、声音语气等都在时刻向面试官传递着信息,这些都是信息传递的媒介。大众传播的主要渠道是手机、网络、电视机、报刊等。随着信息技术的不断进步,视频电话、微信、邮件等已成为了常用的沟通渠道。

(4) 反馈。反馈是信息发送者和接收者之间的相互应答。面对面的沟通具有最大的反馈机会,电话沟通的反馈机会大于微信,微信的反馈机会大于邮件。因此,当沟通比较

复杂或者需要多人之间沟通时，应该选择面对面沟通、电话、语音或视频沟通。多人沟通最好采用会议或线上网络会议的形式，这样才能得到更为及时的反馈。

(5) 环境。环境是沟通发生的场所或所处的环境。环境对沟通也能产生较大的影响，不同的沟通需要不同的环境。例如，集体讨论工作适合在会议室围桌而坐，上课或学术报告需要在教室、报告厅进行。通常情况下，办公室适合做具体的工作而不适宜讨论工作之外的事情。反之，在其他场合，如餐厅、活动室、宿舍或休闲场所，则适合谈论一些轻松愉快的话题。此外，散步作为一种轻松的活动方式，更容易沟通情感和增进友谊。

沟通就是这些要素之间相互影响、彼此关联的过程。作为沟通主体的人是复杂多变的，扮演着不同的社会角色，情绪和情感往往处于动态变化中，这些都会影响沟通的顺畅和有效，因此人际交往中要注意在把握沟通原则的基础上掌握沟通技巧。

2. 沟通原则

如果想要通过人与人的有效沟通建立良好的人际关系，那么在沟通中就要注意遵循以下四条原则。

(1) 交互原则。交互原则是指沟通双方的心理活动是双向交互的。你是否喜欢一个人都是有原因和前提的，人们都希望别人喜欢自己、接纳自己和支持自己，也更容易喜欢上那些喜欢自己的人。因此，想对他人表示喜欢时，可以用语言和行动来表达，例如微笑、主动和对方说话等，做一些能让对方感受到善意的事情。

(2) 互利原则。互利原则是指沟通的本质是一种社会交换的过程，每一个人都希望在与他人的交往过程有互相帮助、互惠互利。正所谓“投之以桃，报之以李”，如果你在与人交往过程中一味地想要对方为你付出，那一定不会也不可能保持长久的友好关系。大学生可能没有很多物质和金钱，但是拥有年轻人的热情、勇气，拥有爱心、微笑、感恩，这些都是非常宝贵的财富。大学生可以把这些财富分享给他人，用爱心、勇气、激情去感染和鼓励别人，比如对他人进行表扬、赞美、鼓励，有时一个微笑、一句谢谢、一个点赞，人与人之间的距离自然就拉近了。

(3) 平等原则。平等原则是指相互尊重，相互包容。每一个人都是世界上独一无二的存在，从内心尊重每个人的个体差异，接纳包容每个人的不同，这就是所谓的“求同存异”。在与人沟通的过程中，只有保持平等友好的心态，才能真正建立起友好的人际关系。

(4) 诚信原则。诚信原则是指表里如一，信守诺言，这是处理人与人之间关系的行为准则，是为人处世的道德原则。只有诚实守信、勇于担当的人才能给他人安全感，才值得被信任，才能在工作生活中享有良好声誉。

案例 2-3

和父母产生小摩擦

小王寒假在家时间较长，临返校时和父母因一点小事发生了小摩擦。因为和父母发生口角后，小王一时放不下面子，平日里的热闹气氛顿时变成了沉默。小王感到很苦恼和压抑，并把这种闷闷不乐的情绪带回了学校。辅导员刘老师告诉小王，和亲人相处久了难免产生矛盾，但重要的是要和亲人保持沟通，主动表达自己的苦恼，同时也要理解父母对儿女的爱并体谅父母的不容易。

于是，小王主动打电话给父母报平安，和父母聊起了返校后的学习生活，表达了自己对父母的尊重和惦记父母的心意，小王又恢复了往日的开心。

案例分析

人与人之间及时、有效的沟通很重要，无论是亲人之间还是同学朋友之间，都要互相尊重和相互包容，一旦发生矛盾，必须及时、妥善解决。

3. 沟通技巧

有效表达、学会倾听、善于赞美、换位思考、投身实践是人际沟通中常用的五个技巧。

(1) 有效表达。有效表达是有效沟通的前提条件，它决定信息发送和反馈的质量。沟通的目的是让双方完整、准确地理解对方传递的信息、观点或意见，因此语言的表达很重要。无论是口语还是书面语言，除了要表述清晰，用词准确、简练外，在表述中尤其要注意有礼貌和体现尊重。口语沟通时，要多使用敬语、雅语和文明用语，如您好、请、谢谢、对不起、再见等，同时配合说话的语气和声调，以及微笑的表情、专注的眼神等肢体语言。如果用邮件或者微信交流，则要注意邮件的规范和礼仪，特别要注意格式、字体、字号和版式，而且邮件不能出现错别字。微信交流时，则应注意及时回复，尽量少使用语音，多使用约定俗成的文字和符号。

(2) 学会倾听。倾听是沟通中信息接收者接受对方信息，确定其含义并做出反应的过程，是沟通的重要环节。与人交谈或闲聊时，该如何做一名好的听众呢？表面在听但心里在想其他事情，被动消极地听，或是选择性地听自己感兴趣或意见一致的话题，或是不停打断对方，这些不仅不是真正意义上的倾听，还会因信息接收不全而产生误解，或者容易因断章取义而产生误会，导致无效沟通，甚至影响人际关系。倾听时要以尊重和理解的态度专注倾听，可通过肢体语言、眼神和表情(如靠近说话者并注视对方)，用心感受对方的意图、动机和需求，感同身受地理解对方的情感，适时提问并恰当地给予反馈。专注而有效的倾听有利于引起说话者的心理共鸣，是最好的倾听。

(3) 善于赞美。善于赞美是沟通中非常重要的一个技巧。喜欢被赞美是人性的特点，赞美不仅能使对方心情愉快，赞美者的心情也是愉悦的。善于赞美的人心胸宽广，能接纳对方的差异和发现对方的优点。在沟通中一定不要吝啬赞美，要多赞美家人、朋友和同学，赞美与我们积极沟通的每一个人。赞美要注意三个要点：一是赞美要及时，发现对方的优点或长处时要当场赞美；二是赞美的内容要有针对性，例如表扬对方今天参加学校演出的服装很漂亮、这个学期的成绩进步较快等；三是赞美要真心实意，而不是敷衍地虚假赞美。

(4) 换位思考。换位思考是指沟通时要保持同理心。倾听他人说话时，既要倾听事实，也要倾听情绪，理解对方话中的弦外之音，然后设身处地从说话者的角度来理解对方所说的内容，这样才能促进心灵的沟通和产生情感上的共鸣。例如别人遇到困难或是不幸时向你倾诉，你的换位思考、用心倾听就特别能温暖人心和感动对方。

(5) 投身实践。实践是锻炼沟通协作能力的最佳舞台。大学生应积极参加学校社团和各类实践活动,如文艺演出、辩论赛、演讲比赛、各类学术讲座、主持人大赛、拓展训练等,这是培养活动团队的成员之间、成员个体与外部环境之间沟通与协作能力的最佳时机。

阅读材料 2-3

有一个人晚上路遇一位盲人提着灯笼行走,于是上前好奇地问道:"你自己看不见,为何还提灯笼呢?"盲人回答:"正因为我看不见才需提个灯笼,这样就不用担心别人会撞着我了,我也不必担心自己给他人造成不便了。"

换位思考,相互体谅,这才是最高级的智慧和善良。

(三) 学会情绪和时间管理,培养管理能力

大学生的管理能力主要包括情绪管理能力和时间管理能力。

1. 情绪管理能力

古人常用喜、怒、哀、乐、爱、恶、惧这七个字来形容人的不同情绪,现代心理学认为,情绪是对一系列主观认知经验的总称,是多种感觉、思想和行为综合产生的心理和生理状态,是内心感受经由身体表现出来的状态。一般来说,情绪可分为快乐、愤怒、悲哀、恐惧四种基本形式。

心理学认为,情绪变化是由我们对某件事情的看法、解释和评价引起的,这说明情绪和我们的学习、工作、生活息息相关。保持相对稳定的良好情绪,即健康的情绪状态,能使我们快乐生活,提高学习工作的效率。反之,不健康的情绪不仅会影响我们的工作和学习,而且还会影响健康,诱发身心疾病。就情绪状态而言,情绪稳定、心情愉快是大学生情绪健康的标志,其包含三方面内容:一是要保持愉快情绪多于负面情绪,乐观开朗,对生活充满希望;二是善于控制和调节自己的情绪,既要克制又要合理宣泄;三是情绪要和环境相适应。通过学习提升情绪管理能力,可以增强个人发展面临困难和压力时的抗挫折能力,促进个体更好地适应学习生活和社会环境。

美国心理学家斯坦利·霍尔在他的著作《青春期》中写道:"青春期是情绪的狂风暴雨时期。"大学生的情绪受快速发育成长的身体和心理活动的影响,面临着角色转变、自我意识确立、社会适应等心理压力,是走向心理成熟的关键时期。处于这个时期的大学生,情绪活动丰富,理智感和美感逐渐成熟,情绪具有冲动性和爆发性,同时自卑、自负等负面情绪活动也开始变得明显。面对这些情绪困扰,大学生该如何培养情绪管理能力呢?

一个人能够清楚地认识和管理自己的情绪,激发自己的正面情绪,同时能了解并安抚他人的情绪,这就是情绪管理。情绪管理能力是指用科学方法有意识地调适、缓解、激发情绪,以保持适当的情绪体验,避免或缓解不当的情绪体验和行为反应。认识并调节情绪是情绪管理能力的关键。

(1) 认识情绪。只有先认识情绪,了解自己处于什么情绪状态,贴近自己内心,才能

采取适当的应对方法。心理学研究发现，当我们感觉到自己的情绪时，我们的情绪就能得到一定的缓解。例如自己感觉到生气、烦躁的情绪时，会及时宣泄缓解，而不至于积累起来。

(2) 调节情绪。对于那些我们不能控制的情绪，如受到刺激时或与他人发生剧烈冲突时产生的强烈而又不受大脑控制的情绪，应迅速“叫停”。我们可以通过深呼吸或者离开那个现场环境来改变内心的强烈情绪、减弱外部刺激的影响。

我们要明白，生活中绝大多数的认知或想法都不是现实，例如认为请求他人的帮助是软弱的表现、一个人必须聪明漂亮和完美、为了开心需要别人来赞美我，我们需要成功，需要被人喜欢、理解和爱，我们要左右事物的发展而成为强者等。这些情绪认知会让我们的想法和现实之间产生距离或者矛盾。我们可以试着对这样的情绪认知进行调整，学会区分想法和现实，从而对情绪进行调节。例如，小谢常在回到宿舍时发现室友小王埋头刷手机而不理睬自己，于是有了小王看不起自己的想法，产生了生气、敌意的情绪。小谢想，小王是真的不理我吗？经过后来的观察，小谢发现小王对其他室友也是如此，他在专注自己事情的时候很少和室友打招呼。于是，小谢的情绪平复了下来。

面对负面情绪时，大学生可利用适度宣泄法进行缓解、转移和调理。宣泄情绪的方法有很多：一是向师长、挚友倾诉，通过获得对方的情感理解和支持，取得消除不良情绪的解决办法或建议；二是参加体育锻炼，促进积极情绪体验，体育锻炼可以促进身体产生多巴胺，获得欣快、愉悦的情绪体验，体育锻炼的方式有很多种，选择自己喜欢的或适合自己的即可，如球类运动、健身、游泳、舞蹈、跑步、散步等；三是走进大自然，如登山、观海、逛公园观赏自然景色等；四是听音乐或者去歌厅唱歌，或者放声大哭，或者参加感兴趣的集体活动等。宣泄情绪应注意场合、方法、适度，不要伤害或影响他人。

大学生要规划好自己的人生目标，拥有乐观的人生态度、豁达的处世情怀，这样才能真正成为自己情绪的主人。

2. 时间管理能力

时间对于每个人来说都是公平的，所有人的一年都是 365 天，一天都是 24 小时。美国著名管理学家德鲁克认为：“时间是最高贵而有限的资源，不能管理时间，便什么都不能管理。”在学习和工作生活中，有的人时间安排有条不紊，做事井井有条，忙而不乱，不断实现自己既定的小目标；而有的人每天忙得焦头烂额，疲于奔命，反而没什么明显成效。大学生群体中同样存在着这类现象，有的大学生不仅学业成绩优秀，还身兼数职，仍有许多时间参加学校的社团活动和社会实践；而有的大学生每天埋头于书本学习，无暇参加课余活动。这就是时间管理能力上的明显差异。

大学生进入大学后，学习和课余生活更为丰富，除了学校安排的课程学习时间，自习、各类学生社团组织的工作、校园文化活动、文体活动、卫生清理、消遣、休息等课余时间也相对充裕和“自由”。有调查表明，大学生休息和消遣的时间占到课余时间的 44%。有些学生不能平衡学习时间与课余时间，难以区分大学生活中各类事情的轻重缓急，不能合理安排、分配课余时间，主要原因是缺乏时间管理意识和科学的时间管理技巧。

著名企业家李开复说过：“人生最大的两个财富是你的才华和你的时间。”最好的时间管理其实就是做好你的人生规划，不虚度光阴，按照你的人生目标不懈努力获得每个阶段的成功。从本质上来说，时间本身是无从管理的，所以我们说的时间管理不是被动地受制于时间，而是对时间进行的主动有效的自我管理。我们可以通过规划统筹来有效利用时间，减少时间的浪费。

(1) 时间管理的原则。我们要充分认识时间管理的原则，以更好地运用时间管理的技巧和方法。时间管理的原则包括目标原则、四象限法则、80/20 原则、生理韵律法则。

① 目标原则。高效的时间管理需要以远大的人生目标和积极的心态为前提，大学生应对自己的人生目标及早进行规划，“以终为始”，以人生目标为终点，从现在开始按照目标方向规划未来十年、五年、一年、一个学期、一个季度、一个月、一个星期乃至每一天，这是一个从模糊到清晰的规划过程。有了规划还需做好具体目标的管理：一是各阶段目标要具体明确，例如“我要做到每个学年都获得奖学金”“坚持体育锻炼”等；二是目标要量化，例如“每学期成绩达到优秀或良好标准以上”“每周锻炼不少于 4 次”；三是目标要切合个人实际能力，是通过付出努力可以实现的；四是目标要与现实身份相关，无论是学生还是职场人，目标都要与角色相符；五是目标要有时限，每一阶段的目标都要有时间约定，这样不仅可以衡量进度，而且在完成阶段目标后获得的成就感能激励自己继续完成下一个目标。

② 四象限法则。四象限法则是美国管理学家科维提出的，他根据事情轻重缓急程度的不同划分了四个象限：重要且紧急的事务、重要不紧急的事务、紧急不重要的事务、不重要不紧急的事务(见图 2-2)。

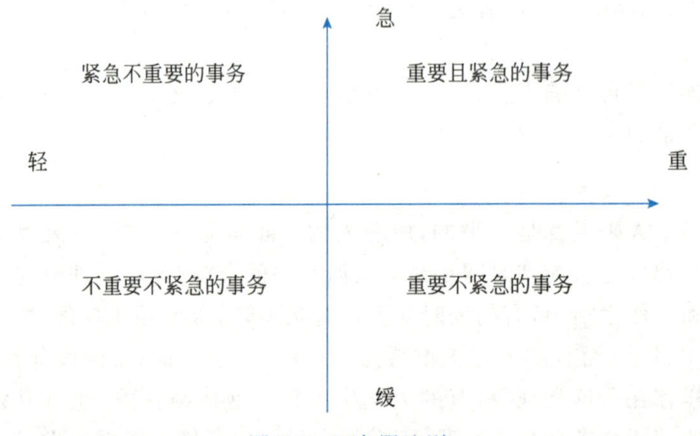

图 2-2　四象限法则

根据四象限法则，首先要做的是第一象限“重要且紧急的事务”，如抢险、灭火、近期考试或主办重要活动等，这些事情要马上去做。其次是做第二象限“重要不紧急的事务”，如制订计划、体检、撰写毕业论文等，这些事情可定出时间按计划做。对于第三象限“紧急不重要的事务”，如同学打球缺人、临时约外出看电影等，要坚持重要优先原则，对于这看似紧急但不重要的事情，只有在优先办妥了重要的事情之后，再考虑去做或委托他人代替、延期乃至放弃。第三象限的事务具有很大的欺骗性，很多人认为紧急的事情都显得重要，实际上这些不重要的事情往往会因为紧急而占据很多宝贵时间。对于第四象限“不重要不紧急的事务”，如消遣、娱乐、玩手机、购物、玩游戏等，这些事情可在休闲时间去做，而且要尽量少做或者不做。四个象限的关系应该是：优先解决第一象限，仔细区分一、三象限，重点投资第二象限，坚决走出第四象限。

③ 80/20 原则。意大利经济学家帕累托在 19 世纪提出，“在任何特定群体中，不重要的因子往往占大多数(80%)，重要的因子只占少数(20%)；80%的价值来自 20%的因子，而 20%的价值来自 80%的因子”。如果把 80/20 原则运用到时间管理中，那就要求把重要的时间用于少数重要的事项，因为 80%的工作价值都来自 20%的重要工作事项。具体来说，就是要把目标放在 80%的工作价值上，区分清楚琐碎的多数，永远先做好最重要的事情，即做好最重要的 20%。这样一来，我们花 20%的时间，就能取得 80%的成效。

④ 生理韵律法则。每个人都有特定的生理节奏，在一天中不同时段的精力是不同的，处理事情时的效率也有差别，这就是生理韵律。例如，童话大师郑渊洁每天凌晨四点就开始工作，每天写 2000 到 10000 字，几十年如一日，他认为凌晨的精力最充沛。一般人的生理规律是早上大脑皮层机能活跃，精力旺盛，上午九点左右达到第一次高峰，然后逐渐下降，到下午四点至六点机能再次上升，出现第二次高峰。我们要了解自己的生理韵律，在精力最充沛的时段做最重要和最有难度的事情，在身体疲惫、大脑反应迟钝时休息，或通过文体活动来调节。一个人要想高效管理时间，必须学会保持自己的韵律。例如，对无意义的打扰电话要学会礼貌地挂断，上课或工作时间发微信时尽量不发语音或视频，多使用打扰性不强的沟通方式(如信息或是电子邮件)。此外，我们还要学会与别人的韵律相协调，例如了解对方的行为习惯，不唐突打扰别人等。

(2) 时间管理的技巧。在把握时间管理原则的基础上，大学生要学会运用下述时间管理技巧，在学习和工作中培养时间管理能力，以更加有效地利用时间，提高学习工作的效率。

① 树立目标。要做好时间管理，必须先树立明确的人生目标，因为目标能唤醒你的积极心态，让你的才能得到发挥。具体而言，大学生要先根据人生目标规划长期、中期、短期的生涯目标，再按照不同时期的目标制订适合自己、切合实际、可衡量、有时限性的书面行动计划。在制订计划时，对目标进行分解是关键，要使每年、每学期、每月、每周乃至每一天都有明确的计划；每个时期再按重要性、紧迫性的不同，制订行动方案的优先顺序，最后贯彻落实在执行中。

② 要事第一。根据四象限法则，我们要在有限的时间内做最重要或者最有意义的事，这就是要事第一。做好时间管理，首先要学会先做最重要的事，然后是正确地做事，大学生要养成做正确的事，正确地做事，然后坚持不懈地勤奋努力的行为习惯。特别要注意的是，勤奋努力必须建立在做正确的事和正确地做事的前提下，否则盲目的勤奋努力很可能收效不大甚至毫无益处。

③ 统筹均衡。做好时间的统筹安排和平行作业，就是利用大块时间做“大块”的事情，抓住碎片时间做“琐碎”的事情，利用等待的时间做其他事情(如等待公交车时记几个英语单词)，要学会预留放松或休闲时间，劳逸结合，这样才能更好地提高学习工作效率。

④ 首次完成。世界上最没有效率的事情就是一件事情还没有做好就要推倒重来，因为其中的一步不到位将导致后期的每一步都难以到位。所以，我们第一次就要把事情做好、做对、做到位，要形成良好的习惯，这样做能避免浪费时间，节省重做一遍所需的人力、物力、财力，少走弯路。

⑤ 不求完美。追求完美是人的天性，若从工作或学习的标准来说，完美是一件好事，它能促使我们获得高质量的工作成果或学习成绩。但完美的重要缺陷是，如果在一个环节花费过多的时间和精力，会导致其他环节时间不足，从而无法顺利完成总体工作或学习目标。所以，我们要尽量追求完美，在需要完美的时候展示我们的一丝不苟，但在不要求完美的情况下，要在确保完成目标和任务的前提下学会放下，不要为追求完美而脱离目标、脱离实际。

⑥ 克服拖延。我们要树立时间价值观，即时间就是效益、时间就是成绩、时间就是生命。做好时间管理，就要在执行中体现，要对结果负责，因此要克服实现目标过程中的阻碍拖延。我们可以设定完成一项任务的最终期限，让紧张和压力感提前到来，以避免拖延。随着移动互联网的兴起，手机和网络成了不少大学生快速获取信息和与外界联系的工具，但很多学生也存在因沉迷微信、抖音、微博，或是因查阅太多社交媒体和邮箱的信息而浪费学习时间的现象。大学生要学会自律，专注学业，合理安排上网时间，这也是避免拖延的有效办法。

阅读材料 2-4

六点优先工作制

这是美国时间管理专家艾维·李提出的。根据这一方法，我们可于前一天晚上将第二天要做的全部事情按重要紧急顺序依次排位，从 1 到 6 分别标出六件从最重要到重要的事情。每天的工作伊始，全力以赴做好标记为 1 的最重要事情，完成或准备好后再做标记为 2 的事，以此类推。

在实施六点优先工作制的过程中要注意两点：一是一定要把艰难的、大的事情细化为一个个容易的、小的部分；二是一定要做到不拖延，从现在开始，每天坚持不懈。如果我们的每一天、每小时、每分钟都能按六点优先工作制来完成工作，相信假以时日，就一定能通过高效的时间管理早日成就事业。

（四）适应时代发展新要求，培养创新能力

党的二十大提出，要“完善科技创新体系”“坚持创新在我国现代化建设全局中的核心地位”“健全新型举国体制，强化国家战略科技力量，优化配置创新资源”“形成支持全面创新的基础制度”“培育创新文化，弘扬科学家精神，涵养优良学风，营造创新氛围”“加快实施创新驱动发展战略”“坚持面向世界科技前沿、面向经济主战场、面向国家重大需求、面向人民生命健康，加快实现高水平科技自立自强”“加强基础研究，突出原创，鼓励自由探索”。中国经济的下一轮发展将转变为以科技创新为主要突破口的增长模式，科技成为我

们国家生存和发展的核心驱动力。可以预见，一个更加强大的中华民族的崛起机会，必将存在于科技创新和与之配套的产业调整、消费改革之中。科技创新的关键在于培养创新人才，其核心是培养人的创新能力。

1. 认识创新

我们每一个人是否想过：我们要做什么，通过努力获得什么？这其中就蕴含了创新。人类在自然和社会发展中充分发挥主观能动性，努力寻找新、实现新和应用新。古今中外，正是无数创新之举成就了人类的文明进步。

创新是指以现有的思维模式，提出有别于常规的见解为导向，利用已有的知识技术，本着理想化需要或者为满足社会需求，改进或创造新事物、新方法、新环境，并能获得一定经济和社会效益的活动。例如，当今中国提出的“一带一路”倡议，较传统的丝绸之路有了重大的深化和拓展，对推动亚欧非经济合作共赢具有极大的提升作用，这就是一种创新。创新包含了人和社会促进事物发展的许多要素，除了在技术和经济领域，社会、政治、文化、艺术等几乎所有领域都在倡导创新。

创新的核心是“新”，它既可以是产品的外部特征、内部结构或性能的改革，也可以是内容的丰富和完善。创新的本质是变革，是突破。要改革常规和突破原本的思维定势，创新才有收获。

创新从人的思考开始，是一个认知过程，这是人类在社会生活中产生的主观意识活动。“你想做什么”是每个人生存和发展的一个最基本的问题。无论学业还是工作，都会遇到“如何做”“如何做好”这样的问题，这就需要主动思考，这是人类区别于动物的大脑意识活动。一个人在成长、处世的过程中确立的方向和每个目标，以及为之付出的努力，都首先来源于大脑的思考。人的所有行为都始于思考，要成就事业，先要善于思考。古人说过“学起于思，思源于疑”，说的就是善于思考对于解决问题的重要性。

大学生的首要任务是学习，要想将来顺利就业，实现人生目标，在学习知识技能的同时一定要学会主动思考，因为思考的深入是意识产生和加强的过程。大脑对客观事物的感觉、印象，这就是意识，我们要锻炼自己的创新意识。当意识发展到开始认识事物的属性和规律时，认知活动就上升到了思维阶段。创新思维较之意识，层次更高，主动性更强。从在思考中产生创新意识，到通过大脑认识活动产生新方法、新设计或新思想的“创新思维”，再到进入分析解决问题或者基于现实问题的开创性创新活动，最后形成帮助我们实现人生价值的创新能力，这是一个不断提升和超越自我的过程。

2. 认识创新能力和创新素质

创新能力又称为创造力，是指人们通过学习和运用知识技能，在社会各领域创造具有经济价值和社会价值的新理论、新方法、新思想、新技术、新发明、新服务的能力。创新能力是人类特有的认识能力和实践能力，是人类主观能动性的高级表现形式。从现实意义上来讲，没有创新能力，就没有经济发展和社会进步。大量的实践和研究证明，每个人都具有创新能力。

创新能力可分狭义创新能力和广义创新能力。狭义创新能力是指每个人都具有的一种自然属性，这是人类在长期的进化过程中伴随大脑的进化形成的，是一种隐性能力。现在大家常说的创新能力一般是指广义创新能力，是经过教育和实践活动激发出来的能力，且和人的知识结构与专业能力紧密相关。从对个人的职业发展具有积极意义，到能够体现一定社会价值的革新，再到可以对人类社会产生较大社会价值和重要影响的发明创造，创新能力可以表现为不同的层次，这体现了创新能力较强的社会属性。

具有创新能力的人具备的素质包括：强烈的创新意识、高度自信、不畏失败、充满激情和好奇心，这是一个人具备创新能力的重要条件。

一般来说，善于观察和思考的人，对周围事物具有敏锐的观察力，对未知事物拥有好奇心和继续探求的强烈愿望，这样的人富有自信，有创新意识，创造能力较强。相反，不善于观察和主动思考，对复杂事物没有耐心和好奇心的人，就会缺乏创新意识和创新能力，在处理问题或事务时常常会因为因循守旧而导致一团糟。所以大学生应加强学习实践，通过学会思考培养创新意识，形成创新思维，从而开发和培养创新能力。

3. 培养创新能力的方法

(1) 重视基本能力的修炼。大学生要积极参加各类创造性活动，高度重视个人品德、心理素质、自信心、学习能力，团队协作能力和沟通能力等基本素质和能力的培养。品德修养是任何时代对人才的首要要求，创新人才必须具有爱国奉献、积极向上的精神和道德素质。大学生要注重在校掌握学习能力和信息处理能力，掌握专业知识技能，完善自己的知识结构；要锻炼自身保持情绪稳定的良好的心理调适能力，充满自信，不畏挫折；要保持强烈的进取心和竞争意识，学会团队沟通协作技巧，勇于追求真理，不断发展和开拓创新。

(2) 培养高度的创新意识。创新意识是人类意识活动中一种积极的表现形式，人们根据社会和个体发展的需要，引发了创造前所未有的事物或观念的动机，其激发的创新思维和创造力产生的创新成果为人类进步和社会发展作出了贡献。创新意识能促进人才素质的变化，提升人的本质力量，如促进个体充满生机活力，激发创新开拓精神。人的意识会随着个体知识和阅历的增加而形成，创新意识可以通过下述方法进行培养和训练。

① 学会思考。大学生要能在学习工作生活中通过对事物的观察、探究，展开想象力，学会思考。创新方法来自想象力和主动思考。爱因斯坦说过，想象力比知识更重要。提出一个问题往往比解决一个问题更重要，因为提出新的问题和新的可能性，以及从新的角度去看旧的问题都需要有创造性的想象力，这就是创新来自思考的含义。

② 营造群体激励。以解决一个问题或完成一项任务为目标，召集有共同兴趣的同学组成一个团队，在指导老师的帮助下，一起收集资料，共同学习和合作探讨，这个过程可以帮助团队成员相互启发和激励，交流新想法和新思路。大学生还应该积极参加一些非正式性的教室、宿舍讨论，多参与群体性的科技活动或专家的论坛讲座，虚心学习专家的知识和经验，但也不能盲目崇拜权威，要敢于大胆质疑。通过营造这种群体激励，可以激发创新意识，提高自信心，焕发自由想象力。

③ 加强社会实践。大学生要珍惜一切机会和可以利用的渠道，多参加丰富的校园文化活动，如各种类型的社团活动、社会调研、志愿者活动、大学生科技兴趣小组、大学生创业大赛、职业技能竞赛等。在实践活动中，通过与外界的联系沟通，可以开阔视野、激发创新意识。

(3) 训练系统的创新思维。创新思维又称创造性思维，是人类在思考和产生创新意识的前提下，通过主观能动性产生新的大脑认识活动的过程。其思维方式不受常规约束，目标指向新的事物，寻求对问题的全新、独特的解答或获得新方法，表现为发明新技术、形成新观念、提出新方案、创建新理论等。创新思维是创新的灵魂，是创新能力的核心内容。

没有创新的思维方式，就不会有创新的行动和实践。创新思维成果的获得需要付出艰辛的脑力劳动，需要刻苦钻研、不断探索的科学精神，需要不畏挫折、永不言败的意志毅力。创新思维离不开形象、求异、侧向、逆向、联想等思维形式，它需要个体有长期的知识积累、系统训练和素质培养。

从心理层面讲，人在认识新事物的过程中，大脑思维存在很多种形式。在互联网+时代，新事物新思维层出不穷。系统观和集成思维的培养，是大学生树立创新精神、锻炼创新思维的重要基础。下面我们以常用的思维形式作为切入点，介绍训练创新思维的方法。

① 形象思维。形象思维是指利用直接、直观的事物进行思考、分析和判断，从而得出新思路或新方法的认识过程。这是一种常用的思维形式，对创新会产生较直接的促进作用。形象思维与逻辑思维一同进行培养才能激发更大的创新潜能。例如，我们在面对抽象难懂的数学公式时，往往要借助图形来找到解答思路。

② 求异思维。求异思维是一种不受已有信息和思路的限制，从多角度、多方向、多层次寻求问题的不同答案的思维方式。遇到难题时采用求异思维，往往能打破传统规则和思维定势，找到富有创造性的看法、观点或思想，例如数学中的一题多解等。求异思维是创新思维的核心，广泛应用于经济、军事、社会生产生活等领域。培养求异思维最重要的是鼓励大胆的联想，设计问题、引导和诱发求异思维。转换思维的不同角度有助于提高思维灵活性，灵活性和独创性是求异思维的前提。

③ 侧向思维。侧向思维是发散思维的一种形式，是沿着正向思维的旁侧迂回开拓新思路的一种创造性思维。换言之，侧向思维就是利用其他领域的知识和信息，从侧向迂回解决问题的一种思维形式。培养侧向思维除了需要思维的灵活性，还需要扩大知识面，通过跳出本专业行业的范围，摆脱惯性思维，将注意力引向更广阔的领域。培养侧向思维还可以将其他行业领域比较成熟的方法原理移植过来，或者从中得到启发，保持对问题的创新设想。这也就是人们常说的触类旁通、另辟蹊径。例如在激光笔发明之前，教鞭只有纯粹的机械指示作用，随着电子光学方面知识技术的引入，就创造了更为方便灵巧的激光教鞭。

④ 逆向思维。逆向思维是一种从常规思维的反向去思考问题的思维方式，即对司空见惯的事物或已成定论的观点，用相反的思考方向寻求解决问题的方法。对于有些问题，“反其道而行之”更有助于判断原先的方向是否正确，是否需要调整；或者反过来思考可能会使问题简单化。逆向思维和求异思维不同，前者强调的是“相反”，后者强调的是“不同”。逆向思维思考的典型问题是“如果不这样做，会是什么结果”。例如无跟袜子的出现是因为袜子后跟容易破，商家于是用逆向思维发明了无跟袜，这反而使袜子变得时尚，从而创造了可观的经济效益。

⑤ 联想思维。联想思维是大脑在认识和创建新事物时，或者在解决问题时，根据事物的原理、功能和社会需求，同时受周边能够建立联系的事物的启发，在头脑中构建新事

物的轮廓、映象和结构的过程，即由此及彼认识新事物或者解决问题的心理活动过程。例如牛顿发现万有引力定律，据说就是受到从树上掉落的苹果的启发。现实中很多发明都来源于联想思维，例如老年人使用的多功能拐杖的设计理念就是基于老年人的生理、心理和实际需求，设计者从外观、材料、色彩、功能等方面把原来没有相关性的诸如收音机、微型电筒、手握按摩等部件进行整合而发明出来的。所以无论是高科技的飞机、高铁、轮船，还是人们日常生活中的微信、网购、智能支付等越来越方便快捷的智能产品，联想思维在其发明过程中无疑发挥了非常重要的作用。联想思维不仅需要善于思维的大脑，更需要大量的知识储备，如果缺乏知识的积累，光有想法也不能转化为产品，当然这也取决于各个领域里科技的发展。现在是网络信息时代，科技发展日新月异，如何让思维活跃、拓展开来是新时代对我们的要求。在工作生活中，大学生要注重想象力的展开，这可以增强大脑的联想能力。大学生要认识到，世界万物都是联系的、运动的和发展的，通过联想建立已知事物和未知事物的联系，根据事物从过去到未来的演变来发现新事物的规律，能为创建新事物或发现新方法找到新路径。

总之，创新需要大学生紧跟时代的发展步伐，用敏锐的目光捕捉事物的焦点，形成对事物的新认识。培养创新思维应该坚持实事求是。书本知识和经验是前人智慧的结晶，对后人有很大的参考价值。但如果完全凭书本和经验处理问题，不深入调查研究和创新思想，肯定解决不了新问题，不利于开拓新领域和探索新规律。在训练创新思维时要有怀疑精神，培养主动学习、独立思考的主动意识，遇事探个究竟，寻求本质；要避免思维惰性，不要固守陈旧观念，它们会阻碍对新事物、新生活和自我价值的追求；要时刻注意不被惯性思维左右，注意去除大脑里陈旧过时的观念，注意避免经验主义和一味模仿前人的成功，以避免因思维定式而扼杀创新能力。

(4) 学习和掌握创新方法。创新方法是人们在解决问题、创造发明和科学研究的实践活动中采取的有效方法的总称。创新方法有很多种，下面介绍常用的三种。

① 头脑风暴法。萧伯纳曾说：“倘若你有一个苹果，我也有一个苹果，如果我们彼此交换这两个苹果，那么，你和我仍然只有一个苹果。但是，倘若你有一种思想，我也有一种思想，如果我们彼此交流对方的思想，那么我们每个人将各有两种思想。”这段话充分体现了创新中交流的重要性，这种方法就是头脑风暴法。头脑风暴法又称智力激励法，是一种集体思考法。自从 BBDO 广告公司的奥斯本提出这种方法后，它就成了一种各行各业普遍应用的创新思维方法。

头脑风暴法是指为了产生新观念或激发创造性设想而展开的无限制的自由联想与讨论，是一种有助于集思广益的集体思考方法。其核心是高度充分地自由发表意见，目的是产生新观念或激发创新设想。每一个创新问题的实施，都是提出问题、分析问题和最终解决问题的过程。

一场成功的头脑风暴，一般以举行小型会议的方式进行，实施步骤包括：确认要讨论的主题，准备会场、组织 5～10 个参会人员。会议过程中，自由畅谈是重点，要放松思想，相互启发和激励，严禁当场批评和评判，方案和创新设想的数量越多、思路越奇妙越好。会议结束后进入分类整理阶段，要对所有参会人员提出的方案进行可行性分析和评价，最后选择相对合适的方案实施。

② 组合法。组合法是指将两个或两个以上的思路、原理等要素巧妙进行新的结合或重组，从而产生具有最优的统一整体功能的新技术、新材料、新工艺或新产品的方法。爱因斯坦说过，“组合作用似乎是创造性思维的本质特征”。有统计资料表明，在现代技术开发中，组合型成果占全部发明创造的 60%～70%，由此可见组合法在创造发明中的重要地位和作用。

常见的组合方法有同类组合、异类组合、材料组合、元件组合、技术原理和技术手段组合等。

同类组合又称同物组合，是将若干个相同或相近的事物进行组合，其目的是在保持事物原有功能或作用的前提下，通过数量的增加来弥补功能的不足或产生新的功能。如直升机通过螺旋桨产生升力，最早螺旋桨只有两个叶片，现在已组合有 4～6 个叶片，这就是通过数量增加的同类组合来弥补功能的不足。

异类组合是指两个或两个以上不同领域的技术思想或两种以上不同功能的物质产品的组合。组合的结果是带有不同的技术特点或技术风格，组合的目的在于增加新的功能，如将游泳池建在不适合游泳的河中。

材料组合是指利用各种化学、物理原理将不同的材料组合起来，从而获得新材料的方法。如做门窗的铝合金材料、飞机上的材料绝大部分是复合材料等。

元件组合不是简单的零件装配，而是将具有相互独立功能的两种或两种以上器件以适当的方式组合为一体，形成具有多种功能的新事物，如瑞士军刀、乐高玩具等。

技术原理和技术手段组合是把已有技术原理同某些技术手段结合起来，创造出新产品。例如英国生物学家艾伦·克鲁克把衍射原理与电子显微镜技术组合起来，发明了晶体电子显微镜。

③ 模仿法。模仿法是指模仿植物、动物、人体或人体的某一部分，然后在其基础上加以变化创造出新的事物。许多创造发明都是模仿的结果，如人类模仿鸟类飞行发明了飞机，模仿鱼发明了潜艇。模仿不是单纯的照搬，而是要有创新，要赋予新事物新的功能。

创造发明虽难以预料，但也有一定的规律和方法可循。创新能力的培养不可能一蹴而就，它需要一个相对漫长的过程，任何急于求成的想法都不现实。只有养成积极向上的品质，在努力学习专业技能的同时注意养成善于观察和思考的习惯，树立创新意识，克服思维定式和思维惰性，才能在实践中锻炼创新思维，学习和掌握创新方法，开发自己的创新能力。

案例 2-4

CT机的发明

CT 机是电子计算机断层扫描(computed tomography)的简称，世界上第一台 CT 机是 1971 年由英国人豪斯菲尔德研制的，于同年在伦敦一家医院正式安装使用。CT 机先是用于颅脑疾病诊断，1976 年后扩大到全身检查，是 X 射线在放射学中的一大革命。

CT 机的问世在医学放射界引起了爆炸性的轰动，被认为是继 1895 年伦琴发现 X 射线后X射线诊断方面的最大突破，是近代飞速发展的电子计算机控制技术和X射线检查摄影技术相结合的产物，是工程界对放射学诊断的又一划时代贡献。CT机的发明者豪斯菲尔德也因此荣获诺贝尔奖。

案例分析

CT机的发明就是利用组合法进行创造发明的典型案例。

任务二 职业道德

案例 2-5

医生收受红包，严重违反职业道德

2014年12月1日，优酷网上传了一条题为“名师李睿医生教学生收红包”的视频，时长为7分45秒。视频中一位男老师在讲台上大谈自己当医生时收红包赚外快的方法，还举例说到手术结束后为患者止血所使用的纱布，“你可别小瞧这些纱布，一块纱布1500元，所有这些与大夫相关的使用品，起码能得到30%的好处”。同时宣称自己妻子3万元的年终奖只抵得上他一个月交的个税。视频中的男子在医学生群体中拥有极大的知名度和影响力，却缺乏最基本的社会责任感和职业道德，经常在各种场合向考研学生炫耀自己向病人收取红包和向药商索取回扣的经历，并鼓励学生们收红包、挣灰色收入。

案例分析

李睿医生缺乏职业道德，为了赚钱不择手段，向学生传达不正当价值观，其行为必将严重影响自己的职业前途。其所在培训公司表示：此后将永不与之合作。

一、公民道德建设

2001年，党中央颁布《公民道德建设实施纲要》，要求从我国历史和现实的国情出发，坚持以为人民服务为核心，以集体主义为原则，以爱祖国、爱人民、爱劳动、爱科学、爱社会主义为基本要求，以社会公德、职业道德、家庭美德为着力点，建设社会主义道德，使之成为全体公民普遍认同和自觉遵守的行为准则。2019年，中共中央、国务院印发了《新时代公民道德建设实施纲要》（以下简称《纲要》），对现阶段的公民道德建设提出了新的要求。《纲要》指出，“要以习近平新时代中国特色社会主义思想为指导，紧紧围绕进行伟大斗争、建设伟大工程、推进伟大事业、实现伟大梦想，着眼构筑中国精神、中国价值、中国力量，促进全体人民在理想信念、价值理念、道德观念上紧密团结在一起，在全民族牢固树立中国特色社会主义共同理想，在全社会大力弘扬社会主义核心价值观，积极倡导富强民主文明和谐、自由平等公正法治、爱国敬业诚信友善，全面推进社会公德、职业道德、家庭美德、个人品德建设，持续强化教育引导、实践养成、制度保障，不断提升公民道德素质，促进人的全面发展，培养和造就担当民族复兴大任的时代新人”。

公民道德建设的重点任务是：筑牢理想信念之基；培育和践行社会主义核心价值观；传承中华传统美德；弘扬民族精神和时代精神。

（一）筑牢理想信念之基

人民有信仰，国家有力量，民族有希望。信仰信念指引人生方向，引领道德追求。要坚持不懈用习近平新时代中国特色社会主义思想武装全党、教育人民，引导人们把握丰富内涵、精神实质、实践要求，打牢信仰信念的思想理论根基。在全社会广泛开展理想信念教育，深化社会主义和共产主义宣传教育，深化中国特色社会主义和中国梦宣传教育，引导人们不断增强道路自信、理论自信、制度自信、文化自信，把共产主义远大理想与中国特色社会主义共同理想统一起来，把实现个人理想融入实现国家富强、民族振兴、人民幸福的伟大梦想之中。

（二）培育和践行社会主义核心价值观

社会主义核心价值观是当代中国精神的集中体现，是凝聚中国力量的思想道德基础。要持续深化社会主义核心价值观宣传教育，增进认知认同、树立鲜明导向、强化示范带动，引导人们把社会主义核心价值观作为明德修身、立德树人的根本遵循。坚持贯穿结合融入、落细落小落实，把社会主义核心价值观要求融入日常生活，使之成为人们日用而不觉的道德规范和行为准则。坚持德法兼治，以道德滋养法治精神，以法治体现道德理念，全面贯彻实施宪法，推动社会主义核心价值观融入法治建设，将社会主义核心价值观要求全面体现到中国特色社会主义法律体系中，体现到法律法规立改废释、公共政策制定修订、社会治理改进完善中，为弘扬主流价值提供良好社会环境和制度保障。

（三）传承中华传统美德

中华传统美德是中华文化精髓，是道德建设的不竭源泉。要以礼敬自豪的态度对待中华优秀传统文化，充分发掘文化经典、历史遗存、文物古迹承载的丰厚道德资源，弘扬古圣先贤、民族英雄、志士仁人的嘉言懿行，让中华文化基因更好植根于人们的思想意识和道德观念。深入阐发中华优秀传统文化蕴含的讲仁爱、重民本、守诚信、崇正义、尚和合、求大同等思想理念，深入挖掘自强不息、敬业乐群、扶正扬善、扶危济困、见义勇为、孝老爱亲等传统美德，并结合新的时代条件和实践要求继承创新，充分彰显其时代价值和永恒魅力，使之与现代文化、现实生活相融相通，成为全体人民精神生活、道德实践的鲜明标识。

（四）弘扬民族精神和时代精神

以爱国主义为核心的民族精神和以改革创新为核心的时代精神，是中华民族生生不息、发展壮大的坚实精神支撑和强大道德力量。要深化改革开放史、新中国历史、中国共产党历史、中华民族近代史、中华文明史教育，弘扬中国人民伟大创造精神、伟大奋斗精神、伟大团结精神、伟大梦想精神，倡导一切有利于团结统一、爱好和平、勤劳勇敢、自强不息的思想和观念，构筑中华民族共有精神家园。要继承和发扬党领导人民创造的优良传统，传承红色基因，赓续精神谱系。要紧紧围绕全面深化改革开放、深入推进社会主义现代化建设，大力倡导解放思想、实事求是、与时俱进、求真务实的理念，倡导“幸福源自奋斗”“成功在于奉献”“平凡孕育伟大”的理念，弘扬改革开放精神、劳动精神、劳模精神、工匠精神、优秀企业家精神、科学家精神，使全体人民保持昂扬向上、奋发有为的精神状态。

案例 2-6

村民心中的“好巴郎”

李双林，男，汉族，1989 年 8 月出生，系宜春职业技术学院 2013 届医学检验技术专业毕业生。2015 年 1 月，他回老家新疆参加招聘考试，被新疆喀什地区食品药品监督管理局录用；同年 8 月，被抽调参加“访民情、惠民生、聚民心”活动，被派往喀什地区叶城县宗朗乡巴什康萨依村，成为一名驻村干部。他的驻村故事家喻户晓，感动喀什，感动新疆，被授予新疆维吾尔自治区“访惠聚”驻村工作 2017 年度先进工作者荣誉称号。驻村两年，李双林每次入户走访都会用心留意村民的诉求，将村民的每一个困难诉求都牢记于心，还拿出自己近5 万余元的工资全部用来为村民办好事解难事，力所能及地帮助困难村民渡过难关。2018 年，李双林在江西省征集高校毕业生基层就业典型事迹活动中，被评为江西省高校毕业生基层就业典型评选一等奖。2021 年 4 月，李双林被推荐为全国民族团结先进个人。

案例分析

李双林以高尚的道德温暖了别人，感动了大家，同时也成就了自己。

二、职业道德与社会责任

（一）职业道德的概念

职业道德是人们在职业活动中应该遵守的职业思想和行为准则，即一般社会道德在职业生活中的具体体现。救死扶伤是医生的职业道德，维护法律和社会正义是律师的职业道德，客观公正是记者的职业道德。对于在企业里工作的人来说，不向竞争对手透漏商业情报，不公开贬损自己同事的个性化细节，这些都是职业道德的一部分。

职业道德不仅关系到个人的名誉和形象，也关系到社会的持续发展。经济学中有个著名的劣币驱逐良币定律，说的是在铸币时代，当越来越多因磨损而成色不足的铸币（劣币）进入流通领域后，人们会倾向于将那些足值的铸币（良币）储藏起来，结果，市场上的良币被驱逐，而劣币大行其道，最后的结果是大家逐渐停止交易，金融市场就没有了。所以，一个职业道德的缺口往往会导致整个行业的衰败，最后自己也会受害。

2011 年 6 月，新浪微博上一个名叫“郭美美 Baby”的网友颇受关注，她 20 岁，自称“住大别墅，开玛莎拉蒂”，其认证身份居然是“中国红十字会商业总经理”，她的炫富被网友惊呼：“红十字会的‘经理’居然如此富有，我们捐给红十字会的钱到哪去了？”这就是轰动全国的“郭美美事件”。“郭美美事件”之后，红十字会也遭遇了职业道德危机，慈善机构的职业道德和专业素养问题被摆上了台面，成为热议的话题，在后续的慈善捐款中，民众开始用脚投票，红十字会收到的善款数额跌到谷底。与此同时，这一事件也考量着媒体的职业道德。

(二) 职业道德的价值

在我们的一生中，职业生涯很长，从 20 多岁到 60 岁，可以说一生中最宝贵的时间都是在工作中度过的。职业道德与我们的生活和个人幸福有着很大的关系。

1. 职业的发展离不开职业道德

现代生活分工精细，我们的衣食住行都来自他人的职业活动，我们希望有清洁的水、健康的食品、安全的居住环境但是食品安全、制假售假、误导消费等问题，给全社会带来了严重困扰。由此可见，他人是否遵守职业道德对我们的生活有着很大影响。同时，如果一个人不遵守职业道德，他的职业很有可能陷入不安全的境地，以至于造成职业生涯的毁灭。

2. 人的社交与尊重需要离不开职业道德

如果你身边的人讲职业道德，诚实守信，待人宽厚，与这样的人打交道，你就会感觉轻松愉快，人际关系融洽和谐，社交的需求就能得到充分的满足。

如果一个人工作马马虎虎，做人斤斤计较，唯恐自己吃亏，失信于人，与这种人相处起来就会让别人很困扰，同事和周围的人都不会愉快，也就不能幸福地生活。

遵守职业道德可以获得社会的尊重、同事的尊重，感受到别人的正向反馈，满足自己的尊重需要。

3. 职业道德可以促进人生价值的实现

我们所熟知的白求恩大夫，以医疗为职业，对技术精益求精，请求到前线离火线最近的地方。一开始，白求恩去前线的要求并没有得到八路军卫生部的同意，原因是担心他的安全。白求恩知道后激动地说：“我不是为了享受生活而来的。什么咖啡、嫩牛肉、冰激凌、席梦思，这些东西我早就有了！但是为了理想，为了信念，我都抛弃了。现在需要照顾的是伤病员，而不是我！”

从他的言语和行动中我们可以看到他的职业道德精神，支持着他在艰苦的环境中践行职业理想，实现人生价值。

只有职业道德修养达到一定的境界，人才能在职业中充分发挥智慧和力量，充分体验到人生的幸福。

案例 2-7

足球裁判员因受贿被法律制裁

陆俊是原中国足球裁判员，毕业于北京体育学院，从19岁开始足球裁判生涯，逐步成为国际级裁判员，两度当选亚足联颁发的年度最佳裁判，是中国足坛首位在世界杯和奥运会决赛阶段执法的裁判。2011年3月30日，陆俊被曝在2003年中国足球甲级A组联赛(后改名为中超联赛)中收受35万元贿金，帮助申花赢得冠军。2011年12月，陆俊案开庭，陆俊在庭上供认其总计接受了81万元的贿金。2012年2月16日，陆俊以犯非国家工作人员受贿罪被判处有期徒刑5年零6个月。尽管过去的职业生涯如此辉煌，但因为违反了应有的职业道德和法律，陆俊不仅受到了法律的惩罚和制裁，而且被终身禁赛，他个人作为裁判的职业生涯也就此结束。

案例分析

陆俊曾是一名优秀的职业裁判，但因为不遵守职业道德准则，游走在法律边缘，最终因违法而锒铛入狱，终结了自己的职业生涯。

（三）社会责任

社会责任是指个体或组织对社会应负的责任。企业的社会责任通常是指企业承担的高于企业自己目标的社会义务。如果一家企业不仅承担了法律上和经济上的义务，如创造税收、提供就业等，还承担了“追求对社会有利的长期目标”的社会义务，就可以说这家企业是有社会责任的。企业社会责任往往包括企业环境保护、社会道德以及公共利益等方面，由经济责任、可持续发展责任、法律责任和道德责任等构成。

企业从社会中获得市场、资金和人才，这是索取，为此，企业在发展中就要考虑如何回报滋养与承载了企业发展的社会，这就是企业为什么要对社会尽责的道理。

同样的道理，我们从社会、父母那里索取食物营养、教育成长等，所以我们也要回报社会，创造价值，帮助他人，这是我们需要承担的责任。

对于个人而言，社会责任不是高不可攀的东西，而是可以实实在在实践的。

大学生要学会独立生活，有一份职业来养活自己和家人。如果选择创业，那就要养活雇员、保证股东利益，这是个人的经济责任。

参加志愿者活动、环保活动、扶贫、支教，这体现出了我们在社会回报方面的社会责任。

做好本职工作，发挥个人创新能力，推动企业发展和科技进步，这体现了个人在社会发展中的社会责任。

承担社会责任的意义，在于通过个人的贡献让整个社会更加友好、和谐，而个人也能从中感受到个人存在的社会价值和意义。

频繁曝光的众多明星吸毒、花边事件，在社会上造成了恶劣影响，同时也暴露了他们社会责任感的严重缺失。明星作为社会公众人物，他们的一言一行对青少年的影响很大，甚至可以说承担着引领青少年的社会责任。一个真正的明星所肩负的社会责任比普通人要更重大，而这才是明星价值最重要的体现。

阅读材料 2-5

中小学教师职业道德规范

（教育部 2008 年 9 月 1 日发布）

一、爱国守法。热爱祖国，热爱人民，拥护中国共产党领导，拥护社会主义。全面贯彻国家教育方针，自觉遵守教育法律法规，依法履行教师职责权利。不得有违背党和国家方针政策的言行。

二、爱岗敬业。忠诚于人民教育事业，志存高远，勤恳敬业，甘为人梯，乐于奉献。对工作高度负责，认真备课上课，认真批改作业，认真辅导学生。不得敷衍塞责。

三、关爱学生。关心爱护全体学生，尊重学生人格，平等公正对待学生。对学生严慈相济，做学生良师益友。保护学生安全，关心学生健康，维护学生权益。不讽刺、挖苦、歧视学生，不体罚或变相体罚学生。

四、教书育人。遵循教育规律，实施素质教育。循循善诱，诲人不倦，因材施教。培养学生良好品行，激发学生创新精神，促进学生全面发展。不以分数作为评价学生的唯一标准。

五、为人师表。坚守高尚情操，知荣明耻，严于律己，以身作则。衣着得体，语言规范，举止文明。关心集体，团结协作，尊重同事，尊重家长。作风正派，廉洁奉公。自觉抵制有偿家教，不利用职务之便谋取私利。

六、终身学习。崇尚科学精神，树立终身学习理念，拓宽知识视野，更新知识结构。潜心钻研业务，勇于探索创新，不断提高专业素养和教育教学水平。

阅读材料 2-6

医疗机构从业人员行为规范

（卫生部、国家食品药品监管局、国家中药管理局 2012 年 6 月 26 日联合印发）

第一章 总 则

第一条 为规范医疗机构从业人员行为，根据医疗卫生有关法律法规、规章制度，结合医疗机构实际，制定本规范。

第二条 本规范适用于各级各类医疗机构内所有从业人员，包括：

（一）管理人员。指在医疗机构及其内设各部门、科室从事计划、组织、协调、控制、决策等管理工作的人员。

（二）医师。指依法取得执业医师、执业助理医师资格，经注册在医疗机构从事医疗、预防、保健等工作的人员。

（三）护士。指经执业注册取得护士执业证书，依法在医疗机构从事护理工作的人员。

（四）药学技术人员。指依法经过资格认定，在医疗机构从事药学工作的药师及技术人员。

（五）医技人员。指医疗机构内除医师、护士、药学技术人员之外从事其他技术服务的卫生专业技术人员。

（六）其他人员。指除以上五类人员外，在医疗机构从业的其他人员，主要包括物资、总务、设备、科研、教学、信息、统计、财务、基本建设、后勤等部门工作人员。

第三条　医疗机构从业人员，既要遵守本文件所列基本行为规范，又要遵守与职业相对应的分类行为规范。

第二章　医疗机构从业人员基本行为规范

第四条　以人为本，践行宗旨。坚持救死扶伤、防病治病的宗旨，发扬大医精诚理念和人道主义精神，以病人为中心，全心全意为人民健康服务。

第五条　遵纪守法，依法执业。自觉遵守国家法律法规，遵守医疗卫生行业规章和纪律，严格执行所在医疗机构各项制度规定。

第六条　尊重患者，关爱生命。遵守医学伦理道德，尊重患者的知情同意权和隐私权，为患者保守医疗秘密和健康隐私，维护患者合法权益；尊重患者被救治的权利，不因种族、宗教、地域、贫富、地位、残疾、疾病等歧视患者。

第七条　优质服务，医患和谐。言语文明，举止端庄，认真践行医疗服务承诺，加强与患者的交流与沟通，积极带头控烟，自觉维护行业形象。

第八条　廉洁自律，恪守医德。弘扬高尚医德，严格自律，不索取和非法收受患者财物，不利用执业之便谋取不正当利益；不收受医疗器械、药品、试剂等生产、经营企业或人员以各种名义、形式给予的回扣、提成，不参加其安排、组织或支付费用的营业性娱乐活动；不骗取、套取基本医疗保障资金或为他人骗取、套取提供便利；不违规参与医疗广告宣传和药品医疗器械促销，不倒卖号源。

第九条　严谨求实，精益求精。热爱学习，钻研业务，努力提高专业素养，诚实守信，抵制学术不端行为。

第十条　爱岗敬业，团结协作。忠诚职业，尽职尽责，正确处理同行同事间关系，互相尊重，互相配合，和谐共事。

第十一条　乐于奉献，热心公益。积极参加上级安排的指令性医疗任务和社会公益性的扶贫、义诊、助残、支农、援外等活动，主动开展公众健康教育。

第三章　管理人员行为规范

第十二条　牢固树立科学的发展观和正确的业绩观，加强制度建设和文化建设，与时俱进，创新进取，努力提升医疗质量、保障医疗安全、提高服务水平。

第十三条　认真履行管理职责，努力提高管理能力，依法承担管理责任，不断改进工作作风，切实服务临床一线。

第十四条　坚持依法、科学、民主决策，正确行使权力，遵守决策程序，充分发挥职工代表大会作用，推进院务公开，自觉接受监督，尊重员工民主权利。

第十五条　遵循公平、公正、公开原则，严格人事招录、评审、聘任制度，不在人事工作中谋取不正当利益。

第十六条　严格落实医疗机构各项内控制度，加强财物管理，合理调配资源，遵守国家采购政策，不违反规定干预和插手药品、医疗器械采购和基本建设等工作。

第十七条　加强医疗、护理质量管理，建立健全医疗风险管理机制。

第十八条　尊重人才，鼓励公平竞争和学术创新，建立完善科学的人员考核、激励、惩戒制度，不从事或包庇学术造假等违规违纪行为。

第十九条　恪尽职守，勤勉高效，严格自律，发挥表率作用。

第四章　医师行为规范

第二十条　遵循医学科学规律，不断更新医学理念和知识，保证医疗技术应用的科学性、合理性。

第二十一条　规范行医，严格遵循临床诊疗和技术规范，使用适宜诊疗技术和药物，因病施治，合理医疗，不隐瞒、误导或夸大病情，不过度医疗。

第二十二条　学习掌握人文医学知识，提高人文素质，对患者实行人文关怀，真诚、耐心与患者沟通。

第二十三条　认真执行医疗文书书写与管理制度，规范书写、妥善保存病历材料，不隐匿、伪造或违规涂改、销毁医学文书及有关资料，不违规签署医学证明文件。

第二十四条　依法履行医疗质量安全事件、传染病疫情、药品不良反应、食源性疾病和涉嫌伤害事件或非正常死亡等法定报告职责。

第二十五条　认真履行医师职责，积极救治，尽职尽责为患者服务，增强责任安全意识，努力防范和控制医疗责任差错事件。

第二十六条　严格遵守医疗技术临床应用管理规范和单位内部规定的医师执业等级权限，不违规临床应用新的医疗技术。

第二十七条　严格遵守药物和医疗技术临床试验有关规定，进行实验性临床医疗，应充分保障患者本人或其家属的知情同意权。

第五章　护士行为规范

第二十八条　不断更新知识，提高专业技术能力和综合素质，尊重关心爱护患者，保护患者的隐私，注重沟通，体现人文关怀，维护患者的健康权益。

第二十九条　严格落实各项规章制度，正确执行临床护理实践和护理技术规范，全面履行医学照顾、病情观察、协助诊疗、心理支持、健康教育和康复指导等护理职责，为患者提供安全优质的护理服务。

第三十条　工作严谨、慎独，对执业行为负责。发现患者病情危急，应立即通知医师；在紧急情况下为抢救垂危患者生命，应及时实施必要的紧急救护。

第三十一条　严格执行医嘱，发现医嘱违反法律、法规、规章或者临床诊疗技术规范，应及时与医师沟通或按规定报告。

第三十二条　按照要求及时准确、完整规范书写病历，认真管理，不伪造、隐匿或违规涂改、销毁病历。

第六章　药学技术人员行为规范

第三十三条　严格执行药品管理法律法规，科学指导合理用药，保障用药安全、有效。

第三十四条　认真履行处方调剂职责，坚持查对制度，按照操作规程调剂处方药品，不对处方所列药品擅自更改或代用。

第三十五条　严格履行处方合法性和用药适宜性审核职责。对用药不适宜的处方，及时告知处方医师确认或者重新开具；对严重不合理用药或者用药错误的，拒绝调剂。

第三十六条　协同医师做好药物使用遴选和患者用药适应症、使用禁忌、不良反应、注意事项和使用方法的解释说明，详尽解答用药疑问。

第三十七条　严格执行药品采购、验收、保管、供应等各项制度规定，不私自销售、使用非正常途径采购的药品，不违规为商业目的统方。

第三十八条　加强药品不良反应监测，自觉执行药品不良反应报告制度。

第七章　医技人员行为规范

第三十九条　认真履行职责，积极配合临床诊疗，实施人文关怀，尊重患者，保护患者隐私。

第四十条　爱护仪器设备，遵守各类操作规范，发现患者的检查项目不符合医学常规的，应及时与医师沟通。

第四十一条　正确运用医学术语，及时、准确出具检查、检验报告，提高准确率，不谎报数据，不伪造报告。发现检查检验结果达到危急值时，应及时提示医师注意。

第四十二条　指导和帮助患者配合检查，耐心帮助患者查询结果，对接触传染性物质或放射性物质的相关人员，进行告知并给予必要的防护。

第四十三条　合理采集、使用、保护、处置标本，不违规买卖标本，谋取不正当利益。

第八章　其他人员行为规范

第四十四条　热爱本职工作，认真履行岗位职责，增强为临床服务的意识，保障医疗机构正常运营。

第四十五条　刻苦学习，钻研技术，熟练掌握本职业务技能，认真执行各项具体工作制度和技术操作常规。

第四十六条　严格执行财务、物资、采购等管理制度，认真做好设备和物资的计划、采购、保管、报废等工作，廉洁奉公，不谋私利。

第四十七条　严格执行临床教学、科研有关管理规定，保证患者医疗安全和合法权益，指导实习及进修人员严格遵守服务范围，不越权越级行医。

第四十八条　严格执行医疗废物处理规定，不随意丢弃、倾倒、堆放、使用、买卖医疗废物。

第四十九条　严格执行信息安全和医疗数据保密制度，加强医院信息系统药品、高值耗材统计功能管理，不随意泄露、买卖医学信息。

第五十条　勤俭节约，爱护公物，落实安全生产管理措施，保持医疗机构环境卫生，为患者提供安全整洁、舒适便捷、秩序良好的就医环境。

第九章　实施与监督

第五十一条　医疗机构行政领导班子负责本规范的贯彻实施。主要责任人要以身作则，模范遵守本规范，同时抓好本单位的贯彻实施。

第五十二条　医疗机构相关职能部门协助行政领导班子抓好本规范的落实，纪检监察纠风部门负责对实施情况进行监督检查。

第五十三条 各级卫生行政部门要加强对辖区内各级各类医疗机构及其从业人员贯彻执行本规范的监督检查。

第五十四条 医疗卫生有关行业组织应结合自身职责，配合卫生行政部门做好本规范的贯彻实施，加强行业自律性管理。

第五十五条 医疗机构及其从业人员实施和执行本规范的情况，应列入医疗机构校验管理和医务人员年度考核、医德考评和医师定期考核的重要内容，作为医疗机构等级评审、医务人员职称晋升、评先评优的重要依据。

第五十六条 医疗机构从业人员违反本规范的，由所在单位视情节轻重，给予批评教育、通报批评、取消当年评优评职资格或低聘、缓聘、解职待聘、解聘。其中需要追究党纪、政纪责任的，由有关纪检监察部门按照党纪政纪案件的调查处理程序办理；需要给予行政处罚的，由有关卫生行政部门依法给予相应处罚；涉嫌犯罪的，移送司法机关依法处理。

第十章 附 则

第五十七条 本规范适用于经注册在村级医疗卫生机构从业的乡村医生。

第五十八条 医疗机构内的实习人员、进修人员、签订劳动合同但尚未进行执业注册的人员和外包服务人员等，根据其在医疗机构内从事的工作性质和职业类别，参照相应人员分类执行本规范。

第五十九条 本规范由卫生部、国家中医药管理局、国家食品药品监督管理局负责解释。

第六十条 本规范自公布之日起施行。

阅读材料 2-7

会计人员职业道德规范

（财政部 2023 年 1 月 12 日印发）

一、坚持诚信，守法奉公。牢固树立诚信理念，以诚立身、以信立业，严于律己、心存敬畏。学法知法守法，公私分明、克己奉公，树立良好职业形象，维护会计行业声誉。

二、坚持准则，守责敬业。严格执行准则制度，保证会计信息真实完整。勤勉尽责、爱岗敬业，忠于职守、敢于斗争，自觉抵制会计造假行为，维护国家财经纪律和经济秩序。

三、坚持学习，守正创新。始终秉持专业精神，勤于学习、锐意进取，持续提升会计专业能力。不断适应新形势新要求，与时俱进、开拓创新，努力推动会计事业高质量发展。

练习与思考

1. 职业素质有哪些特征？
2. 简述大学生沟通能力的培养方法。
3. 如何做好个人的情绪管理？
4. 如何认知创新思维和创新能力？
5. 现实生活中该如何做到诚实守信？

实践训练

1. 请你列出某一天参与的所有沟通活动的清单，包括沟通时间和形式。看看你是否做到了以下几条。

(1) 能够很快把事情说到点子上。

(2) 能很清晰地表达自己的观点。

(3) 会耐心地听对方说话。

(4) 选择的场合适合说话的内容。

(5) 能根据对方的身份选择恰当的说话方式。

(6) 能通过用微笑的表情、得当的动作和语气帮助表达。

(7) 谈话从夸赞服饰、谈论天气开始。

2. 班级准备组织志愿者开展一次"大学生志愿者进社区协助宣传防范电信网络诈骗活动"，如果让你来组织，请问你准备如何筹划和开展这项活动？你所理解的志愿服务的精神是什么？

专题二习题.doc

专题三

就业信息收集

知识目标：

1. 了解收集就业信息的渠道与途径；
2. 掌握整理与应用就业信息的方法；
3. 了解用人单位招聘的特点。

能力目标：

1. 能把握收集就业信息的途径；
2. 能整理和应用就业信息；
3. 能识别和预防就业陷阱。

思政目标：

培养大学生收集、整理及运用就业信息的能力，为实现中华民族伟大复兴贡献才智，为实现自己的职业理想打下坚实基础。

案例 3-1

同样专业，不同就业情况

某大学生宿舍，小江在计算机前不停查找着各种就业招聘网站的信息，如前程无忧网、智联招聘……他在根据自己的专业和兴趣选择就业岗位时，总是面带愁容。而与他同宿舍的小李早已胸有成竹，手中早就握有几家单位的就业意向书，从国企到民企，他在犹疑不决，但脸上洋溢着灿烂的神情。

是什么原因让同一宿舍、同样专业的同学在就业的重要关头面临不同的情况呢？

原因在于他们获取就业信息的方法不同。小江只是单一地通过招聘网站收集就业信息，小李则有更多的方法，他说："除自身的综合素质过硬外，主要是因为我收集了很多种类的就业信息。从学校就业指导中心提供的就业信息，到我自己去心仪的企业网站收集的招聘信息，再到企业的微信公众号，我尽可能多地收集适合我的就业信息，使我能赢在起跑线上。"

案例分析

小江与小李学的是相同专业，但因为掌握的就业信息不同，就业情况完全不同。由此可见，就业信息的掌握对大学生就业影响重大。

任务一　把握收集就业信息的途径

就业信息在毕业生求职就业的过程中具有十分重要的作用，是求职准备的重中之重。就业信息是毕业生求职择业的基础，是走向用人单位的桥梁，是择业决策的重要依据，更是顺利就业的可靠保证。谁能及时获取就业信息，谁就掌握了求职的主动权，大学生要做好收集就业信息这项准备工作。

一、就业信息的内容与作用

（一）就业信息的内容

就业信息是指经过加工整理，能被择业者所接受并对其选择从事的职业或职位有一定价值的有关就业的信息和情况，包括国家发展规划、经济发展形势与趋势、就业政策、就业机构、人事制度、劳动力的供求状况、劳动用工制度、就业方法和招聘信息等。

1. 就业政策

就业政策包括国家和各级地方政府制定的政策。

(1) 国家就业政策。国家就业政策是根据国民经济发展战略和人才培养、使用目的的客观要求提出，根据不同时期的政治、经济任务制定的。国家就业政策会随着国家整体政治、经济任务的变化而变化，它是毕业生就业的出发点和归宿，是不能违背的。大学毕业生只能在国家就业方针、原则和政策所规定的范围内，根据个人的情况选择职业。

(2) 地方的就业政策。各地区、各单位根据国家的有关规定，结合本地区的情况，对毕业生的引进、安排、使用、晋升、工资、待遇等制定了一系列更为具体的规定，这些规定属于地方的就业政策。不少地区为了吸引人才，还会制定许多优惠政策。

2. 人力资源供求信息

从宏观层面讲，人力资源供求信息是指当年毕业生总体的供求形势，即当年全国毕业生的数量与社会需求的数量两者之间的关系；从微观层面讲，人力资源供求信息是指行业、专业和某用人单位的供求形势，哪个专业紧俏，哪个专业人才过剩，以及本专业的培养目标、发展方向、适用范围，对口单位的情况，同自己专业直接对口或相关的行业、部门和单位的现状和发展趋势等。

3. 招聘单位的基本信息

大学生选择用人单位时，往往会出现这样一种现象：由于对用人单位情况不甚了解，于是在求职择业时带有很大的随意性和盲目性。因此，大学生应收集尽可能多的就业信息，进行整理、比较、分析，既要了解行业和区域的总体情况，也要掌握招聘单位的具体情况，然后从中筛选出最适合自己的岗位。大学生应掌握的用人单位信息包括以下五点。

(1) 用人单位的基本情况。包括单位的准确名称、性质及隶属关系；办公地点、联系方式及业务范围；组织结构、规模(员工数量)；单位的财务状况、培训体系及薪酬体系；单位需要的专业背景、具体工作岗位及对所需人才的具体要求。

(2) 需求岗位的工作情况。

(3) 招聘条件。

(4) 招聘数量和报名方法。

(5) 招聘单位的工资待遇。

4. 就业法律法规

国家通过法律法规来管理、调节和规范组织的活动和个人的行为，排除组织之间的纠纷，制裁违法行为。大学毕业生必须清楚地了解相关就业法律、法规，学会用法律来保护自己。目前国家已出台和施行的法律文件有《中华人民共和国劳动法》《中华人民共和国劳动合同法》《中华人民共和国就业促进法》《中华人民共和国反不正当竞争法》等。

(二) 就业信息的作用

1. 帮助毕业生了解当前就业形势，做好就业决策

毕业生可通过了解国家发展规划、经济发展形势与趋势、市场需求等，清晰地了解当前的就业形势，为就业决策打下坚实基础。

2. 帮助毕业生了解就业政策，掌握和运用好政策

毕业生可通过了解国家和地方的就业政策，用好用足就业政策，拓宽就业渠道，优化就业选择，节省就业成本。

3. 帮助毕业生了解用人单位和岗位需求

毕业生可通过了解行业、专业和单位的基本情况，清楚岗位需求，确定求职目标，有的放矢地做好求职准备，提高求职的成功率。

二、就业信息的特征

（一）实效性

就业信息的效用具有一定的期限，过了期限，效用就会减少甚至消失。在竞争日益激烈的就业市场，信息的有效期正变得越来越短。因此，毕业生在得到某一就业信息时要立即做出反应，抢占先机。

（二）传递性

就业信息总处于流动和传递的状态，它会通过各种媒介和途径广泛传播，但传递到每个接收者的时间和方式并不相同。随着现代信息技术的飞速发展，信息传递的速度越来越快，信息传播的渠道也越来越多样化。

（三）共享性

就业信息一经公开发布，就为人们所共享。某一就业信息共享的人越多，响应者就越多，竞争也就越激烈。随着大学毕业生人数的逐年增加，就业信息的共享者也越来越多，在就业信息总量不变的情况下，信息利用的竞争形势会越来越严峻。

（四）双面性

就业信息的两面性是指信息既有真假之别，又有积极与消极之分。在信息爆炸的今天，纷繁复杂的就业信息里面鱼龙混杂、真假难辨，其中不乏垃圾信息、欺诈信息等。这些有害信息不仅会给毕业生造成时间和金钱上的浪费，更严重的是会影响到毕业生职业生涯和事业的发展。面对纷至沓来的就业信息，毕业生要学会如何取舍和辨别。

三、收集就业信息的原则与方法

（一）收集就业信息的原则

收集就业信息的原则可以归纳为四个字：早、实、广、准。

1. 早

收集信息要早做准备，及时反应，不能事到眼前才去抱佛脚。越早入手，越容易掌握主动权。

2. 实

收集的信息要真实、具体，对用人单位的环境、地点、人员构成、待遇、发展前景、对新进人员的要求、联系电话等各方面信息掌握得越具体越好。

3. 广

信息面不能狭窄，要广泛收集用人单位各个方面的就业信息，还要根据自己预先设定的目标收集有关地区、行业和单位的就业信息。很多时候，因为自己放弃或忽视了有关的“后备”信息，导致在求职遇挫时感到无所适从，处处被动，这种情况应予避免。

4. 准

收集的信息要做到准确无误。一方面，对于用人单位需要的是什么学历层次、什么专业的人才，在生源、性别、相貌、资格证书等方面有什么特殊要求，都要弄清楚；另一方面，用人信息和商品信息一样，具有很强的时效性，要注意所了解的信息是不是已经过期。准确收集就业信息至关重要，因为就业信息是否准确，是大学生能否做出正确决策的关键。信息不准确有可能会给大学生择业带来决策上的失误。

（二）收集就业信息的方法

1. 全方位收集法

全方位收集法是把与你的专业有关联的就业信息都收集起来，再按一定的标准进行整理和筛选，以备使用。通过这种方法获取的就业信息广泛，选择的余地大，但较浪费时间和精力。

2. 选定方向收集法

选定方向收集法是根据自己选定的职业方向和求职的行业范围来收集相关的信息。这种方法以个人的专业方向、能力倾向和兴趣特长为依据，便于找到更适合自己特点、更能发挥作用的职业和单位。

需要注意的是，当你选定的职业方向和求职范围过于狭窄时，使用这种方法有可能会大大缩小你的选择余地，特别是你所选定的职业范围是竞争激烈的“热门”工作时，很可能给你下一步的择业带来较大的困难和竞争压力。

3. 选定区域收集法

选定区域收集法是根据个人对某个或某几个地区的偏好来收集信息，对职业方向和行业范围较少关注和选择，这是一种重地区、轻专业方向的信息收集法。按照这种方法收集信息和选择职业，也可能由于所面向地区的狭小和“地区过热”（即有较多择业者涌向该地区）而造成择业困难。

案例 3-2

同住一个宿舍，不同的就业结果

医学院的小李和小王住在同一个宿舍，小李参加了专升本考试但是成绩不理想，他迅速调整目标，根据家人建议转向求职，他积极关注学校就业部门的网站、微信，圈出自己感兴趣的单位名单，根据自身条件进行分析，在征求老师、家长的意见后有计划地投递简历，并积极打电话向对方咨询结果。在经历几轮面试后，小李成功进入一家实力雄厚的医药企业，工作一年后年薪就超过12万元。

同宿舍的小王天天对着计算机玩游戏，到了毕业前半年还没正经地做过一份简历，看到同学们都去参加招聘会，他才匆匆忙忙地抄了几份简历去投，没有做过调查分析的他看见哪儿人多、哪个单位待遇好就过去投简历，结果是竹篮打水一场空，每次面试都没能通过。他哀叹"工作难找没爹拼，不如吃鸡去拿分"，又回去继续玩游戏。辅导员老师给他推荐的岗位他看都不看，宣讲会、招聘会也不再参加了，觉得不如在虚拟世界里纵横驰骋来得舒服，工作等毕业以后再找也来得及。结果到了年底，小刘才勉强在一个小公司落了脚，待遇不高还常常为房租发愁。

案例分析

这个案例告诉我们，对待就业信息的态度决定了就业的结果。积极主动的人永远会赢在起点。当今时代，就业信息随处可见，只要你愿意积极主动地去寻找，去发现，那么就能在就业竞争中先人一步。

四、收集就业信息的渠道

收集就业信息要善于利用各种渠道和途径，这些渠道和途径主要有：学校毕业生就业工作部门、招聘会、网络、社会关系网、大众传媒、社会实践、实习、社交等活动。

（一）学校毕业生就业工作部门

学校毕业生就业工作部门是负责学校就业工作的行政管理机构，承担着为全体毕业生提供就业指导服务的任务，是毕业生收集就业信息的最主要渠道。学校毕业生就业工作部门既与毕业生就业工作所涉及的各级主管部门之间保持着密切联系，同时也是用人单位招聘毕业生所依赖的一个主要窗口。学校毕业生就业工作部门专门办理与毕业生就业有关的事务，会通过各类信息载体（如校内就业网站、微信公众号等）及时发布国家、省、市、县的就业政策与形势、就业法规信息、用人信息、招聘活动信息、就业讲座等一系列最新动态。需要到校园招聘的用人单位也通常会通过学校毕业生就业工作部门把用人信息发布在学校的就业网站上，这类用人单位的招聘信息针对性和时效性均比较强。

学校毕业生就业工作部门的就业信息具有真实可靠、针对性强、时效性强的特点，是毕业生获取就业信息最直接、最有效、最主要的途径。学校收集的就业需求信息都会及时发布在学校的就业信息网站上，在发布信息之前，学校会严格审核招聘单位的资质以及信息的真实性。而用人单位到学校招聘，都是冲着学校的专业以及应届毕业生而来的，对工作经验没有特别的要求，免除了毕业生应聘时对自身工作经验不足的顾虑。除了本校的就业网站，毕业生还可列出一份其他高校就业网站的清单，从中筛选出与自己有同类专业的院校，随时浏览这些学校网站上的招聘信息并及时跟踪。获取学校毕业生就业工作部门相关服务的渠道包括学校就业平台、微信群和微信公众号、二级学院等。

1. 学校就业平台

学校就业平台是学校的就业工作信息化平台，是学校为毕业生提供就业服务的重要载体，有计算机端和手机端两种形式。平台有用人单位库，储备了大量与学校专业相关的企业单位，常年提供在线招聘，毕业生可以选择适合的企业投递简历；平台会即时发布学校收集的就业信息，且保证安全、真实、有效，毕业生可放心使用；平台具有精准推送服务，可以根据毕业生的需求，为毕业生精准推送就业信息；平台会即时发布学校拟举办的线上线下招聘会信息，毕业生可通过平台获取招聘会的时间、地点、参会用人单位信息等内容，提前做好就业信息筛选，有针对性地参加招聘会；平台跟国家大学生就业服务平台、各省市的就业服务平台都建立了链接，点击链接可浏览大量政府部门提供的就业信息。图 3-1 为宜春职业技术学院就业网，属于学校就业平台。

图 3-1 宜春职业技术学院就业网

2. 微信群和微信公众号

微信是当代大学生广泛使用的网络社交工具，具有信息推广快速、便捷、直接的特点，学校就业工作部门都建有微信群，能及时将最新的就业信息发送给各二级学院（系），各院系会第一时间将信息推送给班主任和毕业生。毕业生应重视班级微信群发来的就业信息，迅速反应，积极应聘。此外，学校就业工作部门还建有就业微信公众号，也会及时向毕业生推送重要的就业信息，毕业生也应随时关注，不要错过。

3. 二级学院

二级学院是毕业生的直接管理者和服务者，对毕业生的就业负有直接责任。为了更好地服务毕业生就业，提高毕业生就业率，二级学院常常会通过本院的校企合作单位、教职工、校友等社会关系资源，积极主动提供对口的就业信息给毕业生，这些就业信息的特点是及时、准确、可靠、针对性强，因此二级学院也是学生收集就业信息的重要渠道。

（二）招聘会

党中央、国务院对毕业生就业工作非常重视，制定了《就业促进法》，要求各级政府将大学生就业工作作为一项重大民生工程来抓，并纳入政府工作考核范畴。为做好每年的毕业生就业工作，各地方政府的毕业生就业主管部门、各行业协会及各高校都会举办规模大小不等的招聘会（或供需见面会），为毕业生提供充足的就业岗位，促进毕业生就业。招聘会是用人单位和毕业生供需见面的桥梁，毕业生和用人单位可面对面交流洽谈，相互了解情况，留下真实的第一印象，这有助于双方做出正确的选择。招聘会所容纳的毕业生需求信息量比较大，毕业生应珍惜并抓住机遇。

招聘会有线上招聘和线下招聘两种形式，线上招聘是指毕业生在网上投递简历或进行视频面试；线下招聘则是传统的现场招聘。随着现代信息技术越来越成熟，线上招聘正变得越来越多。与线下招聘相比，线上招聘不受地域的局限，只要有心仪的岗位，在任何一个地方都可以参加，免去了奔波之苦，节省了就业成本。

作为求职的主要渠道之一，招聘会有学校主办的校园招聘会（时间一般是在每年的4—5月）、政府公共服务机构或人才服务中心主办的大型招聘会等多种类型。

1. 学校主办的校园招聘会

在校园招聘会上，用人单位会举办宣讲会，其目的性和针对性是很强的。宣讲会的内容一般包括以下几个部分：招聘单位介绍、职位说明、当年招聘计划、问答与自由交流、校友经验座谈等。

从校园宣讲会上，毕业生可以收集以下信息：①用人单位的背景和介绍；②应聘的条件（职位要求、招聘人数、条件、流程等）；③员工的经验分享和现身说法。

校园宣讲会具有以下几个优势：①能与招聘人员面对面交流；②有机会充分展示自己的专业实力；③对企业的文化氛围可以面对面地深刻感受。

毕业生参加宣讲会应注意以下几个问题：①一定要准时；②要积极与招聘人员交流；③要尽可能多地记录重要内容，如招聘的日程、岗位要求等；④一定要携带简历。

阅读材料 3-1

关注一年一度的校园招聘会

一年一度的校园招聘会是学校毕业生就业工作部门举办的重要活动。通常，招聘会上不仅会有学校一些长期合作的“老主顾”如约而来，一些“新主顾”也可能首次出现。这些用人单位常常会带来外界某类层次人才最新的用人标准。无论你是哪一个年级的学生，都应多关注本校或附近高校一年一度的校园招聘会，特别是从中收集自己所学的专业、感兴趣的行业或岗位等的用人需求及用人标准方面的变化情况。

资料来源：刘德恩，包昆锦．职业生涯规划——学习、就业与创业指导实操[M]．北京：北京师范大学出版社，2006.

2. 政府公共服务机构或人才服务中心主办的大型招聘会

除了学校会组织招聘会，政府公共服务机构或人才服务中心等组织也会经常举办大小不同、形式各异的招聘会。其数量比进校园的更多。这些招聘会具有时间集中、地点相对固定、信息量大、双方可面对面接触的特点，举办地点一般选在当地的大型展览馆或体育场馆，通常能吸引很多公司参加，所提供的职位数量也相对可观，是毕业生获取大量就业信息并且进入直接面试的难得机会。

（三）网络

随着信息化、大数据时代的到来，网络已成为工作和生活中不可或缺的工具，网络求职因其高效、快速、便捷等特点被许多毕业生所喜欢和采用。网络人才交流是通过先进的科技手段，将用人单位招聘信息在网上公开，用人单位和求职者可以通过网络直接交流、互相选择。网络人才交流最大的优势在于：即使求职者身在异地，也能获得大量的招聘信息及就业机会。网络人才交流突破了人才信息与招聘信息沟通的种种限制，跨越时空界限，打破了单向选择的传统人才交流格局。网络人才交流讲究的是规模效应，因此，其庞大的信息容量是其他人才交流方式所不能比拟的。大学生不仅可以自由地从互联网上获取各种就业信息，还能利用互联网发布自己的简历。

通过网络收集就业信息，是时下获得就业信息的有效渠道中最热门也是最快捷的。需要注意的是，网络信息具有不可过滤性，毕业生在使用网络信息时要甄别信息的真伪，以免跌入就业陷阱。在网上收集求职信息时，要注意选择可靠的招聘网站。求职者应尽量选择大型、专业、知名的人才网站进行浏览、注册，因为这些正规网站都会对招聘单位的资质进行严格审核，对求职者上传的简历信息（如联系方式、电子邮箱、家庭住址等）会做一定程度的保密处理。只有向网站提供资质证明的招聘单位才能看到简历信息，避免泄漏个人信息。比较知名的专业求职网站有前程无忧网、新华英才网、智联招聘网等。此外，各地区的就业信息网也是求职者要常浏览的网站，如上海学生就业创业服务网、北京高校毕业生就业信息网、江西人事考试网、宜春就业网等。

我国每年的公务员招考、行政事业单位招聘，以及大学生志愿者服务西部计划、“三支一扶”、特岗教师等的招聘都会在当地的相关网站和大众媒体上发布招募公告。例如，2022 年江西省高校毕业生“三支一扶”计划招募公告规定的网上报名时间为 2022 年 6 月 7 日 9:00 至 6 月 10 日 17:00，报名网址为江西人事考试网，考生须登录“三支一扶”招募报名系统完成网上报名。

实践证明，建立学校就业工作部门、用人单位、人才市场、政府部门、信息网络五级联动的就业信息控制机制，是提高就业信息有效性的重要保障。

阅读材料 3-2

发布网上求职信息的注意事项

1. 选择正规的求职网站

网络世界鱼目混珠，我们要谨防被一些打着招聘的旗号的钓鱼网站欺骗。正规招聘网站的招聘信息比较可靠，对招聘单位也有严格的审查制度，防止一些骗子套取求职者信息。在求职者信息保密方面，正规招聘网站有较严格的保密机制，求职者不用特别担心信息外泄。

2. 切勿透露重要的个人信息

通过网络求职，即使是去正规招聘网站，我们也需要保持一定的警惕心，特别是在涉及自己的（如身份证号、银行卡号等）重要信息时，不要把这些信息在网络上任意发送给假冒的用人单位，即便是正规单位要求这些信息，也是在入职时才提供的。网络上有太多不可控制的因素，不要因为急于找工作而疏忽大意，轻易泄露这些信息，给自己的经济或名声造成不好的影响。

3. 不要在同一家企业投报多个职位

企业有可能在网上同时发布多个职位的招聘信息，但我们在投简历时，千万不要觉得多投几个职位会增加成功率，就随意乱投。一般来说，多投职位可以增加成功率，但这是指多投几家不同的公司，而不是投同一家公司的多个职位。同时申请同一家公司的多个职位，会引起企业的反感，企业会认为你没有明确的求职意向，三心二意，不够专业。

（四）社会关系网

利用各种社会关系获得就业信息是一个非常有效的途径，每个人都可以通过自己身边的家庭成员、亲友、师长、校友等社会关系，建立一个广泛的就业信息关系网络，他们也许会给你提供一些信息或机会。实际上，大多数用人单位更愿意录用经人介绍和推荐的求职者，他们认为这样录用的人比较可靠，所以，在关键时候通过社会关系帮忙推荐也有一定效果。通过社会关系网收集到的就业信息一般都比较可靠、及时，针对性强，价值也相对比较高。当然，人际关系要靠自己去发掘。一般而言，可以提供就业信息的社会关系主要有以下三类。

1. 家长、亲友

家长、亲友提供的就业信息主要来源于其个人的社会关系，相对固定，有较大的局限性。这些信息一般不反映就业市场的实际供求状况，也往往不太适合那些专业比较特殊、学生本人就业个性比较强，或具有某些竞争优势的大学生。不同学生的家长、亲友所提供的就业信息的数量和质量有很大的差异性。对有些大学生来说，家长、亲友提供的就业信息是其主要选择。

2. 学校老师

学校里有不少老师与校外的企业、研究所有合作开发的项目，大学生可以通过专业老师获得有关这些企业的用人信息，从而不断补充自己的就业信息。与家长、亲友提供的信息类似，学校老师作为非正式的就业信息渠道，所提供的就业信息具有来源有限、传递方式收敛等特点。不同的是，老师提供的就业信息往往比较专业，针对性也比较强，老师更看重大学生的学习成绩、在校表现，以及能力、资质、特长。老师提供的就业信息是经过筛选后传递给学生的，比较可靠。在给大学生提供信息时，老师会更多地考虑大学生的就业意向与职业的匹配性，会针对不同大学生提供不同的就业信息。

3. 校友

校友是近似于教师的非正式就业信息提供者。大学生应尽可能多地找一些师兄、师姐，打听在他们单位探求就业的可能性。当然，这并不意味着大学生一定能够获得一份工作，但至少能得到一些有关该企业的信息，从而对其有更深的了解。

校友提供的就业信息的最大特点就是比较适合本校大学生，尤其是本专业大学生。校友比较了解人才市场上的供求状况及其在具体行业中的实际处境和发展状况，还有其具体的工作内容。近几年毕业的校友更有着对竞争择业的亲身体会和获取、选择、比较、处理就业信息的经验，因此，他们提供的就业信息往往比其他就业信息更有价值。

大学生发掘人际关系的途径要正当，切不可不择手段。一般来说，在大学期间要学会做人与处事，处理好与师长、同学、校友之间的关系，真诚待人，善于表现自己。让更多人了解你的才华、性格、特长、爱好等，你的优秀表现他们都会看在眼里，一旦有适合你的工作，他们都会主动推荐。

阅读材料 3-3

和同学、朋友等谈工作时应重点了解的内容

1. 工作经历和感受

毕业以来先后做过哪些工作？每份工作的具体任务有哪些？每份工作的感受如何？每份工作中印象最深的事情有哪些，为什么？

2. 求职经历和感受

怎样找到每份工作的？求职被拒绝时是怎么想的，又是怎样调整心情的？为什么选择跳槽，每次跳槽时有什么感觉？

3. 创业经历和感受（适合于访谈创业人士）

当初为什么想创业？为创业做了哪些准备？怎样经营企业？从准备创业到现在有哪些感受，能举例说明吗？

4. 实习经历和感受（适用于访谈在校生和毕业不久的同学）

怎样联系到实习单位？实习任务有哪些？实习中是怎么做的？实习感受有哪些？

5. 对用人单位(含实习、兼职或私人雇主)的评价

简要谈谈你了解到的工作单位的情况,如企业性质、规模、员工待遇、管理方式等;简要谈谈你对单位或雇主的看法。

资料来源:刘德恩,包昆锦.职业生涯规划——学习、就业与创业指导实操[M].北京:北京师范大学出版社,2006.

(五) 大众传媒

在传媒业高速发展的今天,报纸、电视、网络、广播、杂志等大众媒体受到了招聘机构和求职者们的一致青睐。大众媒体一般都会定期或不定期发布招聘信息,如《中国大学生就业》杂志,每期都会刊载数量不等的招聘信息,还有“择业指导”和“政策咨询”等专栏,能为毕业生就业提供指导。一些用人单位也会自己编印带有单位简介及需求信息的专业小报,向高校广为发送,很多地方人才交流机构也常利用这一方式向高校公布本地区的人才需求信息。大众媒体具有便捷、传播范围广、速度快、信息量大、省钱省时、选择机会多等特点,通过这些媒介,毕业生可以很容易地掌握大量就业信息。需要特别注意的是,这些信息传播面广、竞争性强、时效性强,但内容不具体,因此毕业生需要对这些信息做进一步的分析与甄别。

(六) 社会实践、实习、社交等活动

社会实践和实习是大学生自我开发职业信息的重要途径。大学生到用人单位参加社会实践和实习活动,不仅有利于开阔视野,学以致用,而且可以亲身了解用人单位的企业文化、工作要求和工作情况,尤其是可以获取用人单位的人才需求信息,这种信息具有相对全面、准确的特点。因此,大学生应充分利用寒暑假和业余时间积极参加社会实践或实习活动,适当做一些兼职,在社会实践中锻炼、展现自己的才华、能力与敬业精神,同时了解就业形势、行业情况、职业发展机会、用人单位需求信息以及内部管理等,做一个收集就业信息的有心人,为日后的择业奠定良好的基础。

另外,实习单位一般与专业对口或相近,通过实习可以加强毕业生对单位的了解和单位对毕业生的了解。如果说实习单位有意招聘人员,很可能你就是其首先要考虑的对象,每年都有不少通过实习落实就业单位的毕业生。在实习过程中与用人单位达成就业协议,是一条简捷而有效的就业途径。

案例 3-3

小林通过实习表现争取到工作机会

小林是护理专业的学生,经过自己的努力,争取到了一家省级医院的实习机会。他非常珍惜这个学习机会,实习期间,他积极好学、勤奋努力,深得老师们的赞许和喜欢。除了完成实习任务,他还经常参加医院组织的各项活动,热衷于志愿服务。因为他写得一手好字,于是主动承担了部门出板报的工作,他书写的板报美观大方,在医院的评比中屡获好

评。毕业时，因为表现优异，他顺利通过医院的考核，被留用了。

案例分析

以上案例表明，小林非常重视实习，在实习过程中严格要求自己，全方位展示了自己的能力，实习单位通过接触也发现了他的才能，从而为其留下就业打下了坚实的基础。

（七）人才市场

人才市场的主要任务就是收集、发布人才供求信息，传递人才余缺信息，办理人才交流登记，是致力于为用人单位招聘人才和为个人求职做好中介服务和管理工作的机构。人才市场属于横向收集信息的渠道，其获得的信息量大，涵盖的行业范围很广。

大学生在与人才市场打交道时，需要特别注意提高安全防范意识，一定要选择背景可靠、声誉好及专业性比较强的机构。因为有的机构名不符实，有的纯以经济利益为目的，还有的专门利用毕业生求职心切同时又缺乏社会经验的弱点，设置招聘陷阱，坑骗学生，使一些大学生非但没找到工作还上当受骗。

任务二 整理和应用就业信息

一、整理就业信息

整理就业信息就是对收集到的就业信息进行加工、分析、归类、过滤和综合，从中筛选出适合自身需求的有用信息，更好地为自己的求职择业服务。

整理就业信息是就业信息收集工作的核心。它是对收集到的原始信息在数量上进行浓缩，在质量上进行提高，在形式上加以变化的过程，使信息真正有利于自己、符合自己的职业目标和需求。整理就业信息是去粗取精、去伪存真、由此及彼、由表及里的改造制作过程。

（一）分辨就业信息的真实性

利用各种渠道获得就业信息后，不要急于打电话联系或发简历。由于就业信息的来源以及信息的传播渠道比较复杂，收集到的就业信息往往带有一定的模糊性、滞后性，有的甚至可能是虚假信息或骗人的广告，所以大学生首先要学会判断信息的真伪，避免走弯路。对难以把握的就业信息可以通过以下几点来分辨。

（1）通过网络搜索，搜索引擎输入用人单位的名称和地点，通常会发现单位相关的信息。

（2）查看单位是否合法，通过当地在工商部门或者红盾企业信息官网查询是否有注册信息。

（3）与招聘单位直接联系，拨打用人单位的固定电话或者发电子邮件来确定是否有招聘上的联系人。

(4) 实地考察,可以自行前往用人单位实地考察确定单位是否存在。

(5) 了解单位的口碑和业内评价,通过网络或者人脉关系去查找了解单位口碑和业内的评价。

(二) 对就业信息进行分类

对就业信息进行分类的目的在于厘清事实,便于记忆,便于实践,建议求职者根据本人实际情况与择业理想有针对性地对信息进行分类整理,然后保存下来,以便日后查询。

1. 对就业政策信息进行分类

就业政策信息可以分为国家就业政策信息与各地方政府就业政策信息。国家就业政策信息较为稳定,对其主要内容要了解掌握,同时也要关注最新的动态,如各省市的"三支一扶""特岗计划"等,建议要适当了解。

地方政府就业政策是各不相同的,发达地区与欠发达地区,沿海地区或者西部地区所实施的就业政策通常也是因地制宜的。因此,求职者一旦确定求职地域后,应关心一下当地的人事政策,如就业优惠政策、户口迁移、应届大中专毕业生准入条件等相关内容。

2. 对单位分布区域进行分类

求职者可根据个人对某个或某几个地区的偏好来对就业信息进行分类,这样做可方便求职者查阅,省时省力,求职者可以按就近原则进行适当安排。

3. 对用人单位性质进行分类

求职者可对用人单位的所有制、规模、发展潜力等进行综合排序和分类整理,如区分为民营企业和国有企业、公办学校和私立学校、普通医院和三级甲等医院等;或根据排名进行分类,如国内房地产前 50 强、广告行业 100 强等。

二、应用就业信息

完成就业信息的整理后就要开始应用,在应用时要注意信息的时效性、灵活性与适合性。

(一) 信息的时效性

就业信息具有很强的时效性,因此,在收集和应用就业信息时,应特别注意信息是否公布了招聘日期,如有则应该在规定的时间内按时应聘。求职者一旦看准后就要立刻行动,及时主动与用人单位联系,不要犹豫不决,更不能守株待兔,正所谓"机不可失,时不再来"。此外,求职者还要主动查询和确认面试的时间、地点、方式和要求,准备好完整的求职材料,使就业信息尽早变成能让供需双方深度沟通的重要桥梁。

(二) 信息的灵活性

专业对口(或相近)往往是用人单位与求职者(尤其是应届毕业生)双向选择的共同标准,但这并不是绝对的,有很多的成功人士都是半路出家从事某项职业的,专业与个人的职业潜质并不等价。在就业信息面前，毕业生需要冷静、认真地分析自己的优势和劣势，不要因某个次要条件达不到用人单位的要求就轻易放弃，应该相信自己的实力。只要努力尝试和争取，很可能就会有意外的收获。

（三）信息的适合性

毕业生在择业以前必须对自己有全面的认识和正确的自我评价，不但要清楚自己想做什么，而且要明白自己能够做些什么，要清楚自己的兴趣爱好、气质特点、性格特征、基本素质、专业知识、技术能力等，在此基础上选择最适合自己的就业信息。

另外，毕业生还可以根据家庭和个人对用人单位的要求选择就业信息，如对用人单位性质、规模和地理位置的要求等，在各种就业信息中选择出有价值的、适合自己的信息，适合自己的才是最好的。

任务三 识别和预防就业陷阱

一、常见的就业陷阱

（一）用人单位的招聘陷阱

在躲过种种招聘陷阱之后，有的大学生会认为这时找到的用人单位应该是可靠的，其实不然，有些用人单位也存在招聘陷阱。

1. 工作条件优越，实则暗藏玄机

一些非法单位以诱人的高薪和优越的工作条件诱惑涉世不深的大学生，当大学生入了圈套后，便要他们从事危重工作，甚至违法工作，结果大学生不仅分文未得，还有可能走上犯罪道路。

案例 3-4

法律不可忽视

小伟是会计专业学生，实习结束后，他跟另外一名同学一起应聘到一家网贷公司，公司招聘的是出纳岗位，因为专业对口，小伟很快就履职了。工作一段时间以后，他发现了公司的异样，公司主要经营校园贷业务，而自己也并没有做真正的出纳工作，他意识到公司从事的可能是非法业务。他不敢报警，打算先工作满一个月，拿到工资后再离职，结果还没等到这一天，公司就被警方捣毁，所有人员都被警方带走，小伟和他的同学也被判为违法，受到了相应的处罚。

案例分析

案例中，小伟他们因急于就业，没有甄别用人单位的业务是否违法、招聘岗位是否真

实，就贸然入职，不幸落入了招聘陷阱。等到发现是陷阱后，小伟又抱有侥幸心理，只顾自己的利益，并没有立即报警，而是继续从事违法行为，最终被绳之以法。

2. 利用试用期骗取廉价劳动

求职者与用人单位约定试用期是为了给双方一个磨合期，在试用期内如果觉得不合适，单位可以辞退求职者，求职者也可以自行辞职，任何一方都不承担违约责任。《中华人民共和国劳动合同法》规定，试用期一般不超过 2 个月；劳动合同的有效期为 3 年以上的，试用期不得超过 6 个月。

有的用人单位无故延长试用期，或者在试用期届满时就将劳动者辞退，而试用期间的薪金只有正式聘用后薪金的 1/3 或 1/2，这些单位其实是在利用试用期骗取求职者的廉价劳动。

案例 3-5

试用期等于“白用期”

毕业生小韩通过参加招聘会被一家广告公司录用。按照口头约定，工作前 3 个月为试用期，公司将根据他的表现来决定是否正式聘用。在公司，小韩踏踏实实工作，按时完成任务。3 个月下来，小韩本以为自己可以轻松被该公司正式录用，谁料试用期一结束，经理却说他不称职。事后小韩才得知，与他同一批进公司的员工，没有一个通过了试用期。而后不久，该公司又新招了一批员工继续“试用”。

案例分析

劳动合同是规避试用期陷阱的重要武器。在用人单位要求试用前，一定要先签订劳动合同，看清合同中的单位名称、法定代表人等信息，注意检查薪资、工作内容、劳动保护和条件等内容。

3. 还未正式上岗先收取各种费用

大学生正式上岗之前，要仔细评判雇主要求的每一笔费用。一些不良单位往往打着保证金、材料费、培训费、服装费、意外保险费等的名义胡乱收费。遇到这种情况的毕业生要格外当心了，因为很可能遇到的是一家骗子公司。

有些培训机构以“高薪就业”“保证就业”的名义引诱大学生交纳培训费，但培训结束后，却以种种理由不给安排就业；或者大学生在交了昂贵的培训费后，却被推荐到一些位置偏僻、层次较低的企业或无人问津的低薪岗位；或者在试用期就被借故辞退。还有些用人单位要求新进来的大学生必须经过某某机构培训，考核合格才能录用，但是大学生们花费大笔培训费后，考核过关者却寥寥无几。即使侥幸过关被录用，也难逃厄运，往往是工作刚满见习期或试用期就被辞退。更有甚者，一些用人单位在大学生上岗前提出，由单位出资送大学生到某培训机构进行所谓的培训，并且签订培训上岗协议或劳动合同，规定必须经过培训合格才能上岗，且要签订长期劳动合同，若提前离职，必须交纳数目不菲的违约金，有些单位甚至还会违法扣押大学生的身份证或毕业证件。

案例 3-6

付费入职

小陈去一家公司面试，对方“经理”一直夸赞他条件优越，并表示小陈需按规定交纳1980元的费用，在该公司办理一张会员卡，才能算是该公司员工。小陈交钱办理会员卡后，该公司让他在家等入职通知。当小陈再次找过去时，该公司已经人去楼空。

案例分析

皮包公司会假借招聘之名收取报名费、体检费等，一旦诈骗多人成功，就会迅速携款逃之夭夭。面试前，大学生要认真了解招聘单位的相关情况。对于先让交报名费、培训费的，要提高警惕，防止被骗。千万不要将本人的身份证、毕业证、居住证等随意交给招工者。

4. 高薪急聘，轻易录用，索取身份证件

俗话说，“天下没有免费的午餐”，高薪诚聘的对象一般是优秀人员，这类招聘按理说会难上加难，如果求职者轻易就获得了一个号称高薪的职位，这时就要提高警惕了，因为求职者很可能已经落入了用人单位的陷阱中，要注意千万不要被人利用去从事非法勾当。如果招聘单位还向求职者索要身份证件，那更要三思而行，因为求职者的证件有可能会被他人用来从事不法交易，而求职者在不知情的情况下就会成为替罪羊。

案例 3-7

以高薪职位诱骗普通员工

小张是一名高校应届毕业生，在招聘网站看到无锡某知名外企正在招聘制图师，薪酬很高。小张欣然前去应聘，一名自称该企业人事负责人的工作人员在对小张进行简单面试后，安排小张到生产一线当操作工，并告诉小张这是公司的规定，管理和技术岗位新入职的员工都要先到一线“锻炼”一段时间，很快就能转岗。但小张工作两个月后依然在做操作工，这才感觉上当了，于是找到那位“负责人”，发现那人其实不是该企业的员工，而是中介公司的业务员，受该企业委托招聘操作工，并不能安排之前承诺的高薪职位。

案例分析

由于结构性用工荒的存在，用工单位会委托中介公司招聘紧缺岗位的人员。而有些中介公司为了吸引求职者，会虚构高薪岗位诱骗员工入职，从而赚取企业提供的招聘奖励。对于这样的陷阱，求职者其实是可以提前判断出来的，而不用等两个月。规避这种陷阱的方法有两个：一是进入公司后，求职者应该先与公司人力资源部门对接，了解上岗和薪酬情况；二是必须在一个月内要求公司签订劳动合同，明确岗位、薪酬，如果发现与招聘信息不符，就可以及早采取措施，维护自身权益。

阅读材料 3-4

岗前贷款培训费

学习计算机专业的小李先后接到10家“网络科技公司”的面试通知，其中9家在面试中以招聘名义收取“培训费”，并向小李表示：如果没有钱，可以帮助申请贷款，每个月还几百元就可以。

诈骗公司往往以高薪就业为诱饵，向求职者承诺培训后包就业，但必须借款支付培训费。贷款参加培训的求职者不仅不会获得工作，还会背负贷款产生的高额利息。

5. 每天都在招聘新人

如果某公司长期刊登招聘广告，且招聘的职位没有任何变化，这时就要考虑是否要及时抽身了，因为你很可能已经被当作该公司的廉价劳动力了。

6. 时常要求大学生签署各种文件，或要求购买本公司产品

这种公司有可能是传销的变种，大学生一定要提高警惕，不要轻易签订任何协议，应该在充分理解协议文件后再做出是否签名的决定。另外，无论公司以什么名义提出来，求职者永远不要购买公司的任何产品，不交纳任何不明用途的费用。

（二）职业介绍所的陷阱

职业介绍所的陷阱主要有以下几种。

1. 索要各种证件、签名、盖章

大学生在招聘过程中如果留下重要证件，就可能成为欠费、欠税、担保人等各种形式的债务人，或者成为被敲诈勒索的对象。

2. 编造名目，乱收费

非法职业介绍所成立的主要目的就是利用求职者择业心切的弱点收取中介费，为此很多非法职业介绍所煞费苦心，巧立了众多收费名目，花样百出，收费金额从几十元到几百元不等，有的甚至高达千元。常见的收费名目包括注册费、入会费、报名费、信息费、推荐费、登记费、资料费、证件费等，只要可能与职业介绍有关的费用名目，都能被列入收费范围。

针对这种陷阱，大学生需要掌握职业介绍所的收费标准。例如，根据有关规定，职业介绍所在正式给求职者推荐工作之前只能收取为数不多的建档费，并在1年内为其提供求职机会。各地规定的具体数额可能有所不同，但收费数额不会过高，具体标准可以登录该地区劳动保障部门的网站查询。如果遇到了收费过高的职业介绍所，应该提高警惕，及时向有关部门查询、报告。

3. 与第三者勾结，欺骗求职者

这种陷阱更具隐蔽性，往往不容易被求职者察觉。常见的有以下两种情况。

(1) 非法职业介绍所与用人单位勾结。这种情况下，非法职业介绍所与所谓的用人单位其实早就有了关联，当求职者被推荐到用人单位后，往往还要交纳培训费、服装费、考核费等。在二次交费后，求职者往往会被安排一些不可能完成的任务，然后所谓的用人单位会以求职者不适合该工作岗位为由将求职者解聘，这样就可以骗取求职者的中介费及其他费用。如果求职者主动辞职的话，它们还有可能会骗取违约金。

(2) 与培训机构勾结。这种陷阱的模式如下：甲职业介绍所与乙培训机构串通后，由甲负责收取各种费用，乙则负责对求职者进行培训和考核。甲收取费用后明确告诉求职者，要等考核合格后再予以推荐，否则不退回介绍费。求职者被甲的花言巧语打动，交纳了各种费用，结果考核多半不合格。

这两种陷阱是最令求职者头疼的，遇到第一种情况时，建议大学生先不要盲目地到职业介绍所推荐的单位就业，可以先在该地区工商局的网站上查询该单位是否存在，并对该单位的信用情况进行查询；面对第二种情况，建议大学生马上离开该职业介绍所，不交任何费用，因为要求必须先接受培训的职业介绍所肯定是假冒的。

案例 3-8

注册多家皮包公司，互相串通骗取费用

小赵初到无锡，在火车站看到招聘广告，便前去应聘，中介公司收取200元中介费后将小赵介绍到A公司，而A公司在帮小赵办理入职登记后，迟迟不安排他上班。在小赵的催促下，A公司又以业务需要为由，将小赵转介绍到B公司，B公司称入职前需要培训，收取了小赵500元的培训费，但实际上并未安排小赵接受培训，也未提供职位。其实，A、B两家公司均为中介公司老板注册的皮包公司，小赵发现上当后要求退还费用，中介公司和A、B公司互相推诿，不肯退还。

案例分析

收取中介费后不安排工作是非法职业介绍所的传统牟利手段，近些年还衍生出了串通关联公司先办理入职，再以各种理由辞退，或者注册多家皮包公司多次转介绍等方式，增加了求职者被骗后的维权难度。同时，收费的形式也从单一的中介费发展到数十种，如报名费、服务费、会员费、求职卡费、体检费、保险费、办理费、抵押金、资料费、劳动协议保障金、信息建档费、智商测试费、人才鉴定费等，名目繁多，花样翻新。

凡是只登记信息就收取费用的，基本上都是"黑中介"。求职者一定要捂紧自己的钱包，不要因为一时求职心切，让自己好不容易积攒下来的血汗钱打了水漂。

4. 发布虚假招聘信息，吸引求职者交费

有的职业介绍所人为地把信息夸大，或夸大待遇，或夸大招工数量，或刊登一些已过期的所谓"招聘职位"，更有甚者，其职位推荐中的"招聘信息"不过是从报纸上、电线杆上

别人的招聘广告中拼凑出来的。

这一类的非法职业介绍所大多采取散发小卡片、张贴小广告等形式招揽求职者，有的还通过发送电子邮件等手段来吸引求职者。它们的信息量大、影响面广，具有很大的欺骗性。

针对这种情况，毕业生应尽量通过政府举办的年度人才招聘会或学校召开的应届毕业生双向选择会进行求职。选择中介时，要特别注意识别各类陷阱，防骗方法主要有以下几种。

（1）检查职业介绍所的资质是否正规，各种证件和执照是否齐全。

（2）观察职业介绍所的设施设备及职业介绍所的名称。合法的职业介绍所都有规范的名称，如“××职业介绍所”“××市××区职业介绍中心”等。合法的职业介绍所往往都以一个变体的“介”字作为标志，营业面积一般不少于100平方米，而且办公地点通常在3楼以下。

（3）注意工作人员的着装和服务态度。正规职业介绍所的工作人员都有劳动部门统一制作的工作牌，在向求职者提供合适的工作岗位时，还会出示用人单位委托其代为招聘的委托书。

另外有一点需要求职者加以注意，合法的职业介绍所不能兼营其他业务，要在经营场所公布劳动部门的举报电话和投诉电话。

（三）网络招聘陷阱

随着网络在我们日常生活中的普及，越来越多的大学毕业生开始在网络上求职。下面描述三种常见的网络招聘陷阱，希望大学毕业生引以为戒。

1. 骗取个人信息

在网上求职时，往往需要求职者将个人简历粘贴在求职网站或软件上，对此求职者要格外注意保护自己的私人信息。除非是大型的知名求职网站，否则不要轻易将自己的个人信息全部上传到网上，更不要轻易将这些信息发给应聘单位。

在网上，可能会有不良分子打着“雇主”的旗号，骗取求职者的信用卡号、银行账号、社会保险账号、身份证号等有价值的个人信息，之后用伪造的证件行骗、盗窃，或者以求职者的名义干不法勾当。所以，大学毕业生在网上求职时一定要注意保护重要的个人信息。

2. 要求付费

网络招聘的一大缺点就是招聘单位与求职者不能面对面地交流，这就加大了求职者了解招聘单位的难度。大学毕业生往往求职心切，于是网络上出现了一些骗子公司，专门利用大学毕业生急于求职的心理，以支付各种费用的名义骗取他们的财物。

3. 利用网络榨取劳动力

一些公司利用网络招聘行骗，但是它们既不骗取钱财，也不骗取个人信息，它们骗取的是劳动力。这类骗子公司看中的是大学毕业生的知识资源，利用大学毕业生求职心切的心理，骗取他们的智力成果，通过所谓的“入门测试”“入门任务”等手段，让大学生在求职过程中给它们免费打工。

阅读材料 3-5

网络刷单

大学生小张收到这样一条信息：兼职网络刷单，每月收入过万。于是，小张和对方联系，对方表示小张只需按照要求完成网络购买交易，很快就会返还购物的本金和相当于本金金额10%的佣金。小张按照对方提供的二维码，通过转账完成了多笔交易，可对方却始终没有返还本金和佣金。直至对方完全失联，小张才意识到自己上当受骗了。

“刷单刷信誉”本身就是违法行为，不法分子以“高回报”“收益快”为诱饵，骗取大学生的钱财。有的不法分子一开始还会返还本金并支付佣金，但这样做只是为了诱惑求职者投入更多的钱，当求职者支付大笔金额后，佣金和本金便会被骗子悉数收入囊中。

（四）辨别直销与传销

1. 直销与传销的区别

直销是一种厂家直接面向消费者的销售模式，可以减少流通环节、节省广告投入，能带给消费者不少实惠。传销则是直销发展过程中的畸形儿，是一种商业欺诈的违法行为。直销和传销都是靠推销员直接面对面地向消费者介绍商品，消费者有时候难以辨别两者的区别，容易上当受骗。其实，这两种销售模式是有着本质区别的。

区别一：有无高额入门费？

直销企业的推销员经过招聘上岗，无须交纳任何费用；传销组织不问加盟者的能力水平，交钱就可加入。

区别二：卖产品还是卖人气？

直销的目的是以更加低廉的价格销售优质的产品。传销组织则会大肆宣扬发财美梦，不断拉人入伙，可它们的产品却几乎没有价值。想要区分直销和传销，需要看清商家的真实目的和其产品是否物有所值。

区别三：能否自主退换货？

真正的直销产品往往都有可靠的质量保证和完善的售后服务；传销做的却是一锤子买卖。对于消费者来说，售后服务的好坏是区别直销和传销的一个关键因素。

根据《直销管理条例》的规定，消费者自购买直销产品之日起30日内，产品未开封的，可以凭直销企业开具的发票或者售货凭证向直销企业及其分支机构、所在地直销网点、直销员办理换货或退货。直销企业应当自消费者提出退换货要求之日起7日内，按照发票或售货凭证标明的价款办理换货或退货。而传销则没有这样的售后保障，在传销活动中，通常不可退货，或者退货条件非常苛刻，消费者一旦购买产品就很难退货，并且往往产品本身就不合格或无价值。

2. 传销公司的共同特点

(1) 公司不知名,没有可查的公司地址或地址模糊。

(2) 需求岗位多,招聘要求低,学历,工作经验等条件都可以放松或根本没有要求。

(3) 收入高、待遇好、假期多除基本工资外有提成项。

(4) 不留公司地址或地址模糊,所留联系电话是私人电话。

(5) 与公司联系时要求毕业生立即前往面试或试用。

案例 3-9

大学生求职误入传销陷阱

武汉某大学大四学生小辉(化名)网上求职,没想到陷入传销陷阱,被骗走万元资金,还被困近一月。

小辉是武汉某大学建筑专业学生,2 月 5 日在网上看到某工程公司招聘施工员,便投递了个人简历。两天后,小辉收到该公司回复,要其到河南洛阳参加面试,并承诺如录用,"工资 4000 多元,报销卧铺车票"。2 月 11 日,小辉乘火车赴洛阳。

对方派出两名工作人员,将小辉带到该市关琳镇八里堂村的一所民房,里面已住了 10 余人。第二天一早,一名工作人员通知小辉接受面试,并收走了他的手机。面试结束后,面试人员告诉小辉,公司是直销行业,主要销售某保健品,不管小辉是否愿意,都必须留下来接受 10 天的考察。此时,小辉才意识到陷入传销陷阱。

第二天,"公司"开始派人给骗来的"新员工"上课,称加入"公司"需交纳 3000 多元购买产品,工作 22 个月可达到最高等级,每月收入 10 多万元。此后数天,公司对小辉盯得很紧,就连上厕所都有人守着。上了 5 天课后,被传销者洗了脑的小辉先后以自己和父母的名义购买了 3 单产品,花费了 1 万多元。

此后,"公司"派出两个人带着小辉到网吧发布虚假招聘信息,或者向应聘者的邮箱发面试通知。小辉说,网上很多建筑公司的招聘信息都是这些传销组织发布的,目的是骗新人进来,但来后根本没有所谓的工作,面临的都是一连串的"洗脑课"。在与老成员的聊天中,小辉得知这家"公司"有近 5000 人在网上发布虚假招聘信息,仅在武汉地区发布的虚假招聘信息就有 1 万多条。"小辉们"每天只吃两顿饭,每餐几个馒头、两大盘清水煮白菜,全屋 20 人共用。在传销窝点待了近一个月,小辉没洗一次澡,暴瘦 10 余公斤。3 月 6 日,该组织将小辉等 10 多人转移到湖南永州"开辟"新市场。借此机会,小辉以探亲为名逃回武汉。

案例分析

一些非法传销组织以"招工""招聘""介绍生意""介绍工作"等名义搞"拉人头"式的非法传销,谎称可以获得高额回报,利用亲属、朋友、同学、战友、老乡等各种关系,通过打电话、写信或者在互联网上发布信息等手段,将人员骗往异地从事传销活动。大学毕业生在选择用人单位时,一定要核实办公地址、营业执照等相关资料,或通过当地的政府部门核实，或通过亲友核实，切不可因为一个电话、几个网页就贸然相信对方。尤其对于那些来路不明的招聘信息、面试以及录用邀请，更要仔细核实，确认其合法性和真实性后再决定是否接受，谨防上当受骗。大学生应树立正确的人生观、价值观和择业观，戒除急功近利、投机暴富的心态，自觉抵制传销歪理邪说的诱惑。

二、预防就业陷阱的措施

（一）认识自己，选择适当的就业目标

在就业过程中，毕业生要正确把握自己的择业期望值，不要盲目地追求工作环境、工作地点和薪资等。先要有一个明确的职业规划，一切都要从自身的专业特点、工作能力、兴趣爱好和社会需要出发，要避免从众心理和攀比心理。

（二）端正就业态度，平等地与招聘单位交往

尽管面临严峻的就业形势，但毕业生在求职过程中决不能低三下四、任人摆布，更不应怨天尤人、听天由命，而应该积极主动，有尊严、有信心地与招聘单位进行平等交流。求职与招聘是一个双向选择的过程，双方是平等的，只有双赢才真正有利于双方。毕业生一定要尽可能地多方面了解招聘单位的情况，特别是对自己所关心的薪酬标准、岗位安排、保险、试用期等具体问题，不清楚的地方要问明白，遇到薪酬问题时，应先与用人单位确定薪酬的上下限，尽量减少薪酬的不确定性，并协商支付方式。

（三）了解就业政策和法律法规，增强法律意识

毕业生应了解目前国家的有关方针、政策和法律法规，熟悉毕业生在就业过程中的权利和义务，这是毕业生能够保护自我权益的前提。由于毕业生就业市场的不成熟和不完善，有关法律法规和制度尚不健全，加上受社会风气以及人们旧观念、旧思想的影响，毕业生在就业过程中不可避免会遇到一些不公平、不合理的现象。对于侵犯自身就业权益的行为，毕业生有权向招聘单位的上级主管部门和学校进行申诉，并听取它们的处理意见，同时也可提交给当地劳动争议仲裁机构进行调解和仲裁，或直接向人民法院提起诉讼。

（四）加强自我保护，防止上当受骗

毕业生在求职过程中，要提高防范意识，防止少数人利用学生急于求职的心理，假借招聘骗取钱物。在应聘过程中，毕业生要做到不卑不亢，拒绝招聘人员的不合理要求。同时，毕业生还要谨防招聘中的陷阱，这些招聘陷阱既有假单位假招聘，也有真单位假招聘。

识别骗子公司的最简单方法是直接在网上搜索，如果对方是“黑公司”，大多会有很多求职者投诉。毕业生要特别注意防范有以下特征的就业信息，这些信息很可能是虚假或骗人的。

（1）公交车站、街头路边、校园墙上等一些公共场合胡乱粘贴的招聘小广告，特别是高薪招聘的广告，这种基本都是骗人的，千万别上当受骗。

（2）门槛很低，薪酬开得很高。

（3）要求毕业生交一定费用作为工作保证金。

（4）莫名而来的就业机会。一些骗子公司或传销公司在网络上收集毕业生资料，主动约毕业生面试，然后施以行骗、抢劫，毕业生或异地求职者应对此多加提防。

（5）不透露公司的名字，如经常使用“某公司”“某单位”等字眼，公司基本资料不完整，找不到地址等。

阅读材料 3-6

五招助你求职避坑

（1）选择高信誉度的招聘网站或前往正规的人才市场。选择有工商营业执照的正规劳务中介单位，千万不要随意相信“黑中介”“游击招工者”。

（2）核实招聘企业的真实性。例如从工商局网站和企业信用信息公示系统里进行查询，从而确定该企业是不是一家经过工商注册、信誉度良好的正规企业，同时查询企业的注册联系方式，主动联系企业，确认招聘信息真实有效后再去应聘。

（3）保护好个人证件与财物的安全。在求职过程中，不要随便把身份证、毕业证等证件交由中介机构或他人保管，防止个人身份信息被一些不法分子盗用。使用身份证复印件时，要在复印件上注明用途，添加“仅可使用一次，再复印无效”等语句。

（4）遇到要求交纳报名费、培训费、体检费等的招聘广告时，一定要提高警惕。《中华人民共和国劳动合同法》明确规定，不允许企业在员工入职时要求职员交纳保证金、培训费、押金等，所有要求交费的都是骗子，不要随意汇款。

（5）保留收据和发票，应聘后签订书面合同。在应聘成功后，一定要与用人单位签订书面合同，要仔细阅读合同期限、试用期，要写明工资数额、计酬方式、福利待遇、保险交纳、事故赔偿等条款。

练习与思考

1. 收集就业信息应遵循哪些原则？
2. 从学校毕业生就业工作部门收集就业信息有哪些优势？
3. 传销公司有哪些共同特点？
4. 如何预防就业陷阱？

实践训练

请按照以下表格（见表 3-1）填写你收集到的就业信息。

表 3-1 就业信息列表

单位名称				
岗位				
信息来源				
单位性质				
工作地点				
工作环境				
企业文化				
发展前景				
用人制度				
工作职责				
专业要求				
学历要求				
生源要求				
性别要求				
外语水平要求				
计算机能力要求				
专业知识要求				
专业技能要求				
工作待遇				
职业前途				
应聘流程				
联系人				
联络方式				
重要排序				

专题三习题.docx

专题四

求职心理调适

知识目标：

1. 了解自我认知的内容和方法；
2. 了解大学生求职心理问题的表现；
3. 掌握求职心理调适的方法。

能力目标：

1. 能够运用不同的方法了解自我特质；
2. 能够鉴别大学生求职受挫时出现的常见心理问题；
3. 能够运用不同调适方法缓解求职时出现的常见心理问题。

思政目标：

能充分认识各种工作的职业价值，主动将自己的职业发展同国家战略、社会发展的需要相结合。

党的二十大报告指出："培养造就大批德才兼备的高素质人才，是国家和民族长远发展大计。功以才成，业由才广。"大学生群体是国家重要的战略人才资源，引导他们在各行各业中人尽其才、才尽其用，是关系国家富强和民族复兴的大事。大学生高质量就业不仅关乎国家人才战略，也是无数个家庭的殷切期待和希望，他们就业质量的高低关系到社会的发展和稳定。然而，不少大学生在就业过程中也会面临一些问题，如对自我认知不明确、就业观念有偏差、就业人格有缺陷、就业目标不合理等，由此导致了迷茫、从众、紧张、焦虑、自负、幻想、自卑、依赖等心理问题的产生。这些心理问题不仅影响就业，也影响到大学生的身心健康。因此，如何帮助大学生们及时做好择业前的心理准备、客观分析自我与现实、排除心理困扰、保持稳定而积极的心态、培养良好的择业观，做好择业就业这一人生重大选择，已成为当前亟待解决的重大问题。

任务一 认识自我

大学生求职时，由于信息不对称，要在短期内找到适合自己的工作并不是一件容易的事情。在这个过程中，可能会面临很多挫折，这与在校学习时的一帆风顺形成了鲜明对比。这种反差会让有些同学开始自我怀疑或否定，再叠加来自父母、社会等各方面的压力，容易导致大学毕业生心理失常，出现迷茫、焦虑、畏惧等心理问题，影响大学毕业生顺利就业。大学毕业生要增强求职时的自信，主动疏导求职时的心理压力，坚定信心，认识自我、接纳自我、提升自我，从而以积极的心态面对求职。大学生求职要做到知己知彼。知己，就是要客观地认识自己德智体各方面的情况，诸如自己的优点和长处，缺点和短处，自己的性格、兴趣、特长等，要明确自己想要做什么、能做什么、社会允许自己做什么；知彼，就是要了解择业的社会环境和工作单位，正确认识自己所面临的就业形势，了解社会需要什么样的人才，只有这样，才能保持良好的择业心态。

一、自我认知的内容

（一）认识自己的能力

能力是直接影响一个人活动效率并使活动顺利完成的个性心理特征，包括一般能力和特殊能力。一般能力是指一个人的观察、记忆、思维、想象等能力，也称为智力；特殊能力是经过长期的练习而发展起来的技能，又称专业能力，如熟练操作和使用计算机的能力、英语会话和阅读能力、语言表达能力、待人接物能力等。专业能力是个人能力最重要的组成部分，是毕业生在择业过程中比其他非本专业人员更具有竞争力的一个主要因素。专业能力通常包括基础理论知识、专业技术技能、灵活运用理论知识的能力。大学生可以通过学习成绩来认识自己对基础理论知识掌握的程度，通过实验仪器的使用、机器的操作及其他实践、实习来认识自己对专业技术技能掌握的程度，通过毕业设计或论文完成情况来评价自己灵活运用理论知识的能力。除此之外，社会还对毕业生的动手能力、实践能力、协调能力、创新意识、敬业精神、奉献精神、事业心、责任心等提出了较高的要求。大学生在能力的大小和类型上存在显著的差异,要尽可能认识到自己有哪些方面的能力是比较突出的,这些比较突出的能力组合在一起就形成了能力倾向。当能力倾向和所要从事的工作对能力的要求相匹配时,就可以做到人尽其才、才尽其用,大学生在做这些工作时也会更加得心应手。

(二) 认识自己的兴趣爱好

兴趣是指个人对某种活动有探索和求知欲望的心理倾向。以特定的事物、人或活动为对象,常常伴随积极的心态,人们对自己感兴趣的对象常常会自觉或不自觉的给予特殊的关注。著名华裔学者丁肇中教授曾深有感触地说:"任何科学研究,最重要的是要看对自己所从事的工作有没有兴趣,换句话说,也就是有没有事业心,这是不能有丝毫的强迫的……,比如搞物理实验,因为我有兴趣,我可以两天两夜,甚至三天三夜待在实验室里,守在仪器旁。我急切希望发现我要探索的东西。"当个人兴趣与工作相吻合时,人们就能以积极的心态对待工作,在工作中能够长时间维持高效率的工作状态,发挥平常难以产生的创造力。而当个人的兴趣爱好与工作完全不相符时,工作就会成为一种负担,不仅枯燥无味,也难以提高效率,这种情况下很难做出成绩,也很难坚持下去。

(三) 认识自己的性格特征

性格特征与职业选择具有很深的联系,两者应该是相互协调的,当性格与选择的职业背离时,职业发展就会遭遇很大的障碍。一个性格内向、好静不好动的人,非要让他去做演员,做主持人,那是很难行得通的。不同性格的人适合不同类型的职业,大学生应该根据自己的性格特征来选择适合的工作,只有建立在对自己全面、客观、公正的评价的基础上,选择适合自己的职业,才能克服不良心理的影响。

(四) 认识自己的职业观

职业观是一个人的人生目标和人生态度在职业选择方面的具体表现,也就是一个人对职业的态度以及对职业目标的追求和向往。职业观由三个要素构成:维持生活、完善个性、服务社会,三者的地位和比例不同,构成的职业观也不同,职业观包括职业地位观、职业待遇观、职业苦乐观等。每种职业都有各自的特性,不同的人对职业意义的认识不同,对职业好坏也有着不同的评价和取向。职业观决定了人们的职业期望,影响着人们对职业方向和职业目标的选择,决定着人们就业后的工作态度和劳动绩效水平,进而决定了人们的职业发展情况。哪个职业好?哪个岗位适合自己?从事某一项具体工作的目的是什么?关于这些问题的答案都是职业观的具体表现。

职业观是在长期的职业实践中逐步形成的,有其产生和发展的规律,它一经形成,就会反过来影响甚至指导人们具体的职业工作和职业行为。特别是当一种职业观内化为从业人员价值体系的一部分时,往往会表现出很强的自主性。例如医护人员的职责就是救死扶伤、治病救人,在抗疫过程中面对家人的不理解和劝阻、实际工作中的危险和苦累,医护人员依然奋不顾身冲锋在一线,这都是职业观使然。

案例 4-1

职业观影响职业发展

柳平是一名毕业于某重点大学通信系统专业的硕士。2020 年,他应聘进了中国联通,这里工作待遇很好,生活也很安逸,可是他却很迷茫,觉得自己花了这么多精力和时间读来的学位没有派上用场,工作水平也得不到提高。

后来,柳平向职业咨询师寻求咨询,咨询师说:"你的迷茫源于你对自己的职业观缺乏认识,你希望自己的职业在相对稳定的同时还能体现自我价值、实现自我提升。"为此,咨询师建议柳平做一次职业观测试,测试显示他属于"成就动机型"——想要不断创新,不断取得成就,不断得到赞扬,不断实现自己想做的事。职业咨询师结合柳平的专业和经历,建议他选择竞争比较激烈的行业,现在的柳平正在北京一家信息技术企业快乐地工作着。

案例分析

从这个案例我们可以看到,柳平同学起初找了一份让别人羡慕的工作,工作轻松,待遇优厚,但是由于和他自己内心的需求不一致,让他感受不到自身的价值,失去了前进的方向,内心迷茫。在经过充分的自我认知后,他结合自身的条件做出了改变,找到了一份适合自己的工作。虽然新工作的压力大,但他内心充实、心情愉快。

二、自我认知的方法

自我认知也称自我评价,是个体对自己的生理、心理、社会特征及行为的某一方面或整体的评价过程。正确的自我评价是学生择业的基础。客观全面地分析自己的实力,做出对自己实事求是的评价非常重要。大学生应该全面恰当地认识和了解自己的理想、价值观、素质、个人气质、性格、兴趣爱好、能力、知识,甚至身高、外貌等,不要以己之长比他人之短后产生自大心理,也不能以己之短比他人之长后感到自卑,要在实事求是地肯定自己长处的同时,正确认知自己的不足,通过努力逐步克服缺点。大学生要以社会需求标准来衡量自己,把个人客观性与社会客观性统一起来,认真分析用人单位的录用条件,看自己具备了哪些条件,不把就业理想建立在不切实际的幻想之上。自我认知的主要方法有以下几种。

(一) 自我评估

自我评估就是面对各种矛盾和冲突,能冷静、理智地自我剖析,通过自我剖析来认识自己。大学生要经常对自己的心理、行为进行剖析,使自我评估逐步接近客观实际。自负者要经常作自我批评;自卑者要看到自己的长处,增强自信心。毕业生面对择业,除了要客观地分析就业环境外,最主要的是要正确地认识自我和评估自我,明确自己今后的职业发展方向是什么,自己的兴趣爱好是什么,自己的性格气质是什么,自己最适合干什么工作,以及自己的优势和劣势是什么等。自我评估的关键是要真实、客观。只有通过理智、冷静的自我思考，才能对自己有一个客观的评价，才能使自己在择业过程中处于积极主动的地位。

阅读材料 4-1

自我评估示例

下面通过一组测试语言表达能力的问题，说明自我评估的作用和意义。在以下的题目中，回答"是"的得 1 分，回答"否"的得 0 分。

(1) 你能自如地与一个人交谈吗？

(2) 你能通过预约与领导自如地交谈吗？

(3) 你能根据自己的身份在小组内与其他成员共同讨论问题吗？

(4) 你能主持这样的谈论吗？

(5) 你能在一群不熟悉的人面前演讲吗？

(6) 你能以正方或反方的身份(主题预知，身份临时决定)参加辩论吗？

评分参考：各题得分相加为最终得分。若最终得分为 6 分，说明你的语言表达能力很优秀，4 分或 5 分说明你的语言表达能力良好，2 分或 3 分说明你的语言表达能力为中等水平，0 分或 1 分说明你的语言表达能力较差。

(二) 社会比较

社会比较是通过与他人比较来认识自己。有比较才有鉴别，人们往往是通过与别人的比较来认识自己的。首先，要通过与自己条件、能力类似的人进行比较来认识自己，而不是孤立地认识和评价自己，通过比较，可以认识自己的长处和不足，认清自己在相比较的人群中所处的位置，以便扬长避短。其次，要通过社会上其他人对自己的态度来认识自己，当然，别人的态度不一定全面，但大多数人的态度总能说明一些问题。最后，要通过对自己参加社会活动结果的分析来评价和认识自己，即在客观上寻找评价的参照尺度。如果一个人对自己的主观评价与社会对自己的客观评价趋于一致，那就容易成功；如果主观评价偏高于社会的客观评价，往往会导致碰壁、失败；如果主观评价偏低于社会的客观评价，往往会导致信心不足，犹豫不决，很可能会错失良机。一个求职者如果不注意与共同竞争者相比较，就很难判断出自己的成功概率。

(三) 心理测验

心理测验是心理测试的一种工具和手段，是根据一定的法则对人的行为用数字或曲线加以确定的方法。心理测验的类型很多，主要包括四个方面：智力测验、人格测验、能力测验和神经心理测验。许多心理学著作中对此都有详细的介绍。毕业生可以根据自己的需要选择使用，通过测验找到自己心理方面的主要问题是什么，然后有针对性地去纠正和调适。

（四）咨询他人

大学生可以向就业指导教师和辅导员咨询，也可征求同学、家长和熟悉自己的人的意见，通过咨询了解自己。长期学习、生活在一起的人对自己的言行都看在眼里，印象很深，对自己的评价也会更公正、更客观。

任务二　大学生求职常见的心理问题

大学阶段是个体由青年期到成年期成长过程中一个特殊的阶段，集多种特殊性于一身，处于“第二次心理断乳期”和“心理延续偿付期”，拥有多重价值观，人格处于再构成阶段，再叠加环境中诱发因素的作用，使得大学生的心理健康状况比个体一生中的其他阶段明显要低。一般的观点认为，大学生求职期的心理问题主要有挫折心理、从众心理、嫉妒心理、羞怯心理、盲目攀比心理、自卑心理、依赖心理等，还有其他如过于注重实惠、坐享其成、过分强调自我价值等不合理心态。为了更好地认识这些问题，为就业做好心理准备和心理调适，广大毕业生首先要从以下几个方面来认识求职时普遍存在的心理问题。

一、求职心理压力与焦虑

当前激烈的就业竞争环境给大学生带来了较大的心理压力，而且这种压力在各年级学生中都存在。据清华大学的一项调查显示，个人前途与就业已成为大学生心理压力中最大的因素，而且压力有随着年级增高而上升的趋势。学生的就业压力相当严重，其中最普遍的表现就是焦虑。大学生毕业前的心理压力较大一、大二时期有明显的增大，主要原因是毕业方向的选择、就业、升学、恋爱分合、大学生活中不愉快的经历、离别感伤、突发事件、经济问题等；细分人群中，女大学生的心理压力大于男大学生，农村学生的焦虑水平高于城市学生。大学生面对就业压力时的释放方式往往过于内向化，主要是自己解决或求助于同学朋友。

二、就业心理期望与失落感

许多大学生都有一种“十年寒窗，一举成名”的心理，因此对择业的期望相当高。大学生大多希望到生活条件好、福利待遇高的大城市、大机关、大公司工作，而不愿到急需人才但条件艰苦的中小城市和基层小单位就业，过分地考虑择业的地域、职位的高低和单位的经济效益。高期望值驱使毕业生总是向往高薪水、高职位、高起点，渴求高收入、高物质回报，并一厢情愿地对用人单位提出种种要求，将自己的就业目标定得很高，即使找不到合适的单位也不肯降低就业期望值。比如，有一些学生就有非一线城市不去的心理。可现实的就业岗位大多不像大学生所想象得那么美好，因此当发现现实与理想的差距较大时，就容易出现高不成，低不就的现象，产生偏执、幻想、自卑等心理问题，并可能导致择业行为的偏差。

三、就业观念不合理

大学生的就业观念虽然总体倾向于务实与理性，但由于处在就业观念的转型过程中，因此也存在各种不良观念。这些不良观念主要表现在以下几个方面。

（一）只顾眼前利益，忽视职业发展

一些大学生在择业标准中只有工作条件、收入等眼前利益，而对自己的职业兴趣、能力、职业的发展前景等因素不作考虑，因而极易选择到并不适合自己的工作。

（二）职业目标过于功利化、等级化

一些大学生过分强调职业的功利价值，甚至还将职业划分为不同等级，而不考虑国家与社会的需要，不愿意到条件比较艰苦的地区和行业去工作，这样可能会错过很多就业机会。

（三）求安稳，求职一次到位的传统观念根深蒂固

很多大学生喜欢稳定、清闲、福利保障好的单位，希望一次就能选定理想的工作，而不愿意选择有风险、有挑战性的工作，更不敢尝试自己创业，并以此为标准在就业市场中搜寻目标。而当应聘失败后仍不改初衷，以此为借口一直等待天上掉馅饼。

（四）过分强调专业对口，学以致用

在求职时，有些大学生只要碰到与自己专业关系不密切的职业就不考虑，这样做其实是人为地限制了自己的择业视野，增加了自己的就业难度。

（五）职业价值认识不当

许多大学生仅仅把工作当成一种谋生的手段，没有充分认识到职业对个人发展、社会进步的重要意义，选择性忽略了诸如“三支一扶”“西部计划”“特岗教师”等工作机会。

四、就业人格缺陷

（一）自我同一性混乱

有许多同学在毕业、择业的时候，尚未达成自我同一性，具体来说，就是对自己的职业目标、需要、价值观以及自身特点等没有明确的认识；在求职时不能正视自己的能力、素质和择业的客观环境，不能对自己有一个客观、清醒、全面的评价。因此，他们在选择职业时会表现出茫然、犹豫不决、反复无常、见异思迁、躁动不安等心理，不能主动、独立地获取职

业信息、筛选职业目标、规划职业生涯，也不能解决求职中的问题，做出正确的决策。自我同一性混乱在求职中的两个突出表现是盲目从众与过度依赖。

1. 盲目从众

盲目从众是指在求职中不考虑自己的兴趣和专业，盲目听从或跟随别人的意见以及盲目寻求热门职业的现象。有这种心理的大学毕业生往往会脱离自己的实际状况，跟在别人的后面走，如在就业市场中哪个摊位前人多他们就往哪里去，别人说什么工作好他们就寻求什么样的工作，而全然不顾自己的能力和现状，不会扬长避短。

2. 过度依赖

过度依赖是指在就业中不愿承担责任，缺乏独立意识，没有独立决策能力，没有进取精神，只是依赖父母或老师、学校，甚至只等就业机会送上门而不去积极争取。一些大学毕业生自己不去找工作，只等着父母和亲朋好友出面，为自己四处奔波，到处找关系、托人情，甚至还怀念过去那种统包统分制度，希望学校解决就业问题，当别人为自己找的工作不合心意时就大发脾气，抱怨父母或学校。还有不少大学毕业生由家长陪着参加人才交流会，工作的好坏完全由父母决定，缺乏自主择业的能力。

（二）挫折承受力差

不少大学生在求职时只想成功，一旦遭受挫折就会像泄了气的皮球，一蹶不振，陷入苦闷、焦虑、失望的情绪之中不能自拔。他们对求职中的挫折既缺乏估计也缺乏承受能力，不能很好地调节自己的心态，也不会通过总结求职中的经验教训来争取下一次的成功。

自主择业给大学生提供了择业的自由及通过竞争获得理想工作的机会，应该说这也是大多数大学生所期望与认可的，但当大学生真正面对激烈的竞争环境时，也有许多人表现得缺乏信心、缺乏勇气，求职时战战兢兢、顾虑重重、畏首畏尾，不敢大胆自荐，结果是有压力没勇气，不能向用人单位展现自己真正的竞争实力，错过机会，在竞争中陷入了不战自败的境地。特别是一些冷门专业或学习成绩不佳的同学，更容易出现不敢竞争、不敢尝试的问题。

害怕竞争的保守心理一方面与大学生缺乏社会实践锻炼有关，另一方面更与许多大学生害怕失败，不敢面对求职挫折有关，如一些大学生在求职时只找那些自己把握大的工作机会，而对竞争大的工作不敢问津，害怕求职失败遭受打击。

（三）自卑与自大心理

一些毕业生在求职时常会产生自卑心理，对自己评价偏低，他们总是以为自己的水平比别人差，单位要求很高自己肯定达不到，自己能力不行，等等。求职中的自卑心理一般产生于以下几种情况：①一些冷门专业的学生看到就业市场中对自己专业有需求的单位少、待遇差或在求职中遭冷遇，就容易悲观失望；②一些性格比较内向、不善言辞的大学生看到其他应聘者口若悬河，而自己什么也说不出来时会自惭形秽；③一些在校成绩与表现一般的大学生看到别人的自荐书上奖励、证书、成果一大堆，而自己什么也没有时，也容易自我贬低。总之，自卑的大学生不敢正视现实，对自己的长处估计不够，怀疑自己的能力，不善于发现适合自己的职业岗位，会在对自己的抱怨、贬低中失去求职的勇气。

自卑的反面是自大，而且两者有时会相互转化。一些专业较好、就业资本较为雄厚的大学生容易从自信变为自负，还有一些大学生是脱离实际的自大，他们既缺乏对自己的客观认识，也缺乏对就业市场、职业生活的了解，一切都凭自己的主观想象。如有的大学生认为经过大学几年的学习和锻炼，自己已经满腹经纶，任何工作到手中都可以出色完成，在求职时自觉高人一等、自命不凡、四处吹嘘，而一旦出现变故就容易陷入自卑、自责、一蹶不振。

自卑与自大是大学生身上常见的人格缺陷，它们的共同点都是对自己缺乏客观的评价，同时对职业缺乏深入的认识。在求职时，自卑与自大常存在交织的现象，如一些大学生在求职开始时很自大，一旦出现挫折就开始自卑；一些大学生虽然对自身条件感到自卑，但是真正遇到用人单位时却又表现得很自大，要价很高。

（四）偏执与人际交往障碍

大学生就业中的偏执心理主要表现为追求绝对的公平和过高的择业标准。大学生要求公平的竞争环境，对一些不良的社会风气感到气愤是正常的，但有一些大学生表现为对公平的过分偏执，将自己求职中的一切问题都归结于就业市场的不公平，以致给自己的整个求职过程都笼罩上了心理阴影。也有些大学毕业生对求职有过高的期望，其中多数人能通过在就业市场的体验客观地认识和接受当前的现状并调整自己的择业标准，但仍有部分大学生固执己见，偏执地坚持自己原来的择业标准，甚至宁愿不就业也不改变。还有一些大学生在就业时过分追求专业对口，不顾社会需要，无视专业的伸缩性、适应性，只要是与专业有一定出入的工作就不问津，只要不是本专业就不签约，这样就人为地减少了自己的就业机会。

人际交往障碍主要表现为害怕与陌生人交往和交流，交际能力差。如有的大学生在求职过程中过于怯懦、紧张，不敢在用人单位面前表现自己，甚至连面试也不敢去，常常一开口就面红耳赤、语无伦次。还有的在求职过程中不会察言观色，不懂得照顾别人的感受，不懂人际交往的礼貌礼仪。

五、求职心态问题

（一）焦虑与急躁

在择业时，许多大学生既希望谋求到理想的职业，又担心被用人单位拒之门外，还担心自己在择业上的失误会造成终身遗憾，并对未来的职业生活感到渺茫，因此在求职过程中存在一定的焦虑情绪，这种情况是正常的。但一些大学生焦虑过了头，成天都充满了各种不必要的担心，造成自己精神上的紧张不宁、忧心忡忡、烦躁不安、意志消沉，行为上的反应迟钝、手忙脚乱、无所适从。还有一些大学生在求职时显得过于急躁，情绪始终处于亢奋状态，常常心急如焚、四面出击、东奔西跑，希望尽快找到合适的工作，但又缺乏对就业形势的冷静观察以及对自身的理性思考，做了许多吃力不讨好的事。因此常常有一些毕业生在并不完全了解用人单位的情况下就匆匆签约，一旦发现实际情况与自己想象的不一样或发现了更好的工作时，就追悔莫及，甚至毁约，给自己带来许多不必要的麻烦与心理困扰。

（二）消极与抱怨

与求职时的急躁心理相反的是，一些大学生在求职时表现得非常消极，平时也不参加招聘会，有单位来就看看，如果不满意就等下去，满意时也不主动争取，抱着“你不要我是你的损失”的态度，期待着有单位会主动邀请。还有些人这山望着那山高，不肯轻易低就，明明已经找到工作，但拖着不肯签约，总希望有更好的单位出现。另外有些大学生自恃条件优秀，认为“满腹经纶”“博古通今”“学富五车”，可以大有作为，但在择业时却要么碰壁要么找到的工作不满意，于是抱怨“怀才不遇”“世上无伯乐”，抱怨自己运气不好，成天闷闷不乐、怨天尤人。

（三）攀比与嫉妒

在求职时，同学之间“追高比低”的现象时有发生，一些同学在求职中经常吹嘘自己的职业待遇好、收入高，导致大家的职业期望越来越高，求职变成了自我炫耀，还有些同学看见或听说别人找到了条件优越、效益较好的单位，心理不平衡，抱着“他能去，我更能去”的态度，非要找一个条件更好的单位，而不考虑自身的条件、社会的需要、职业发展及就业中的机遇等因素。一些毕业生对别人所找的工作心存嫉妒，特别是看到自认为条件不如自己的人也能找到很好的工作时，更容易出现嫉妒心理。于是有些人故意对别人的工作冷嘲热讽、贬低、讽刺和挖苦，意图打击别人，更有甚者抱着“我得不到，你也别想得到”的畸形心态在用人单位面前造谣中伤、打小报告。

（四）抑郁与逆反

在求职遇到挫折后，一些毕业生会感到无能为力、失去信心，表现为失落、抑郁、不思进取、情绪低落、意志消沉，他们常常会放弃一切积极的求职努力，听天由命，严重时还会对外界的环境漠然置之，减少人际交往，对一切都无所谓，进而导致抑郁症。而另外一部分毕业生，则对正面的职业教育、职业信息存在逆反心理。对来自辅导员、班主任、学校就业指导服务中心、同学和用人单位的正确信息、善意批评与建议，不相信、不听从，偏要对着干，要完全按自己的意愿去求职。例如当别人为其推荐某工作单位时，总是抱有戒心，别人讲得越多他越不相信。当求职失败时，不总结自己的问题，甚至明明知道自己失败的原因也不改正，在以后的求职中依然我行我素，听不进任何批评与建议。

（五）侥幸与懒散

有些同学认为，因面试时间紧、人数多，用人单位不可能去查实每个人的简历是否真实，不可能对每个人作全面的考察和了解，只要自己充分地表现一下，把工作骗到手，签好协议书就行了，于是，一些毕业生把别人的获奖证书、成果证明等偷梁换柱地复印在自己的简历里，而且自己明明没有当过什么干部，也没有参加什么社会实践活动，也照着别人的经历写上，甚至胡编乱造一番，还有的大学生在面试时把自己吹得天花乱坠、无所不能，结果经过现场实践考核或试用后，马上就露出了原形。还有的毕业生与用人单位签约比较早，往往在离毕业半年前或更长时间就落实了单位，这时就容易出现懒散心理，认为工作单位已定，没有什么可以担心了，应该松口气、歇歇脚了，于是学习没了动力，组织纪律散漫，考试仅仅追求及格，甚至长期旷课，还有极少数大学生因此受到学校的处分，严重的甚至被开除或勒令退学，找到的工作也因此丢了，悔之莫及。

案例 4-2

求职受挫时的焦虑心理

小张今年 21 岁，整日面容憔悴、愁眉不展，精神状态非常不好。原因是之前的几次求职小张都以失败告终。小张今年 7 月就要大学毕业了，这段时间他一直都在为找工作的事忙活，然而，几个月以来参加了数十场招聘会，求职简历送出了一份又一份，也接到过通知前往几家不同的单位面试，可最后的结局都是泥牛入海，到目前工作还是没有着落。临近毕业，小张觉得学业和经济的压力都很大，感觉自己的脾气越来越坏，内心非常焦虑，于是去找心理医生进行求助。

案例分析

上述案例中，小张的情况是毕业生求职过程中比较普遍的心理焦虑问题。随着就业制度改革的不断深化，毕业生拥有了更多的择业自主权和择业机会，但也给他们带来了非常大的挑战，造成了一定的心理压力，从而导致种种心理误区与心理障碍的产生，这对学生的顺利择业是十分不利的。毕业生求职时要做到能客观地分析自己，树立生活的勇气，培养健康的心态，正视求职择业的挫折与困难，从而不断进取。

任务三 大学生求职的心理调适方法

“心态决定一切”，要消除择业过程中出现的心理问题和障碍，毕业生要以积极的心态面对择业。毕业生在求职择业中遇到困难、挫折和冲突是不可避免的，关键是要懂得如何去调适自己的心态，以减轻或消除心理障碍，用健康的心态去求职择业。

一、调适不良求职心理

大学生在即将步入社会时，面对严峻的就业形势、家庭的期望、自我的定位和学校老师的期待，会感受到较大的心理压力。有些大学生可能会暂时出现焦虑、自卑、沮丧、依赖、幻想、不平衡等一些消极心理。针对就业过程中出现的心理问题，大学生要学会自我调适，走出就业心理误区，用健康的心态去求职择业。

（一）认识心理冲突，主动做出选择

心理冲突是指个体在有目的的行动中，存在两个或两个以上相互抵触或对抗的动机难以选择，从而表现出矛盾的认知与情感体验。有选择就会有痛苦，大学毕业生面临就业竞争时表现出来的困惑、沮丧、焦虑、怯懦，往往源于心理冲突，主要表现为自主与被动的冲突、生存与兴趣的冲突。针对自主与被动的冲突，大学毕业生要主动规划自己的目标，树立自己的事情自己负责的意识，独立自主地去生活，全力以赴地去实现自己的目标，拒绝被动等待家长的包办和代替；针对生存与兴趣的冲突，要建立谋生是生存之本、而兴趣是可以改变的思想，同时尽量把工作变成自己的兴趣。在解决心理冲突的过程中，大学生应谨慎地对所有的有效选择进行比较，慎重权衡利弊得失，主动做出最佳选择。可以说，冲突的解决过程本身就是毕业生经受历练和主动成长的过程。

（二）分析失败原因，总结经验教训

毕业生求职时经常会出现理想无法实现、需求暂时得不到满足的情形，这就要求毕业生既要正视事实，又要不断进行新的尝试，把遇到挫折看成是正常的事，把挫折看作“伪装的机遇”，不要消极退缩，要放下心理包袱，冷静思考，认真分析应聘失败的原因是主观努力不够还是客观要求太高，如果是主观原因，就要面对真实的自己，扬长避短、重新选择，在实践中有针对性地提高自身素质；如果是客观原因，如所学专业社会需求量小，就应该将就业目标转向中小城镇或农村，从基层脚踏实地做起，积累工作经验，或不局限于本专业相关的工作，尝试其他领域，通过调整就业目标，争取新的就业机会。

（三）运用心理调节，排除不良情绪

1. 自我激励法

自我激励法主要是用生活中的哲理、榜样的事迹或正确的思想观念来激励自己，自觉克服各种不良情绪。如果一次求职失败，就要勇敢地面对下一次，坚信未来是美好的，“留得青山在，不怕没柴烧”，不要被灰心、失望、悲观的情绪所控制。

2. 自我慰藉法

自我慰藉法又称自我安慰法，其实质是一种自我辩解。毕业生择业遇到困难和挫折时，若经过最大努力仍无法改变状况，就要说服自己，适当让步，“退一步海阔天空”。有时需要将不成功归因于客观条件和客观现实，同时要勇于承认并接受现实。这样就能缓解因心理矛盾而引起的悲观失望等不良情绪，重新找回自信，树立继续努力的信心。自我慰藉法又称精神胜利法。

3. 自我宣泄法

自我宣泄法是指通过采取“宣泄”的方式，排解和释放掉心理上的压力、痛苦、焦虑和紧张的情绪。因挫折造成焦虑和紧张时，消除不良情绪的最简单方法莫过于“宣泄”。切忌把不良情绪强压于心底，忧虑隐藏得越久，受到的伤害就越大。当挫折情绪已经带来巨大心理压力，且一时难以克服困难化解压力时，可以主动把心理压力转化为适度的情绪反

应,并通过适当的方式发泄出来。比较妥善的办法是向自己信任的人倾诉,甚至可以痛哭一场,把痛苦全部宣泄出来;也可以去打球、爬山、参加大运动量的活动。但是宣泄一定要注意场合、身份、气氛,注意适度,不要产生破坏性。

4. 行为补偿法

当所追求的目标受到挫折或因个人的某种缺陷而失败时,可及时改变方向,以其他可能获得成功的活动来弥补因失败而丧失的自尊和自信,这就是行为补偿法。

5. 幽默调节法

从心理学角度看,幽默是一种心理防御机制,是人们处于困难境地时自我解脱的一种常用方法,并能借此达到心理上的平衡。一些心理学家认为,人不能同时既快乐又生气,对生气的人可施行幽默疗法,大声欢笑时,不良情绪也就烟消云散了。如果你善用幽默,通过适当的自我解嘲,就能及时化解不良情绪,保持自己身心的愉快。

6. 放松练习法

放松练习法是一种通过练习学会在心理上和身体上放松的方法。放松练习法可帮助人们减轻或消除各种不良的身心反应,如焦虑、恐惧、紧张、心理冲突、入睡困难、血压增高、头痛等症状,且见效迅速。大学生在求职时如遇类似心理反应,可在有关人员指导下尝试进行放松练习。

(四) 利用外界资源,寻求社会支持

大学生在求职时可首先向学校就业指导中心咨询,主动掌握就业信息和国家、省、市出台的就业扶持政策,浏览学校就业网站,关注就业动态,合理选择用工单位;其次是争取家人和亲朋好友的帮助,毕业生可以将自己的基本情况和求职意向告诉亲朋好友、同学熟人,请他们留意有关信息,帮忙推荐,这有利于自己及早了解社会需求和用人单位的情况,从而做出选择;最后是寻求就业心理咨询,为提高就业面试的技巧,减轻应聘带来的压力与恐慌,消除就业挫折带来的焦虑感、烦恼、抑郁等不良情绪,毕业生可以寻求心理咨询中心的专业帮助。

二、转变择业观念

大学生的择业观念是指学生由毕业走向社会时选择职业的观点和态度,实质上是世界观、人生观和价值观的反映。在择业问题上,价值观不同,择业态度和行为就有所不同,现实社会价值观的多元化、功利化和务实化,使得部分学生过分注重物质待遇,对国家和社会的需求考虑较少。大学生必须认识社会、了解国情,充分认清当前的就业形势,正确认知国家利益和个人利益的关系,要有“强国有我”的担当意识、献身社会的责任意识、竞争意识和拼搏意识,自觉地服从社会需要,明确“自我实现”是一个为社会和他人作贡献,履行社会责任的过程,由此实现最大的人生价值。

(一) 接受客观现实,调整就业期望值

一方面,就业市场化、自主择业给大学生带来了机遇与实惠,但许多大学生对“市场”

残酷的一面认识不足，对就业市场的客观实际了解不够。经过对就业市场、就业形势的客观了解与深刻体验后，我们必须明白现实情况就是如此，无论是抱怨还是气愤都没有用，这种就业情况不是一时半会儿就能改变的。与其成天怨天尤人，既浪费了时间，又影响了自己心情，还不如勇敢地承认和接受当前所面临的现实，彻底打破不切实际的美好想象，脚踏实地寻求解决问题的好办法。

另一方面，就业市场普遍存在着用人单位招不到人、大量的毕业生又无处去的“错位”现象，因此，要顺利就业就必须首先根据自己的实际情况和就业形势，调整自己的就业期望值。需要注意的是，调整就业期望值不是对单位不加选择，只要有单位就去，而是要在对自己的职业生涯进行规划的基础上重新确定自己的人生轨迹，这就是说，要树立长远的职业发展观念，放弃过去那种择业就是“一次到位”，要求绝对安稳的观念。要知道现在再好的单位，将来也有“下岗”的可能，因此，在择业时要看得长远一些，学会规划自己整个人生的职业生涯。在当前获得一个理想职业的时机还不成熟时，大学生应采取“先就业，后择业”的办法，也就是说，在择业时不要期望太高，可以先选择一个职业，不断提高自己的社会生存能力、增加工作经验，然后凭借自己的努力，通过正当的职业流动，来逐步实现自我价值。许多大学生不愿意去经济落后的地区工作，可是随着西部大开发计划的实施，西部地区将成为经济发展的热点，也将给大学生们提供更多的发展机会，因此抢先到这样的地区去工作可能会更有利于自己未来的职业发展，取得事业的成功。

案例 4-3

择业高期望值带来的困扰

曾经有个毕业生，毕业后的第一份工作月薪是5000元，可是好景不长，他所在的公司半年后就倒闭了。在后来的求职中，他始终认定要找一份月薪不低于5000元的工作，多次求职未果。一天，他跟着当菜农的父亲去卖菜，早市时父亲对他说：“我们的菜是全市最好的，不能比别家价格低。”直到中午，很多人都因为菜价高而只问不买。于是他急了，要父亲降价，父亲始终不答应。天快黑了，他们的菜经过一天的风吹日晒已毫无优势，最后被人以低价买走。他埋怨父亲为什么不早点出手？父亲笑着说：“是啊，早点出手该多好，可那时总以为自己的菜应该值那个高价，就像你现在总以为自己月薪必须不低于5000元一样。”父亲的话让他深受启发。

案例分析

人生其实就像卖菜一样，要想卖个好价钱是不容易的，有时候越想卖高价，越卖不出去，做人也一样不能自视太高，要善于把握时机。不要幻想和要求所选择的就业岗位或从事的工作是十全十美的，每个人的一生都在不断地调整，终身从事一种职业是可能的，但更多的还是不确定性，特别是在就业形势紧张的时候，更要有“生存危机”，应先解决“吃饭”问题，树立“先生存，后发展”的就业观，采取“先就业，后择业”的方法。

（二）充分认识职业价值，树立合理的职业价值观

传统的观念认为，人们工作就是为了满足生存需要，但是对现代社会的人来说，职业对个体的意义已经远不止这么简单。职业可以满足人们从低层次到高层次的多方面需要。如最近有人对职业价值结构进行了初步研究，归纳了交往、义利、挑战、环境、权力、成就、创造、求新、归属、责任、自认这 11 个类别的因子。因此，职业的价值是丰富的，大学生要充分认识到职业对个体发展、社会进步所起到的重要作用。在择业时，大学生不能只考虑工作的经济收入、工作条件、地点等因素，更要考虑职业对个人一生发展的影响与作用，看重职业能否帮助实现自我价值。因此，大学生要在考察社会需要的基础上，树立重视自我职业发展、才能发挥、事业成功的职业价值观。对于那些虽然现在工作条件不怎么样，但发展空间大，能让自己充分发挥作用的单位要优先考虑；对于那些现在经济发展水平不太高，但发展潜力大，创业机会多的工作地点也要重视。总之，盲目地去一些表面上不错，但不适合自己，不能有效发挥自己才能的单位去工作，是不会让自己满意的。与其将来后悔，不如现在就改变自己，树立适应我国当前市场经济发展、人才需求规律的合理的职业价值观，以指导自己正确择业。

（三）认识与接受职业自我，主动捕捉机遇

职业自我是指个人对职业与其自身关系的认识，大学生求职过程中的许多心理困扰都与大学生不能正确认识和接受职业自我有关，因此正确认识自我的职业心理特点并接受自我，是调节就业心理的重要途径，并可以帮助自己找到适合的职业方向。要知道自己喜欢什么样的职业、需要什么样的职业、自己的择业标准是什么以及自己的能力所在，这样才能知道什么样的工作更适合自己。许多同学在亲身参加求职活动后发现自己的能力与水平并不像自己以前想象得那么高，就容易出现失望、悲观、不满的情绪。因此在认识自我特点后还要接受自我，对自我当前存在的问题不能一味抱怨，也没有必要自卑，因为这是客观现实，在毕业期间要有大的改变是不太可能的。因此，要承认自己的现状，学会扬长避短。另外，要用发展的观点来看待自己，要知道有些缺点并不可怕，可以就业后在工作岗位上不断发展自己。

大学生就业中的机遇因素也是非常重要的，因此在了解和接受了自我特点以后，还要学会抓住属于自己的机遇，这样才能保证求职顺利。要抓住机遇，必须要多收集有关的职业信息，多参加一些招聘会，并根据已定的择业标准进行选择。需要注意的是，机遇并不是对任何人都适用的。工作的好与不好，是相对的，对别人合适的，对自己不一定合适，因此一定不能盲从；要时时记住，只有适合自己的才是最好的。最后要注意机遇的时效性，在发现就业机会时要主动出击，不能犹豫，也不要害怕失败，应有敢试敢闯的精神。

（四）坦然面对就业挫折，提高心理承受力

面对市场竞争、就业压力，大学生求职总会遇到许多困难、挫折甚至是委屈，如一些专业“热门”，一些专业“冷门”；又如女大学生找工作容易受到歧视等。面对这些问题，抱怨是没有用的，更重要的是调整好心态，提高自己对各种突发事件的心理承受能力。其实，就业的

过程也是大学生重新认识自我、认识社会,并主动调整自我、适应社会的过程。如果能通过求职经历来增强自我心理调节与承受能力,对大学生今后的职业生活是非常有帮助的。

对于求职过程中遇到的挫折,要用冷静和坦然的态度来对待,要客观地分析自己失败的原因,进行正确的归因。首先,在就业市场化、需求形势不佳、就业竞争激烈的条件下,求职失败在所难免,不能期望自己每次求职都能成功,要对可能出现的求职挫折有充分的心理准备,同时应把就业看作一个很好的认识社会、认识职业、适应社会的机会,通过求职活动来发展自己,促进自我成熟,“不以成败论英雄”。其次,求职失败并不一定就是因为自己的能力不行,出现求职失败有许多原因,可能是因为你选择求职单位的方向不对,也可能是因为你的价值观与单位的企业文化不符,还有可能是其他的一些偶然因素,总之,要正确分析失败的原因,调整自己的求职策略,学会安慰自己,以便在下次的求职中获得成功。

(五) 调整就业心态,促进人格完善

在求职过程中,自己或身边的同学出现一些不健康的心态是正常的,没有必要过度担心、害怕自己有心理障碍。当然,对于这些不良心态也要学会主动调适,必要时还可以寻求有关心理专家的帮助。进行自我心理调适的方法有很多,首先,可以进行积极的自我心理暗示,鼓励自己、相信自己,帮助自己渡过难关;其次,可以向朋友、老师倾诉,寻求他们的安慰与支持;最后,还可以通过体育锻炼、听音乐、郊游等方式转移自己的注意力,排解心中的烦闷,放松自己的心情。

通过对自己在就业时出现的种种不良心态的分析,可以发现自己平时不容易察觉的一些人格缺陷。应该说这些人格缺陷就是产生就业心理问题的根本原因,如果现在没有很好地完善自己的人格,那么这些问题还会在今后的工作生活中继续带来困扰。因此,问题暴露得越早越好,同时也不必为自己所存在的人格缺陷而懊恼,因为很少有人是绝对人格健全的,关键是要在发现问题的基础上,积极改变自己、发展自己,使自己的人格更加成熟,进而使自己将来的人生道路更加顺利。

(六) 积极开拓进取,勇于创新创业

大学生是有理想、有抱负、有创新精神、敢作敢为的青年先锋,要有自主创业的打算,这既可以在毕业后马上实行,也可以通过一定的社会积累后再实行。大学生们一定要有开拓自己事业的信心与勇气。当前的一些大学生创业公司虽然遇到了一些困难,但也有不少成功的案例。大学生创业肯定是值得鼓励的,而能否成功的关键是要有准确的观念与思路,要对自己有一个合理的规划与定位,要与有市场经验的人合作,要进行科学化、职业化的管理。

阅读材料 4-2

企业注重的毕业生心理状态

1. 认同公司的企业文化,并能简单规划自己进入职场后的职业生涯;
2. 是才站出来,真才干出来;

3. 德为先、明荣辱、知廉耻、讲正气、树新风；

4. 敬业奉献，企兴我荣，企衰我穷，与企业互为利益共同体和命运共同体；

5. 说老实话，办老实事，做老实人；

6. 滴水之恩，当涌泉相报；

7. 积极践行职业规范，自觉加强个人修养，努力规范自我行为，从小事做起，从生活点滴做起；

8. 不躺平，从职业技能提升方面开始内卷，不断寻求个人进步；

9. 保持平和的心态，学会自我调节；

10. 对生活、事业、工作充满热爱，积极主动、全身心地投入，把工作做到最好，能够感染别人的情绪，带动周围的人；

11. 倡导共同学习、终身学习；

12. 追求心灵的幸福；

13. 重视个人身心健康；

14. 与人为善，心存大爱，坦荡为人；

15. 坦然面对生活中的一切考验和痛苦，看到生活中的真善美。

练习与思考

1. 认识自我的方法有哪些？
2. 大学生常见的不良心理有哪些？
3. 大学生求职心理调适的方法有哪些？
4. 大学生应有的求职心理有哪些？

实践训练

1. 小红在7月大学毕业后，由于没找到理想的工作，便向学校申请了暂缓就业，虽然就业指导部门老师劝其尽快就业，但她决心已定。随后，她为了增长见识，到全国各地旅游了一圈。10月，小红报读了一个英语班，考取了商务英语的资格证书。现在，新的一轮招聘会开始了，她到现场却发现自己并不太受欢迎，招聘单位常常会问她为什么没有及时就业。如果你是小红，在7月毕业后会如何选择，为什么？

2. 晓丽在大学学的是会计专业，临近毕业，招聘会陆续开始，她不仅不兴奋，反而十分恐惧。她经过几次面试失败之后，一直不敢出去找工作，很害怕招聘者挑剔的眼光。你认为晓丽应该怎么做才能改变目前的这种状态？

专题四习题.docx

专题五

求职材料准备

知识目标：

1. 了解求职材料的内容；
2. 了解简历的作用和设计；
3. 了解求职信的用途和撰写。

能力目标：

1. 学会根据求职目标设计相应的个人简历；
2. 学会根据求职目标撰写求职信。

思政目标：

培养自觉完善求职材料的意识，增强自信。

高校毕业生通过与用人单位双向选择来确定就业方向,因此在双向选择过程中,让用人单位尽可能地了解自己、熟悉自己、选择自己,对于实现自身就业的愿望,是非常重要的。求职者必须充分利用各种有效途径和方法正确地宣传和展示自己。大部分用人单位对毕业生的初步了解只能通过求职材料来完成,因此,求职材料是否足够好,是求职者最终能否成功就业的关键一环。高校毕业生一定要高度重视自己的第一份求职材料。谁能未雨绸缪率先掌握求职信和简历的书写要领,并认真地准备好求职材料,谁就可能在今后的求职道路上走得更顺畅,至少被埋没的概率要小一些。求职材料一般包括个人简历、求职信、毕业生就业推荐表和相关的证书及材料等。一套完美的求职材料能为求职择业打开成功之门。

案例 5-1

求职材料的作用

广州某报社准备招收一名新闻专业的毕业生,报社人事处两名同志奉命赴上海高校选人,他们刚到上海,就突然接报社领导电话,通知他们速到南京大学面试某毕业生,他们开始以为是人际关系方面的原因。但当他们到了南京,面试完这名毕业生后,才知道这名学生确实是他们急需的人才,他们当即决定录用这名毕业生。出现这一插曲的原因就是因为报社领导收到了这名毕业生寄去的求职材料。

任务一 设计简历

一、简历的作用

简历,顾名思义,就是对个人学历、经历、特长、爱好及其他有关情况所做的简明扼要的介绍。简历是求职者最常用的一种工具,其真正作用是向用人单位有效推荐自己,给用人单位留下良好的第一印象,从而为自己创造面试的机会,最终达到就业的目的。当今社会求职找工作的方式很多,不管哪种方式、哪一阶段,都需要一份简历。当招聘人员打开招聘邮箱的第一刻,映入他眼帘的就是简历,所以简历的好坏直接影响到求职的成败。在毕业生求职过程中,简历往往能起到帮助求职者获得面试机会的作用。因此,更恰当地说,简历是求职者获取工作机会的"敲门砖"。

由于大学毕业生人数连年增长,市场岗位需求与大学生供应比率渐趋紧张,求职已成了一项激烈的竞争,最开始竞争的就是简历。因为你去任何一个单位应聘,要做的第一件事情就是要投递简历,因此,简历就成了你和单位沟通的第一通道。简历往往是招聘人员了解你的第一个途径,所以一份简历要能适度地引起用人单位对你的兴趣。一份好的简历,可以在众多求职简历中脱颖而出,给招聘人员留下深刻的印象,然后决定给你面试通知。概括地说,简历的作用主要有:①和广告一样,简历能多快好省地把自己"推销"出去;②让求职者获得面试的机会;③让求职者在众多求职者中脱颖而出;④证明求职者是适合这份工作的最佳人选。

阅读材料 5-1

有这么几组数字：在美国，平均一个职位会收到 200 份简历，其中 100 份简历是合格的；在北京，平均一个职位会收到 1000 份简历，其中 200 份是合格的。据统计，规模较大的企业一般每周要接收 500～1000 份电子简历，其中 80%的简历在管理者浏览不到 30 秒后就被删除了。要让别人在半分钟内通过一份简历对你产生兴趣，其难度与跟用人单位直接见面相比要难得多，由此可以看出简历对于求职者的重要性。

二、简历的分类

按照不同的标准，可以将个人简历分成不同的类型。

（一）按载体类型分类

1. 纸质简历

纸质简历就是用纸张把求职者的有关信息抄写或打印出来，部分特殊人群甚至会将简历等求职材料印刷成册。

2. 电子简历

电子简历是利用声音、图片、影像、文字等多媒体技术，把求职者的简历制作成电子形式，可以方便地通过手机、网络、邮箱等形式发送给用人单位。常见的电子简历有 Word、PDF、PPT、视频等形式。

部分网站可以在线制作个人简历，并且提供了一些模板，使用者可以根据不同的需求选择不同的模板。使用者填写相关信息后，网站会自动生成电子版的个人简历。例如，超级简历网站、简历超人网站等都提供了免费制作简历的功能。

（二）按格式类型分类

1. 表格式

表格式个人简历就是把求职者的相关信息通过表格的方式反映出来，其优点是简便、容易填写。

2. 文字式

文字式个人简历就是把求职者的信息进行分类，主要通过文字的方式罗列出来，其优点是能最大限度地展示求职者的个性和优势。

三、简历的标准

简历是应聘者求职的“敲门砖”，它不仅反映个人情况，还考验求职者的文字功底、审美倾向和个人习惯等因素，以及求职者潜在的职业素质。内容充实、优点突出而又富有个性的简历，将会在众多平庸而雷同的简历中脱颖而出，更快地吸引招聘人员的眼球。在我国大学毕业生人数越来越多的今天，谁能未雨绸缪，先掌握简历的要领并认真地准备好个人简历，谁就可能在今后的求职道路上走得更为顺畅。

简历并不是很多人认为的用来填写个人"丰功伟绩"的工具，或者仅仅是把工作经历、学习状况简单进行罗列，而是求职者针对用人单位的需求所做的精心准备的应答。如果你的简历没有引起招聘单位的注意，那么你的这次应聘就是失败的。要注意简历撰写的出发点：尽可能地引起用人单位的注意。实际上，招聘单位希望求职者的简历或求职信能提供足够的信息，使他们能判断是否值得给予其面试机会，对其作更进一步的了解。如果求职者了解到这一点，并能提供出用人单位最关注的相关信息，那么就能引起招聘人员的充分注意。这个目的达到了，你的简历就发挥了"敲门砖"的作用，为你的求职打通了第一关。

如果说简历是走入工作岗位的第一块"敲门砖"，那么HR（人力资源部门员工的简称）就是求职者遇到的第一道门。想要敲开这道门，就得解决三个问题：①引起HR的阅读兴趣；②让HR了解你的基本情况；③说服HR你有实力胜任应聘的岗位。

HR都是非常忙碌的，通常HR们看一份简历的时间平均不超过20秒，这就要求简历的内容不仅要能解决以上三个问题，还得精炼。

一份合格的简历，应符合以下三个标准。

（一）简单明了

简历要言简意赅，切忌啰唆，不要太深入细节，把细节问题留到面试时去展示。许多人的简历要么太过简单，要么复杂得像写传记。简历一般情况下是一页，尽量不超过两页，对于与求职目标有关的情况要重点突出，对于其他无关紧要的信息要一掠而过。

（二）整洁清晰

简历一定要整洁清晰，要让应聘者被用人单位一眼看中。对简历版面的处理不宜太过复杂、花哨。为了突出重点，少量使用字体的变化有时是可以的，可以在无损简历内容表现的情况下增加简历的活泼性，但用得太多太滥也是不好的。有一些特殊符号可以增强文字表现的效果，但是同一篇简历中不宜采用三种以上的特殊符号，那会让人眼花缭乱，使得简历头重脚轻，让人产生审美疲劳。

简历有不同的材料组织样式，要有针对性地选择，方便招聘人员在适当的地方了解到应聘者想让他了解的内容。材料组织样式是排版中最重要的因素，其他的方面只是打印、字体选择等问题。大部分简历会制作成表格，而不是一大堆文字。因为清晰的表格能起到将内容分割开来的视觉效果，恰当地运用表格是使求职者的简历清晰化的良好手段。需要注意的是，过多过细的表格会起到相反的效果，会引起阅读的疲劳感，比如那种复杂的财务报表，没有十二分的精神，一般人肯定不想去看。

（三）真实准确

简历最重要、最基本的要求是真实，因为，用人单位对于求职应聘者的最基本要求就是诚实。诚实地记录和描述自己大学期间的经历和所取得的成绩，能够使招聘方产生信任感。因此，简历无论是在用词上、术语上还是撰写上都要准确，能反映出应聘者真实、准确的形象。在简历中，绝对不能虚构业绩和经历。

四、简历的主要内容

一般来讲，个人简历的内容应包括以下几个基本要素。

（一）个人基本情况

个人基本情况包括姓名、性别、年龄、籍贯、民族、毕业学校、最高学历、政治面貌、联系方式等。

个人基本情况的具体内容要视用人单位的需求而定，一般来说，有姓名、性别、年龄、毕业学校、最高学历、联系方式等基本信息即可，一项内容用一两个关键词，简明扼要，让用人单位对你的身份及学历信息有个基本了解，并方便联系。对于用人单位有特别需求的，如要求本地就业的，则需增加相应的内容。

（二）求职意向

求职意向也就是你愿意从事的职业，一定要简短清晰。在这里需要说明的是，每份简历都要根据你所申请的职位来设计，突出你在这方面的优点，不能把自己说成是一个全才，任何职位都适合。大学生不应只准备一份简历，要根据工作性质，有侧重地表现自己。求职意向应放在简历前端的显眼位置，让用人单位一眼就看到你的目标职位。

（三）教育背景

教育背景应按时间倒序排列，描述最近两个学习阶段的学校、学历、专业、主要课程和成绩，以及所参加的各种专业知识和技能培训。应依次将自己的学习经历写在最上面，且要注意前后年月相接。大学阶段的主要课程和成绩要与你所谋求的职位有关，不必面面俱到，如果用人单位对你的大学成绩感兴趣，可以给他提供全面的成绩单，而用不着在求职简历中过多地描述这些内容，要突出重点、有针对性，让用人单位感到你的学历、知识结构与其招聘条件相符。

（四）外语和计算机应用水平

如果用人单位对外语和计算机应用水平有要求，就应该在简历中单列，并提供相应信息如考试等级等。用人单位对外语和计算机应用水平没有特别要求的，则视自己情况而定，如果能力突出，可以将其重点推介；如果能力一般，则可忽略不写。

（五）个人实践经历

个人实践经历是简历中很重要的一部分内容。由于用人单位普遍看重个人能力与工作经验，因此在这方面一定要用心研究、填写，主要要突出大学阶段所担任的社会工作、职务及取得的成就，从事的各种兼职工作、实习和社会实践的内容与成果，如果你兼职或实习过的单位是比较大或比较优秀的企业，一定要在简历中注明，因为在大企业里工作能学到很多东西，得到许多锻炼，这也是用人单位很看重的。

应届大学毕业生都缺乏工作经验，用人单位在招聘时更多地会从毕业生的实践经历中寻找亮点，以此判断毕业生的工作能力。大学生在校期间应积极参加实践活动，多积累实践经验，为撰写简历准备丰富的素材。有的同学实践经历很多，撰写简历时以为多多益善，把它们全部罗列在案，导致篇幅冗长，没有特色，让人不知道从何读起，这是不可取的。大学毕业生应该认真阅读用人单位的招聘简章，了解所应聘的岗位有哪些能力需求，选取与之相关的实践经历，并在简历中准确描述，突出实践经历对相关能力的提升作用。对于这部分的实践经历，内容要详细，数字要精炼，要做到针对性强、重点突出。有的同学沉浸于学习，学习成绩很好，但实践经历较少，撰写简历时不知该如何动笔，这时候应该认真回顾大学期间所经历的事项，包括学习项目、校园活动、校外实践等，对照所应聘岗位的能力需求，描述这些事项对能力提升所起到的作用。

阅读材料 5-2

华为云招聘岗位要求

(1) 接受全球派遣。

(2) 专业要求：计算机、软件工程、人工智能、通信、电子、信息安全、数学、自动化等理工科专业优先。

(3) 综合能力：

① 具备优秀的学习能力，持续关注不同行业的发展趋势，具备敏锐的市场意识；

② 具有杰出的逻辑思维能力和人际沟通技巧。

③ 有创新意识，拥抱变化，韧性强。

(4) 实践经验：担任过学生干部、社团干部等，有校内外大型活动组织经验，作为项目负责人参加校级及以上大赛并有获奖经历优先；有云企业或大型互联网企业的实习经验优先。

(六) 个人成果及获奖情况

个人成果及获奖情况是毕业生大学生涯的亮点，是工作能力与学习态度的重要证明，也是用人单位了解毕业生的最直观的“名片”。毕业生在描述自己的个人成果及获奖情况时，应考虑其与应聘岗位的相关度，关联性越强，招聘人员的关注度越高，成功的机会就会越大；反之，如果关联性很弱，招聘人员就会失去兴趣。获奖情况多的，最好用数字统计，并凸显出其含金量。

(七) 个人特长及性格评价

对个人特长及性格的介绍要恰如其分，尽可能使专长、兴趣、性格与所谋求的职业特点、要求相吻合，必要时可以注明自己勤奋肯干，如有需要愿意服从加班安排，让用人单位能感到你的诚意。个人评价要尽量避免喊口号等浮夸的描述，要以实际事例来佐证你的特长及性格。

事实上,“本人的学习经历”“本人的实践、工作经历”同样能印证个人能力、性格,因此前后一定要相互照应。

阅读材料 5-3

华为孟晚舟的“三零五带七抓”

1.“三零”

(1) 零借口——坚决服从,拒绝借口。

(2) 零拖延——没有下不为例。

(3) 零返工——第一次就把事情做对。

2.“五带”

(1) 凡是工作必带目标。

(2) 凡是目标必带计划。

(3) 凡是计划必带方案。

(4) 凡是方案必带检查。

(5) 凡是检查必带结果。

3.“七抓”

(1) 抓观念——观念决定态度,态度决定行为,行为决定结果。

(2) 抓用人——用人疑、疑人用;理性疑、感性用;公开疑、透明疑。多赏识、少谴责;用其长,容其短;刀子嘴,豆腐心。

(3) 抓沟通——理解万岁来自于沟通万万岁。

(4) 抓激励——压力和鼓励双管齐下;处罚和奖励双管齐下;精神和物质双管齐下;批评和表扬双管齐下。

(5) 抓考核——考核就是表格;考核就是目标;考核就是执行力;考核就是白纸黑字。

(6) 抓培训——培训很贵,但不培训更贵。

(7) 抓执行——有明确的目标;有细致的计划;有合理的流程;有科学的考评;有到位的监督。

五、撰写简历的方法

(一) STAR 法则

STAR 是四个英文单词的首个字母组合,S 代表 Situation、T 代表 Task、A 代表Action、R 代表 Result。STAR 法则是面试官在面试时常用的获取有价值信息的方法,包括毕业生参加了什么实践活动,以及在实践活动中担任的角色、具备的能力和取得的成就等。毕业生在准备简历时也可按此方法让招聘人员获得其想了解的信息。

S 指的是情景,应聘者可在简历中描述他所做的重要且可当作用人单位考评标准的项目的具体背景状况。

T 指的是任务，应聘者可在简历中描述相关的任务及其角色，用人单位可以据此考查应聘者是否担任过其所描述的职位及其是否具备该岗位需要的相应能力。

A 指的是行动，应聘者可在简历中具体描述所担任的角色是如何执行任务的。

R 指的是结果，即该项任务完成后取得的成果。

阅读材料 5-4

用 STAR 法则撰写简历

某学生大二期间担任学校读书社团会长，读书社团被评为学校优秀社团。使用 STAR 法则，其经历可以这样描述。

Situation：

读书社团在当时是成立不到半年的年轻社团，会员 23 人，会长通过无记名投票竞选。凭借担任干事期间所表现的热情及工作能力，我被选为会长。

Task：

扩大读书社团在校园的影响力，吸引更多同学加入读书社团，使读书社团成为学校优秀社团。

Action：

(1) 担任会长期间，领导 5 名干事策划、组织了 8 场系列读书讲座，参与听众累计达到 2000 多人次。

(2) 策划、组织 5 次向贫困山区小学捐赠图书的公益活动。

(3) 与 5 名干事一起轮班管理女生阅览室约 580 本图书，整理图书租借记录。

Result：

(1) 读书社团会员人数达到 300 人，被评为学校优秀社团。

(2) 通过电话以及面谈的方式，成功举办 5 次公益捐书活动，找到 5 家不同的赞助企业，共计赞助 30000 元人民币，同时活动也得到了社会广泛的好评，先后得到了多家媒体的报道。

(3) 管理的女生阅览室约 580 本图书无丢失记录，获得了同学、老师的一致好评。

(二) PAR 法则

PAR 法则是制作简历时的常用法则，主要用于重点说明某一项工作的执行情况。P 代表项目(Project)，A 代表采取的行动(Action)、R 代表工作的结果和业绩(Result)。从这三方面着手，就可以简洁清晰地陈述事件、呈现结果。

PAR 法则的具体要求如下。

P：写出实习工作或项目(Project)的名称、背景、任务和工作。

A：写出你在这段经历中做了什么(Activity)。

R：写出你在这段经历中获得的结果(Results)、成果和收益。

案例 5-2

泰康之家如何筛选简历

（1）招聘渠道：泰康集团招聘门户网站、泰康健投招聘（公众号）、线上线下的校园招聘会、云校招、猎聘、智联、58 同城等。

（2）简历筛选：关键词筛选、技能筛选、期望从事职业筛选、从事职业筛选、期望工作地点筛选、目前工作状态筛选、用户活跃度筛选等。

（3）投递简历筛选：个人信息完整度、专业和岗位画像是否匹配、过往工作/实习经验是否匹配、技能证书（加分项）等。

任务二 撰写求职信

自荐是指毕业生向用人单位推荐自己，主要有电话自荐和投递求职信两种方式，其中求职信尤其重要。求职信又称自荐信或自荐书，是求职者向用人单位介绍自己的情况，以求录用的专用性文书。撰写求职信是为了让用人单位在看过求职者的简历后进一步了解、信任求职者。

求职信是一种私对公并有求于公的信函，属于专用信函，书写时一定要符合书写格式和书信语言的礼仪规范。

求职信是大学生踏入社会、寻找工作的第一块敲门砖，也是求职者与用人单位的第一次"短兵相接"。如何让求职者的才能、潜力在有限的空间里耀出夺人的光彩，在瞬间吸引住用人单位挑剔的眼光，这封求职信极其关键。

一、求职信的主要内容

求职信的内容主要包括以下 4 个部分。

（一）说明原因

求职信的开头需简单说明求职的原因，比如有的是刚毕业需谋职；有的为了学以致用，发挥所长；有的是为家乡效力，等等。如果清楚知道对方招聘的职位，则应说明信息的来源，如"近日通过贵公司官网，敬悉贵公司征聘会计一名……"或"昨日从朋友口中得知贵院急聘护理人员一名，十分欣喜……"等。

（二）推荐自己

推荐自己时，一般要先具体介绍自己的学历、资历、专长等，如"我是宜春职业技术学院医学检验专业的学生，将于今年 7 月毕业"。对于即将毕业的学生，可不写工作经历，而着重写在校期间的表现及所取得的重要成果，目的在突出学习好、能力强。学习好的表现如"在校三年间勤奋学习，连续两年被评为'三好学生'，四次获得校二等奖学金"；能力强的表现如"担任班级生活委员""担任校学生会副主席""任学校文学社记者兼校团委会干事""利用课余时间从事家教工作，有一定的工作经验""利用假期在××公司兼职做文员"等。

有的人没当过任何学生干部职位，也未获过任何荣誉，这种情况下可写除专业课程外的其他各种考试情况，如"在校期间，除圆满完成大专三年的学习课程外，还兼修国家本科自考的某专业，并已通过几门的考试……""在校期间，已取得国家计算机×级证书、省珠协的珠算等级测试能手×级的合格证书……"等，这些都可以证明应聘者的能力水平。

如果是应聘某一职位，则要针对该职位的特点和要求，有主次地介绍自己如何有能力胜任。介绍专长时，选择主要的一两项简单说明即可。书法、绘画、写作、演讲、篮球、足球、羽毛球等方面的成绩和奖项均可作为专长，但要点到为止。

此外，要注意考虑自己有没有比别人更有利的条件，以便增加录用的机会。如有当地的户口，有住房，懂一两门外语或懂当地的方言等，有时这些小细节反而能成为胜出的资本。

无论如何，推荐自己时要适当，且不卑不亢。过于谦卑，自贬身价，会给对方以无能的不良感觉；过于高傲，狂妄自大，会给对方以轻佻浮夸的恶劣印象。求职信中的这些内容是用人单位是否录用的重要依据之一，应详细、具体、真实。

（三）表明态度

表明态度是简单阐述你对用人单位的认识，以拉近与用人单位的距离，争取亲和感，同时表达你对进入用人单位或对某一职位需求的迫切程度。

对用人单位的认识，可写它的发展前景或厂史、企业文化等，意在说明你对它的重视，强调这个用人单位是最适合你发挥才干之所。例如："贵公司能在短短的八年间从众多企业中脱颖而出，绝非偶然，而是靠领导高卓的远见及员工强大的凝聚力，才使××产品名扬海内外，在市场经济浪潮中独树一帜。贵公司是青年人锻炼、发挥才能的好场所，我愿在毕业后到贵公司效力，不知贵公司尚有职缺否？""我自信能胜任贵公司征聘的职务，故自荐应聘。"

（四）详备资料

求职信的末尾要附上自己的所有证明资料，包括个人简历、毕业证书及有关证件的复印件并注明份数，附上自己的联系地址、电话等，以便用人单位能及时通知到你。

二、撰写求职信的技巧

撰写求职信的目的是推荐自己，引起对方注意，争取面试机会。因此，在撰写求职信时应掌握一定的技巧。

（一）实事求是，切忌过分吹嘘

从求职信中看到的不只是一个人的经历，还有品格。大学生撰写求职信时，应实事求是，把自己的学历、资历、专长等如实介绍给对方，不弄虚作假，不夸大其词，不写不着边际的大话和煽情的虚话。

（二）投其所好，力求引人入胜

大学生应尽可能根据用人单位的要求介绍自己，在已知职位的情况下，针对用人单位的需求，有选择地突出自己的专长。求职信不是把简历的内容重复一遍，而要重点突出你的背景材料中与未来雇主最有关系的内容。招聘人员对与其企业有关的信息是最敏感的，所以你要把你与企业和职位之间最重要的信息表达清楚。记住，读信的前几秒往往就能决定你的读者是否有兴趣继续读下去。

（三）言简意赅，切忌面面俱到

求职信不仅能反映你的写作水平，也能给对方留下精明练达的好印象，应当直截了当、言简意赅、突出重点、以情动人，切忌面面俱到、冗长累赘，因为阅读求职信的人不是文学爱好者，也不是阅读专家。求职信的功用只是为你争取一个参加面试的机会，不要认为仅凭一封求职信就可以找到一份满意的工作，这种错误的心态会使你写的求职信很啰唆。招聘人员的工作量大，时间宝贵，求职信过长会使信的效度大大降低。当然，各人的才能不同，求职信的长短也要因人而异：善于文字表达者可适当长些；不善于者则要藏拙，尽量短些。

（四）特色鲜明，切忌千人一面

针对性和个性化会让你的求职信从数百封信件中脱颖而出。不少人事经理反映，现在求职信中最常见的问题是“千人一面”。面对互联网上成千上万的职位，有的求职者采用“天女散花”的方式发求职信，这种做法的命中率很低。原因很简单，这种千篇一律、没有任何针对性的求职信，招聘人员看得太多了。此时，针对性就成为求职信奏效与否的“生命线”。另外，个性化也很重要。有的求职信没有任何豪言壮语，也没有使用任何华丽的词汇，却使人读来觉得亲切、自然、实实在在。

（五）格式规整，切忌文法错误

求职信不仅能体现求职者的思路和表达能力，还能反映求职者的性格特征和职业化程度。因此，撰写求职信时一定要注意格式和规范，设计要美观，格式要规整，字体、字号要统一，签名最好手写，以示尊重；要注意措辞和语言，写完之后要通读几篇，精雕细琢，切忌有错字、别字、病句及文理欠通顺的情况。否则，就可能使求职信“黯然无光”，或是带来更为负面的影响。

阅读材料 5-5

求职信范例

尊敬的领导：

您好！

我将于 202×年 6 月从宜春职业技术学院毕业，所学专业为机电一体化技术，已通过全国大学英语六级考试。

之前一直未找到合适的能让我有激情加入的公司，直到看到江西国轩新能源科技有限公司的招聘信息。虽然已过招聘的截止日期，但我怀有加入贵公司的一腔热情，故仍冒昧打扰。下面简述自荐加入江西国轩新能源科技有限公司的原因。

(1) 贵公司是国轩高科股份有限公司的全资子公司，坐落于江西省宜春市经济开发区春顺路，系国轩高科十大生产基地之一，主要从事矿山资源开发、碳酸锂提取、锂电池制造与封装、储能系统开发等，打造动力电池的全产业链布局。贵公司在发展壮大的过程中，也需要优秀应届毕业生的加盟。我在大学生活学习中培养了自己分析、解决问题的能力，在动手实验实习中感觉自己有强烈的创新意识和积极进取的心态。在大三期间任班级组织委员兼宣传委员时，组织的主题团日活动获校优秀团日设计奖，制作的班级网页获院班级网页竞赛二等奖，锻炼了自己的组织能力。

(2) 我校机电一体化技术专业主要培养具有机械、电子一体化技术基本理论，掌握机电一体化设备的操作、维护、调试和维修，掌握应用机电一体化设备加工的工艺设计、加工工艺的基本方法和基本技能的中级工程技术人才，而我专业课所学的课程以及大三下学期结束后又到×××公司进行生产实习的经历，更加深了我对相关知识的理解。

(3) 贵公司的未来发展以及部分进口设备需要听、说、读、写能力的员工，我在大学期间从未间断英语学习，四、六级考试均一次通过。另外，通过专升本的学习，我的英语基础基础能力得到了进一步提升。

(4) 我的计算机软件应用水平较高，能进行计算机硬件的日常维护。大二上学期，我用奖学金购买了计算机，自学了图像处理、多媒体编辑、网页制作等技能，对 Office、Auto CAD 等软件更是运用自如。我相信贵公司能给我提供一个利用自己的技能、展示自我并得到别人认可的机会，而我也能在经过短暂的适应期后会为公司作贡献。

感谢您在百忙之中抽空阅览，如有机会与您面谈，我将十分感激。

真心希望有机会加盟贵公司！

此致

敬礼！

求职人：×××

202×年××月××日

任务三 准备其他求职材料

一、毕业生就业推荐表

毕业生就业推荐表是学校向用人单位推荐毕业生的书面文件，是为了帮助毕业生就业而制作的。一般情况下，就业推荐表由各学校统一规定模式、统一印制，结构固定、格式统一，主要反映学生的个人信息、学习成绩、实践经历、奖惩情况、学校评语及推荐意见等。

就业推荐表一般在毕业前由毕业生根据自己的实际情况填写，经审核后加盖学校就业部门的公章。就业推荐表是许多用人单位非常重视的文件，因为它有学校的背书，是官方认证，具有权威性、客观性、公正性，用人单位比较信任。毕业生在离校之前领取到就业推荐表后，一定要妥善保管。

毕业生就业推荐表一般包括以下几方面内容：本人和家庭基本情况、在校表现（成绩和奖惩）、自我鉴定、组织意见等。当前情况下，用人单位更多的是看毕业生的简历，不是每个用人单位都需要就业推荐表。

二、通用型证书

现代社会发展日新月异，旧的职业不断被淘汰，新的职业不断涌现，而许多旧的职业为了适应新时代的变化，不得不跨专业类别，融入新的职业能力，最后演变成一种新的职业。许多大学生在步入社会后发现就业环境已经发生变化，原来需求旺盛的专业现在市场逐渐饱和，毕业生被迫不得不跨专业就业。因此，现代社会非常需要综合素质高的复合型人才，大学生在学校要努力学习，储备多种能力，毕业时抓住各种机会，实现高质量就业。

大学生的综合素质可以通过所考取的通用型证书来体现，一般来说，通用型证书是指大学生必考的、用人单位比较看重的证书，是大学生就业必过的“门槛”。比较重要的通用型证书有以下两类。

1. 英语等级证书

英语等级证书包括医护英语等级证书，大学英语三级、四级、六级证书等，该类证书是用人单位衡量应聘的毕业生英语水平的一个重要标准。

2. 全国计算机等级证书

全国计算机等级证书是用人单位衡量毕业生计算机使用水平的重要证明文件。

三、职业资格证书

职业资格证书是表明劳动者具有从事某一职业所必备的学识和技能的证明。它是劳动者求职、任职、开业的资格凭证，是用人单位招聘、录用劳动者的主要依据，也是境外就业、对外劳务合作人员办理技能水平公证的有效证件。职业资格证书有的需要一定学历、从业经历才能报考，如护士资格证、注册会计师资格证、执业医师资格证书等，有的则不需要。毕业生在考取职业资格证书后，一定要妥善保管，最好是扫描后存入云端。

四、获奖证书

获奖证书包括毕业生在校期间所获得的各种奖励证书，如三好学生、优秀学生干部、优秀团干、优秀团员、各种奖学金以及各种竞赛所获得的证书。

五、其他证书及材料

其他证书及材料包括社会工作需要的驾驶证及在校期间发表的各种作品、论文等。

练习与思考

1. 一份优秀的简历应符合哪些标准?
2. 一份完整的简历应包括哪些内容?
3. 简述STAR法则的具体内容。

实践训练

1. 根据自己的专业及实际情况制作一份简历,撰写一封求职信。
2. 为自己准备一套完整的求职材料。

专题五习题.docx

专题六

求职技巧提升

知识目标：

1. 了解自荐的方式以及应掌握的技巧；
2. 了解笔试的内容及技巧；
3. 了解面试应掌握的技巧。

能力目标：

1. 能够熟练撰写自荐书及回答面试问题；
2. 如何做好笔试前的准备；
3. 通过实践训练不断提高面试中的礼仪应用技巧。

思政目标：

坚持理论与实际相结合，做到“因事而化、因时而进、因势而新”。

案例 6-1

粗心导致面试失败

王伟是某高校市场营销专业的一名应届毕业生,他去应聘一家合资公司的销售经理职位,经过两轮面试后,顺利进入了最后的面试。为此,王伟进行了精心准备,还特意买了一套西服。面试时,王伟的应答让考官比较满意。这时考官要看他的实习鉴定资料,由于资料没有整理,一时没有找到,王伟心里一慌,资料撒了一地;好不容易找到后,王伟慌乱中又将考官的茶杯碰倒了,心中一急,一句脏话就出来了。这时,主考官面露愠色。

总算挨到面试结束,王伟长嘘了一口气,可马上又慌了,原来离开时过于匆忙,竟将毕业证遗落在考场。王伟只好厚着脸皮敲门拿回了自己的毕业证。这时,众考官再也受不了了,大笔一挥,将王伟的名字从录用名单中画掉了。

案例分析

从这个案例我们可以看到,也许王伟的表达能力、逻辑思维能力、亲和力都不错,不然不会顺利通过几轮面试。但是,因为他的粗心大意导致张皇失措,甚至爆粗口,这些都能看出他的素养及工作态度。在面试有限的时间里把握每一个细微的言行,展现出最好的一面,才能赢得面试成功的机会。

任务一 笔　试

所谓笔试,就是用人单位为考查求职者是否具备招聘岗位所需知识和技能,而采用书面形式对求职者所掌握的专业理论知识、技术技能以及文化素养等综合素质进行的有据可查的测试。随着招聘企业对求职者的要求越来越高,笔试已经成为用人单位招聘员工的重要辅助手段。

一、笔试的种类及内容

(一) 专业能力测试

专业能力测试主要是考核求职者担任某一岗位所需要的专业知识,以及胜任该岗位所需要的各种专业能力,包括求职者的实际工作能力和岗位的专业操作能力,如会计专业的账目处理。

(二) 智商和心理测试

智商测试主要被一些著名跨国公司采用,该类公司对毕业生所学专业一般没有特殊要求，但对毕业生的素质要求较高。这些公司认为，专业能力可以通过公司的培训获得，因此，有没有专业训练背景无关紧要，但毕业生是否具有不断接收新技术、新知识的能力是至关重要的。

心理测试是让被试者完成事先编制好的标准化量表或问卷，根据完成的数量和质量来判定其心理水平或个性差异的方法。一些特殊的用人单位常常以此来测试求职者的态度、兴趣、动机、智力、个性等心理素质。

（三）命题写作

这种考试的目的在于考查求职者的文字表达能力、分析能力和逻辑思维能力。例如，要求求职者限时写出一份会议通知、某项工作请示或情况总结，也可以提出一个论点，请求职者予以论证或批驳等。

（四）国家公务员考试

国家机关录用公务员，一律要先经过笔试，具体科目包括行政职业能力测验和申论。

二、笔试前的准备

求职者在接到笔试通知时要做好充分准备。笔试前的准备工作主要包括知识准备和身心准备。

（一）知识准备

不同类型的笔试有不同的考试内容，毕业生在考前应详细了解，针对不同的情况做相应的准备。进行笔试的知识准备时应注意以下几个方面。

1. 学以致用，理论联系实际

现在的求职考试很多是考查学生运用所学知识解决实际问题的能力。因此，应试者平时应注意培养运用所学的知识分析、解决问题的能力和实际的动手能力。

2. 提纲挈领，系统掌握

笔试前要将与招聘职位相关的各方面知识进行认真梳理，以便全面掌握；要注意提纲挈领，掌握重点，提高效率。

3. 多读多练，提高阅读能力

复习时要广泛阅读相关知识，扩大知识面，提高阅读能力，以备求职时能轻松自如地回答各类问题。

4. 敏锐思考，提高快速答题能力

笔试不仅考查知识的储备，更要求答题的速度。招聘考试中的题量较大，求职者还应该注意培养自己快速阅读、快速思考、快速答题的能力。

（二）身心准备

求职笔试虽然不同于高考，但也是用人单位挑选应聘人选的重要参考。参加笔试，需要良好的心理素质。临考前，一要正确评价自己，树立自信心，调整好心态；二要保持充足的睡眠，不能因考前的复习任务重而放弃休息，导致临场考试时精力不足，发挥不出正常水平。笔试前还可以适当参加一些文体活动，从而使高度紧张的大脑得到放松和休息，以充沛的精神去参加考试。

另外，还要准备好笔试需要的一些物品，如身份证、准考证、钢笔等，提前熟悉考场环境，熟记考场注意事项。

三、笔试的技巧

笔试过程中要掌握一些基本方法和技巧。

（一）增强自信

笔试怯场，大多是缺乏自信所致，而自信心不足往往与准备不充分有关。应试者要客观冷静地对自己进行正确评估，积极准备，包括知识技能复习和考试用具检查等。应聘笔试与高考不同，高考是“一锤定音”，而应聘笔试则有多次机会。考试前应适当放松心情，调整好精神状态。

（二）科学答卷

1. 浏览全卷

领到试卷后，先要浏览一遍卷面，大致了解试卷的题量和难易程度，以便预估答题的速度。

2. 先易后难

根据先易后难的原则排出答题的顺序。遇到难题时，不要死抠不放。先完成相对简单的题，后完成难题，这样就不会因在难题浪费太多时间而失去做简单题的机会。

3. 精心审题

笔试时要切实弄清题目要求，逐字逐句弄清题意，然后按要求答题。如遇论述题或作文题，落笔更要慎重，切不可下笔千言、离题万里。

4. 把握主次

要根据题目的分值来分清题目的主次。如果见到自己准备较充分的简答题，就洋洋洒洒写了上千字，而论述题却只随便写几十个字，这样不分主次、轻重，成绩自然会受到影响。

5. 融会贯通

笔试中的论述题和应用题是为了考核求职者运用掌握的知识来分析问题、解决问题的能力，求职者在考试时要积极思考，广泛联想，将已学过的相关内容相互联系起来并进行比较分析，从而找出正确答案。

值得特别注意的是，卷面必须做到字迹端正、卷面整洁，因为招聘单位会从卷面表现联想到求职者的思想、品质和作风。字迹潦草、卷面不整的人，招聘单位仅从卷面上就能感受到答题者对该考试的不重视；而那些字迹端正、答题一丝不苟的人，会被认为态度认真、作风细致，进而被招聘单位青睐。

案例 6-2

试题的秘密

这些毕业生都是经过了多次筛选的佼佼者，现在，他们正面临着最后的考验，一场定时 10 分钟的考试。谁通过了，谁就可以进入这家大型建筑公司工作。

试卷共 30 题，面宽而量广，这完全出乎大家的意料，这么多题，10 分钟时间根本不够。许多人一拿到试卷就慌忙抢做，全然不顾监考人员耐心的忠告："请大家先将试卷浏览一遍再答题。"

10 分钟后，试卷陆续收齐，人事经理亲自批阅，从中挑出 5 份试卷。这 5 份试卷有一个共同特点，即 1～28 题全部未做，仅回答了最后两道题，而其他试卷的答题情况要好很多，做了前面不少题，最多的做了 12 道题。但这家公司最后却录用了这 5 个仅答了最后两道题的年轻人——原来秘密就藏在第 28 题中，它的内容是：前面各题均无须回答，只要求做好最后两题。

案例分析

这个案例表明，用人单位对求职者的考察是无处不在的，参加笔试时一定要注意观察监考人员的言行，还要养成科学答卷的良好习惯。

任务二 面　　试

面试是一种经过组织者精心设计，在特定场景下，以面试官对求职者的面对面交谈与观察为主要手段，由表及里测评求职者的知识、能力、经验等有关素质的一种考试活动。面试是用人单位挑选员工必备的一种方法，它给用人单位和求职者提供了双向交流的机会，能使用人单位和求职者之间相互了解，从而令双方都能更准确地做出聘用与否、受聘与否的决定。

一、面试的类型

（一）根据面试的标准化程度划分

根据面试的标准化程度，面试可以分为结构化面试、半结构化面试和非结构化面试三种。

1. 结构化面试

结构化面试是根据所制定的评价指标，运用特定的问题、评价方法和评价标准，严格遵循特定程序，通过测评人员与应聘者面对面的言语交流，对应聘者进行评价的标准化过程。由于吸收了标准化测验的优点，也融合了传统的经验型面试的优点，结构化面试的测验结果比较准确和可靠。

正规的面试一般都为结构化面试，如公务员录用面试即为结构化面试。所谓结构化，包括三个方面的含义：一是面试过程程序化，在面试的起始阶段、核心阶段、收尾阶段，主考官要做些什么、注意些什么、要达到什么目的，面试前都会相应策划；二是面试试题的结构化，在面试过程中，主考官要考查应试者哪些方面的素质、围绕这些考查角度主要提哪些问题、这些问题在什么时候提出和怎样提，在面试前都会做好准备；三是面试结果评判的结构化，从哪些角度来评判应试者的面试表现、等级如何区分、如何打分等，在面试前都会有相应规定，并在众考官间统一尺度。

2. 半结构化面试

半结构化面试是指只对面试的部分因素有统一要求的面试，如规定有统一的程序和评价标准，但面试题目可以根据不同的求职对象而随意变化。

3. 非结构化面试

非结构化面试是对与面试有关的因素不作任何限定的面试，也就是没有任何规范的随意性面试。

在非结构化的面试条件下，面试的组织非常随意。关于面试过程的把握、面试中要提出的问题、面试的评分角度与面试结果的处理办法等，主考官事前都没有经过精心准备与系统设计。非结构化面试类似于人们日常非正式的交谈。除非面试考官的个人素质极高，否则很难保证非结构化面试的效果。目前，采用非结构化面试的公司越来越少。

阅读材料 6-1

公务员结构化面试测评要素及考查能力

1. 综合分析能力

综合分析是人们认识客观事物时的大脑思维活动，具有综合分析能力的人，在认识事物的过程中，更易透过现象看出本质、深入思考问题。综合分析是公务员所必需的能力，通过这项测评要素能考查考生能否对政府的政策有透彻的理解，能否对社会现象有深刻的分析，能否对工作中遇到的业务或人际上的困难有合理、客观的认识等。

2. 计划组织协调能力

计划组织协调能力是对考生实际工作能力的考查。顾名思义，该测评要素要求考生具备对自己、他人、部门各项活动做出计划，且能够合理高效地安排时间和调配资源，并对在此过程中可能出现的矛盾冲突按照一定标准进行协调的能力。

3. 语言理解与表达能力

语言是信息传递的重要媒介，良好的语言理解与表达能力是人与人之间达成共识、实现合作和深入交流的基础和保障。工作环境中的语言理解与表达能力不同于生活中的日常交流，它要求考生具备能够针对不同听众采取不同的语言方式和风格，将自己的思想明白无误、条理清晰地表达出来，并能让听众接受、产生共鸣的能力。

4. 举止仪表

举止仪表是考生的穿着打扮、言行举止以及身体和精神状态的外在表现。

考生需注意穿着打扮是否端庄得体；言行举止是否符合一般礼节，是否有多余的动作；身体和精神状态是否良好(精神饱满、有朝气、有活力)。

举止仪表主要通过观察考生在面试过程中的行为表现和着装礼仪进行考查。

5. 应变能力

应变能力是考生在具有压力的情况下随机应变、触类旁通，并做出正确决断的能力。

应变能力要求考生做到以下四点：一是思维的敏捷性和情绪的稳定性；二是对突发事件的整体驾驭能力；三是对各项工作能分出轻重缓急，把握重点，按照一定顺序处置的协调能力；四是迅速处理工作中突然出现的疑难、棘手问题的随机处置能力。

6. 人际交往意识与技巧

人际关系的定义在不同的学科有不同的阐述，对公务员来说，人际关系是指人们在各种具体的公务活动中，通过人与人之间的交往建立起来的相互关系的总称。这些关系是有目的的、与工作相关的，包括与他人的沟通以及组织中的服从、合作、协调、指导、监督活动等。

具体来说，要求考生在人际合作时要有主动性；要有清晰的权属关系意识；要增强人际间的适应性；做到善于沟通、有效沟通；把握处理人际关系的灵活性与原则性。

7. 求职动机与拟任职位匹配性

求职动机是指在一定需要的刺激下，直接推动个体进行求职活动以达到求职目的的内部心理活动。当个体的求职目的与拟任岗位所能提供的条件一致时，个体胜任该岗位工作并稳定地从事该工作的可能性就比较大。

对这方面能力的考查包括了解考生的现实性需要、兴趣、成就动机(认知需要、自我提升、自我实现、服务他人的需要、得到锻炼等)与岗位的匹配情况以及对组织文化的认同。

8. 自我情绪控制能力

自我情绪控制能力是指在受到较强刺激或处于不利情景中时，能保持自己情绪的稳定，并约束自己行为反应的能力。对这方面能力的考查主要是根据面试过程中应试者对一定问题的反应来推断应试者日常生活中的表现。

具体考查方法有：在较强刺激情境中，表情和语言是否自然；在受到有意挑衅甚至有意侮辱的场合，能否保持冷静；为长远或更高目标，能否抑制自己当前的欲望。

9. 专业(创新)能力

专业能力是指完成岗位职责所需的技术性能力或具体的知识要求。考生在掌握基本专业知识的同时，更应注意在此基础上进行拓展与创新，从答题内容上展示出思维及素养方面的创新意识。

(二) 根据面试对象的多少划分

根据面试对象的多少，面试可分为单独面试和集体面试。

1. 单独面试

单独面试是指主考官与应试者单独面谈。这是最普遍、最基本的一种面试方式。单独面试的优点是能提供一个面对面的机会，让面试双方较深入地交流。单独面试又有两种类型：一种是只有一个主考官负责整个面试过程，这种面试大多是在较小规模的单位录用较低职位人员时采用；另一种是由多位主考官参加整个面试过程，但每次均只与一位求职者交谈，公务员面试大多采用这种形式。

2. 集体面试

集体面试又称小组面试，是指多位应试者同时面对主考官的情况。在集体面试中，通常要求应试者先作小组讨论，相互协作解决某一问题，或者让应试者轮流担任话事人主持会议、发表演说等。这种面试方法主要用于考察求职者的人际沟通能力、洞察与把握环境的能力、领导能力等。

无领导小组讨论是最常见的一种集体面试方法。在不指定召集人、主考官也不直接参与的情况下，应试者自由讨论主考官给定的讨论题目，讨论题目一般取自于拟任工作岗位的专业问题，或是现实生活中的热点问题，具有很强的岗位特殊性、情景逼真性和典型性。讨论中，众考官坐在离应试者有一定距离的地方，不参加提问或讨论，通过观察、倾听为应试者进行评分。

(三) 根据面试目的的不同划分

根据面试目的的不同，面试可分为压力性面试和非压力性面试。

1. 压力性面试

压力性面试是将求职者置于一种人为的紧张气氛中，让求职者接受诸如挑衅性的、非议性的、刁难性的刺激，以考查其应变能力、压力承受能力、情绪稳定性等。典型的压力性面试是主考官以穷究不舍的方式连续就某事向应试者发问，且问题刁钻棘手，甚至逼得应试者穷于应付。考官以此种“压力发问”的方式逼迫应试者充分表现出对待难题的机智灵活性、应变能力、思考判断能力、气质性格和修养等。

面对压力性面试，应试者要做到以下几点，沉着应对。

(1) 保持镇定。应试者不要被突如其来的质问给吓住。只要自己认真面对每个问题，且推理符合逻辑，回答能自圆其说，就应该对自己的判断和回答有信心，要保持微笑和镇定。

(2) 耐心解释。应试者可以把主考官看作一位难缠的客户，在坚持自己见解的同时，对他的无理挑剔给予心平气和的解释，要显得有耐心和涵养，尽力表现出一个职业经理人应有的沉着和冷静，而不是激动、失态地据理力争。

(3) 提出反问。除了解释，应试者也可以提出反问，例如“您觉得我的简历有什么需要改进的地方”或“请问优秀的面试表现应该是怎样的”等。

总之，心态平和、耐心细致、沉稳老练、信心十足、临危不乱是应试者在压力性面试时需要表现出的性格特征。

2. 非压力性面试

非压力性面试是在没有压力的情景下考查应试者有关方面的素质。

案例 6-3

压力性面试常见问题

“你能谈谈自己一些失败的职业经历吗?”

“在这些经历中，你吸取了怎样的教训?”

“从经历看，你的性格比较抑郁悲观，不适合我们的工作，对此你怎么看?”

“你的着装颜色是深色系的，给人不太积极、不太阳光的感觉，你的话语中也透露着不自信，你觉得自己能改变吗?”

“你给自己本次面试打多少分?”

案例分析

这类面试的目的往往在刁钻问题的背后，尝试考查应考者的能力与适应性，尤其是独立工作的能力与团队精神、对领导的服从性、处理困难问题的能力、处理紧急事件的态度、忍耐能力、职业作风等。对此，应考者的应对方法最好是坚持到底，认真回答每一个问题，并且保持足够的耐心和信心。

案例 6-4

面试不满意

一家知名咨询公司招聘咨询顾问，经过几轮对答后，主考官突然说:“你今天的面试我很不满意,你知道你有哪些回答是不符合我们用人需求的吗?"

原本信心十足的应试者,听到完全否定的回答,一下子就懵了。应试者尽力回忆自己面试时的回答,没发现什么纰漏,犹豫了半天也不知该如何回答。

案例分析

先否定你的成绩和观点,然后看应试者在被否定的情况下表现出的处理能力,这是一种较为典型的压力性面试。遇到这类问题,识破陷阱是关键。

(四)根据面试的进程划分

根据面试的进程,面试可分为一次性面试和分阶段面试。

1. 一次性面试

所谓一次性面试,是指用人单位对应试者只进行一次面试来考核全部的考核项目。在一次性面试中,主考官的阵容一般都比较"强大",通常由用人单位人事部门负责人、业务部门负责人及人事测评专家组成。在一次面试情况下,求职者是否能面试过关,乃至于是否被最终录用,就取决于这一次面试的表现。面对这类面试,求职者必须集中所长,认真准备,全力以赴。

2. 分阶段面试

分阶段面试又可分为两种类型:一种叫依序面试;另一种叫逐步面试。

依序面试一般分为初试、复试与综合评定三步。初试的目的在于从众多应试者中筛选出较好的人选,一般由用人单位的人事部门主持,主要考查应试者的仪表风度、工作态度、上进心、进取精神等,将明显不合格者予以淘汰。初试合格者进入复试,复试一般由用人部门主管主持,以考查应试者的专业知识和业务技能为主,衡量应试者是否适合拟任工作岗位。复试结束后再由人事部门会同用人部门综合评定每位应试者的成绩,确定最终合格人选。

逐步面试一般是由用人单位的主管领导、直接下属及一般工作人员组成面试小组,按照小组成员的层次,由低到高依次对应试者进行面试。面试的内容依层次各有侧重,低层一般以考察专业及业务知识为主,中层以考察能力为主,高层则实施全面考察与最终把关,实行逐层淘汰筛选,越来越严。应试者要对各层面试的要求做到心中有数,力争给每个层次的主考官均留下好印象。在面对低层次面试时,不可轻视大意,不可骄傲马虎;在面对高层次面试时,也不必胆怯拘谨。

(五)根据面试内容设计的重点不同划分

根据面试内容设计的重点不同,面试可分为常规面试、情景面试和综合性面试三类。

1. 常规面试

所谓常规面试,就是我们日常见到的、主考官和应试者以面对面问答形式为主的面试。在这种面试条件下,主考官处于积极主动的位置,应试者一般是被动应答的姿态。主考官提出问题,应试者根据主考官的提问作出回答,展示自己的知识、能力和经验。主考官根据应试者对问题的回答以及应试者的仪表仪态、身体语言、在面试过程中的情绪反应等对应试者的综合素质状况做出评价。

2. 情景面试

情景面试突破了常规面试考官和应试者一问一答的模式，引入了无领导小组讨论、公文处理、角色扮演、演讲、答辩、案例分析等情景模拟方法。情景面试是面试形式发展的新趋势。在这种面试形式下，面试的具体方法灵活多样，面试的模拟性、逼真性强，应试者的才华能得到更充分、更全面的展现，面试官对应试者的素质也能作出更全面、更深入、更准确的评价。

案例 6-5

意想不到的电话

几天前，陈心怡向一家酒店投了简历，应聘职位是酒店前台。对方问了几个简单问题后，微笑着对陈心怡说："你的条件非常适合这项工作，我们会尽快通知你参加复试。"

回到学校，陈心怡正在吃饭时，突然手机响了。"喂，谁啊？"陈心怡放下筷子，开口问道。"您好，请问是宋紫珊吗？"电话另一端传来一阵温柔的声音。"你打错了！"陈心怡没好气地回答。"那您是谁呢？"陈心怡心想，这人真是太讨厌了，打错了还纠缠不休，于是生气地说："我姓陈，你这人是不是有毛病啊，明知打错了还问！""噢，是陈心怡吗？对不起，我打错了。"对方留下这一句就结束了通话，陈心怡觉得有点奇怪：对方不是知道自己的名字嘛，怎么一开始会搞错呢？

三天后，那家酒店还没通知陈心怡去参加复试，于是陈心怡打电话过去询问。对方说："我们已经通过电话面试过你了，你已经被淘汰了。作为酒店前台，不仅要善于沟通，还要善于倾听，要有耐心、有礼貌，这样才能和客户进一步交流，更好地为客户服务。"这时，陈心怡才如梦初醒，难怪对方知道她的名字呢！

案例分析

陈心怡同学"电话面试"的失败教训告诉我们，招聘面试的形式是多种多样的，毕业生对此要有所认知和准备。另外，无论哪种形式的面试，都是对学生已具备的综合素质或专业技能的检测，只有注重平时的积累和培养，才能从容应对各种考验。

3. 综合性面试

综合性面试兼具常规面试和情景面试的特点，而且是结构化的，面试内容主要集中在与工作职位相关的知识技能和素质上。

二、面试的内容

招聘者希望通过面试考察的基本内容主要包括以下几项。

(一) 仪表风度

仪表风度是指求职者的体型、外貌、气质、衣着举止、精神状态等。研究表明，仪表端庄、衣着整洁、举止文明的人，一般做事有规律、自我约束能力强、责任心强，求职者在面试中要做到着装得体，举止文雅、大方，表情丰富，回答问题认真、诚实。

（二）求职动机

求职动机主要是指求职者为何来应聘，对哪类工作最感兴趣以及在工作中追求什么。求职者应准确判断招聘单位所能提供的职位或工作条件等能否满足其工作要求和期望。

（三）工作态度

工作态度既包括求职者过去对待学习、工作的态度，也包括其对待应征职位的态度。在过去学习或工作中态度不认真，对做什么、做好做坏都无所谓的人，在新的工作岗位上也很难做到勤勤恳恳、认真负责。

案例 6-6

离职后要退出工作群吗

随着社交聊天工具的普及，很多公司都有专门的工作群，不管是公司重大事件的公布，还是领导交代的任务，又或是工作的交接，甚至同事之间的吐槽，基本上都是在工作群里进行。对已经离职的同事而言，退出工作群，离开这个团队是理所应当的。可是现实中，很多人离职后仍旧留在群里，给自己和他人均带来不便。

“95 后”小姑娘方昕瑶从原公司辞职后，去某公司参加面试，面试官先是对其个人情况作了全面了解，随后和她聊起了职场上的话题。面试官突然问道：“我考查你一个问题，你认为，离职后，要退出工作群吗?”

方昕瑶听到这个问题，认真地回答道：“我认为，这不是要不要退出的问题。既然离开了原公司，就必须退出工作群。问题应该是，到底应该如何优雅地退出？首先看职位，如果职位比较高，我不会着急主动退群；其次看岗位，如果是核心工作岗位，我会等全部工作交接完再退群；再次还要看离职原因，正常离职可主动退群，被无故辞退则不主动退群；最后，知会领导自己退群的打算，然后在群中给大家打个招呼道个别，顺便发个小红包，好聚好散就可以。”面试官笑了笑，随后宣布录用了她。

案例分析

辞职后，要不要退出工作群？这个答案是显而易见的。幸运的是，方昕瑶将“要不要退出”更正为“如何退出”，并分析原因，可谓机智。而她的分析，也全面地评价了这个问题存在的三种可能，思路敏捷而理智，自然会得到面试官的认可。

(四) 专业知识

专业知识主要是指求职者掌握专业知识的深度和广度，以及这些专业知识是否符合应征职位的要求。作为对专业知识笔试的补充，面试对专业知识的考查更具灵活性和深度，所提问题也更接近应征职位对专业知识的需求。

(五) 实践经验

招聘者一般会在查阅求职者简历或求职登记表之后提出相关问题，考查求职者的有关背景及过去工作的情况，以补充、证实其所具有的实践经验。通过对其工作经历与实践经验的了解，还可以考查求职者的责任感、主动性、思维力、应变能力、口头表达能力及综合分析能力等。

案例 6-7

快速反应助她赢得工作

一家合资企业到某高校招聘3名销售化妆品的业务员。该化妆品在市场上很受欢迎，而且公司还规定：业务员除了有较高的底薪外，还有一定比例的销售奖。有许多学生都想来试试运气，其中有个长得不算太漂亮、脸上还有些雀斑的女生也报了名。经初步面试，该女生和另外4名同学一起入选。

为慎重起见，主考官们又进行了复试。复试采用的是场景模拟演示法，即让学生充当业务员，主考官当客户，当“业务员”按常规向“客户”介绍了产品后，有个“客户”突然刁难道：“你说这个化妆品很好，还有祛斑养颜的作用，那你脸上为什么还有这么多雀斑?”“业务员”听了一愣，但马上笑了笑：“小姐，您不知道，我以前脸上的雀斑比现在还要多，就是用了本产品之后，雀斑才变少的。”“客户”满意地笑了，高兴地对“业务员”说：“不错，你很有勇气，很会说话，非常适合干这一行。”最终，她被录用了。

案例分析

面试对求职者的考查是多方面的，因此，毕业生在平时的学习生活中要注意锻炼各方面的能力。

(六) 品德

品德主要是指求职者的责任感是否强烈、能否令人信任地完成工作、考虑问题是否偏激、情绪是否稳定、能否适应要求较高深的业务等。求职者回答时应该突出自己坚定的信心、坚强的意志、强烈的责任感，表明自己事业上的奋斗目标及愿意为之努力的决心。

(七) 其他问题

面试时，主考官还会向求职者介绍本单位及拟聘职位的情况与要求，讨论有关工薪、福利等求职者关心的问题，以及回答求职者可能问到的一些其他问题。

案例 6-8

同事欠钱如何要回

许岩是一名“95 后”，在经历过毕业后的一段迷茫期后，重新制定了自己的职业生涯规划。对现在的他来说，挣多少钱并不是最重要的，最重要的是能够让自己得到锻炼，正如以前的学长曾教导他说：没有什么工作是稳定的，很少有工作可以一直干下去，只有一个铁饭碗是最稳的，那就是个人能力！于是，他抱着这样的想法，找到了一家自认为最适合自己的工作，在接到了面试通知之后，就开始收拾，准备出发。

到了面试地点，主考官先让他做了一番自我介绍，询问了他一些常规的东西。聊了半小时左右，主考官突然抛出了一个问题：如果你同事欠你 200 元，你要如何开口要回来？当主考官提出这个问题之后，许岩思考了一会儿，思路清晰的回答道：“第一，既然我愿意借钱给同事，那就说明我信任这个同事，换句话说，我借钱只借给两种人，一是肯定会还的，二是不还也没事的。第二，我一般不会和同事之间发生经济往来，这对于我的工作方面没有帮助，但我会想办法和同事处好关系，请吃饭是可以的，但借钱，请参考第一条。”

听完许岩的回答，主考官面露微笑道：“小伙子很有想法。希望你能够在工作中做到你说的那样，用正确的方式和同事处好关系。恭喜你，你被录取了，具体的工作时间我会以邮件的形式发到您的邮箱，预祝您工作愉快。”

案例分析

面试看起来是主考官在考查求职者，求职者处于被动的地位。但事实上，面试的结果却是取决于谁处于主动的地位。如果求职者被主考官“牵着鼻子走”，主考官问什么就答什么，那么面试中的求职者自然是不能在面试中打动主考官的。

三、面试前的准备

“凡事预则立，不预则废”，充分准备是面试成功的关键。面试的目的是让主考官深入了解求职者，以决定求职者是否是合适人选，因此，如果求职者表现出对自己的能力、个性及就业倾向了解不足，便会大大影响主考官对求职者的评价。求职者必须充分认识自己，对自己作出正确的评价，以便能顺利回答主考官提出的相关问题。为了求职成功，面试前必须做好充分的准备。面试前的准备工作包括以下几个方面。

（一）能力准备

“工欲善其事，必先利其器”，对于大学毕业生而言，这个“器”就是指个人能力、专业特长等。认真分析一下布满校园的招聘广告，不难发现用人单位所缺乏的专业人才主要有哪些类型。毕业生要抓紧最后冲刺的机会，了解自己要找的工作所需要的基本知识和技能，及时补充自己的不足。

(二)资料准备

1. 认真调研单位情况

毕业生要切实了解拟应聘单位的信息,从各个渠道收集信息。了解信息的途径有上网查询、查看单位的宣传资料及有关媒体的报道、向单位雇员询问等。需要了解的信息包括单位的文化、历史、背景、产品及服务范围、行业特征及主要竞争对手、组织结构、提供的培训及提升机会、福利情况、应聘的职位及相关要求等。

2. 想方设法了解岗位要求

毕业生要想方设法找到拟应聘单位的有关资料,认真判断该单位提供的岗位是否适合自己,做到知己知彼。具体而言,毕业生要充分了解应聘岗位的工作职责、工作方式、在组织结构中的位置、发展空间等,还要了解该岗位的工资福利待遇。

3. 争取了解主考官情况

毕业生还要争取对主考官姓甚名谁、在公司的职位和角色等情况有所了解。如果面试当天能熟练地称呼主考官,并恰当地透露你对单位的了解和看法,必然会给主考官留下深刻的印象。

案例 6-9

你可以走了

身为某外资企业市场总监的李先生,对于8年前大学毕业后的第一次面试仍然记忆犹新。

当时,李先生早早做好了充分的面试准备。无论是求职信、个人简历,还是自己的着装,他都请教过很多人,可以说几近完美。而且,他事先做了充分的心理调适,心态上也很放松。

面试的时候,无论是介绍自己的经历还是技术能力,从主考官的表情来看,对他都非常满意。40分钟的面试就要接近尾声了,主考官突然问:"李先生,我看您事先做了很充分的准备,说明您对我们公司和这份工作很重视。那您知道我们公司是哪一年成立的吗?""哪一年成立的?"李先生一下子蒙了。半晌,李先生一脸尴尬地说:"对不起,这一点我还没来得及给予足够的关注……"主考官手一挥:"好了,李先生,你可以走了。"

案例分析

李先生的经历告诉我们,面试前不仅要总结自己各方面的情况,还要了解用人单位的基本情况,"知己知彼"才能"百战不殆",才能更好地迎接面试的挑战。

(三)外在形象和礼仪准备

初次结交时,外在形象会直接影响主考官对求职者的第一印象,是得分的一个重要方面。参加面试前，求职者要认真考虑仪表和服装。干净利落的形象、微笑热诚的面容、自信谦逊的态度是最无声、最有力的面试武器。

（四）常见问题的答案准备

以下问题在面试中经常会遇到，求职者可以提前准备好回答要点。

自我介绍一下？

为什么对这个职位感兴趣？

你的职业目标是什么？

你的优点和缺点是什么？

为什么你觉得自己能胜任这个工作？

以前的同事是如何评价你的？

为什么要辞去上一份工作？

阅读材料 6-2

经典面试问题回答思路

面试过程中，面试官会向应聘者发问，而应聘者的回答将成为面试官是否录用的重要依据。对应聘者而言，了解这些问题背后的用意至关重要。下面对面试中经常出现的一些典型问题进行了整理，并给出了相应的回答思路。读者无须过分关注分析的细节，关键是要从这些分析中“悟”出面试的规律及回答问题的思维方式，达到“活学活用”。

问题一：请你自我介绍一下。

思路：①这是面试的必考题目；②介绍内容要与个人简历相一致；③表述方式上尽量口语化；④要切中要害，不谈无关、无用的内容；⑤条理要清晰，层次要分明；⑥事先最好以文字的形式写好背熟。

问题二：谈谈你的家庭情况。

思路：①家庭情况对于了解应聘者的性格、观念、心态等有一定的作用，这是招聘单位问该问题的主要原因；②简单地罗列家庭人口；③宜强调温馨和睦的家庭氛围；④宜强调父母对自己教育的重视；⑤宜强调各位家庭成员的良好状况；⑥宜强调家庭成员对自己工作的支持；⑦宜强调自己对家庭的责任感。

问题三：你的座右铭是什么？

思路：①座右铭能在一定程度上反映应聘者的性格、观念、心态，这是面试官问这个问题的主要原因；②不宜说那些易引起不好联想的座右铭；③不宜说那些太抽象的座右铭；④不宜说太长的座右铭；⑤座右铭最好能反映出自己的某种优秀品质。

问题四：谈谈你的缺点。

思路：①不宜说自己没缺点；②不宜把那些明显的优点说成缺点；③不宜说出严重影响所应聘工作的缺点；④不宜说出令人不放心、不舒服的缺点；⑤可以说出一些对于所应聘工作“无关紧要”的缺点，甚至是一些表面上看是缺点，从工作的角度看却是优点的缺点。

问题五：谈一谈你的一次失败经历。

思路：①不宜说自己没有失败的经历；②不宜把那些明显的成功说成是失败；③不宜说出严重影响所应聘工作的失败经历；④所谈经历的结果应是失败的；⑤宜说明失败之前自己曾信心百倍、尽心尽力；⑥宜说明仅仅是由于外在客观原因导致失败；⑦要说明失败后自己很快振作起来，以更加饱满的热情面对以后的工作。

问题六：你为什么选择我们公司？

思路：①面试官试图从中了解你求职的动机、愿望及对此项工作的态度；②建议从行业、企业和岗位三个角度回答。

问题七：对这项工作，你有哪些可预见的困难？

思路：①不宜直接说出具体的困难，否则可能令对方怀疑应聘者能力不行；②可以尝试采用迂回战术，说出应聘者对困难所持有的态度，如“工作中出现一些困难是正常的，也是难免的，但只要有坚韧不拔的毅力、良好的合作精神以及事前周密而充分的准备，任何困难都是可以克服的”。

问题八：如果公司录用你，你将怎样开展工作？

思路：①如果应聘者对于应聘的职位缺乏足够的了解，最好不要直接说出自己开展工作的具体办法；②可以尝试采用迂回战术来回答，如“首先听取领导的指示和要求，然后就有关情况进行了解和熟悉，接下来制订一份近期的工作计划并报领导批准，最后根据计划展开工作”。

问题九：与上级意见不一致，你将怎么办？

思路：①一般可以这样回答：“我会给上级以必要的解释和提醒，在这种情况下，我会服从上级的意见。”②如果面试你的是总经理，而你所应聘的职位另有一位经理，且这位经理当时不在场，可以这样回答：“对于非原则性问题，我会服从上级的意见，对于涉及公司利益的重大问题，我希望能向更高层领导反映。”

问题十：你能为公司做什么？

思路：①基本原则是“投其所好”；②回答这个问题前应聘者最好能“先发制人”，了解招聘单位期待这个职位所能发挥的作用；③应聘者可以根据自己的了解，结合自己在专业领域的优势来回答这个问题。

(五) 面试必备——自我介绍

1. 三分钟自我介绍法

自我介绍的时间比较短，一般为 3 分钟左右，有些单位仅为 1 分钟。对于自我介绍，毕业生要认真思考如何“秀”出自己，该做哪些准备，有什么问题值得注意，如何把握时间，如何谈成绩？

三分钟自我介绍的时间分配为：第一分钟可谈谈学历等个人基本情况；第二分钟可谈谈相关的社会实践经历；第三分钟可谈谈对本职位的理想和对于本行业的看法。在实践中，有些应聘者不了解自我介绍的重要性，只是简短地介绍一下自己的姓名、身份，然后补充一些有关自己的学历、工作经历等情况，半分钟左右就结束了自我介绍，然后望着主考官，等待下面的提问，这是相当不妥的，白白浪费了一次向主考官推荐自己的宝贵机会。而另一些求职者则试图将自己的全部经历都压缩在这几分钟内，这也是不明智的做法。想要合理地安排自我介绍的时间，最关键的是突出重点。

案例 6-10

三分钟自我介绍范例

早上好！非常荣幸能参加这次面试，我叫×××，希望通过这次面试能向各位老师学到更多东西。我来自美丽的海滨城市厦门，今年 24 岁，是××大学××专业本科的应届毕业生。

闽南的山水哺育我长大，我的血液里流淌着闽南人特有的活泼开朗的性格和爱拼才会赢的打拼精神。带着这种精神，在校期间我刻苦学习，不负众望，分别获得 2020—2021 年度二等奖学金，2021—2022 年度和 2022—2023 年度三等奖学金。

除了学习之外，我还积极参加各种社会实践活动。我曾担任班级的宣传委员，组织了几次班级和学院的公益活动，如青年志愿者助残活动、向孤儿院儿童献爱心活动等。组织这些活动以及在活动中和成员相处的过程让我学到了很多东西，对培养自己的组织能力和人际关系处理能力有很大的好处，为我能更快走向社会创造了条件。

此外，计算机和篮球是我最大的业余爱好。我顺利通过了计算机二级考试，除了熟悉日常操作和维护外，我还自学了网站设计等，并自己设计了个人主页。我是班级的篮球队主力，我觉得篮球不仅可以强身健体，还可以培养一个人的团队精神。

回顾自己大学几年的工作学习生活，我感触很深，觉得收获还是颇丰的。我掌握了专业知识，培养了自己各方面的能力，这些对今后的工作会有很大的帮助。

我深知自己身上还有一些缺点，如有时候做事情比较急于求成，在工作中实际经验不足等。“金无足赤，人无完人”，每个人都不可避免地会有缺点，有缺点并不可怕，关键是如何看待自己的缺点，只有正视它的存在，通过不断努力学习，才能改正自己的缺点。

今后，我将更加严格地要求自己，努力工作，刻苦学习，发扬优点，改正缺点，开拓进取。这次我选择这个职位，除了专业对口以外，也是因为我十分喜欢这个职位，相信它能让我充分实现我的社会理想和体现自身的价值。我认为我有能力，也有信心做好这份工作，希望大家能够认可我，给我这个机会。

自我介绍完毕，谢谢！

2. 一分钟自我介绍法

如果主考官要求在 1 分钟内完成自我介绍，那么在自我介绍时就要有所侧重，突出一点，不及其余。

案例 6-11

一分钟自我介绍范例

老师好！我叫×××，宜春人，曾任校学生会宣传部长，获得过三好学生、优秀学生干部、优秀青年志愿者等荣誉称号，是入党积极分子。我多次组织参加学校的大型活动，在全省大学生运动会中，我们获得优秀组织奖。我参加了两次三下乡活动，周末常去福利院看望老人和残疾儿童，义务献血两次。贵医院良好的口碑和工作环境非常吸引我，我希望能到贵医院工作，我会努力做到最好！谢谢！

3. 切勿采用背诵朗读的口吻

自我介绍可以事前准备，也可以事前找些朋友做练习，但自我介绍应避免使用严整与拘束的书面语言，而应使用灵活的口头语言。自我介绍时，切忌采用背诵朗读的口吻，这主考官对此是无法忍受的。自我介绍时还要注意声线，尽量让声调听来流畅自然、充满自信。

案例 6-12

背诵式自我介绍

小芳去应聘南方某媒体，面试在一个大的办公室内进行，五人一小组，围绕话题自由讨论。主考官要求每位应聘者先作自我介绍，小芳是第二位，与前面应聘者一句一顿地介绍不同，她早就做了准备，将大学四年里所干的事写了一段话，还做了一些修饰，注重韵脚，听起来有些押韵。小芳的介绍极其流利，但主考官听后却摇了摇头，并没有被小芳的“背诵”所打动，反而对其留下了不好的印象。

4. 只说与职位相关的优点

自我介绍时，摆成绩一定要投其所好，且这些成绩必须与应聘公司的业务性质有关。

在面试中，求职者不仅要告诉主考官自己是多么优秀的人，更要告诉主考官自己为何适合这个工作岗位。与面试无关的内容，即使是求职者引以为荣的优点和长处，也要忍痛舍弃。在介绍成绩时，次序也极为重要，应该把求职者最想让主考官知道的事情放在前面，这类事情或许不是求职者的得意之作，但可以给主考官留下深刻的印象。

案例 6-13

答 非 所 问

小王去应聘某电视节目制作机构的文案写作岗位，面试时，对方首先让他谈谈相关的实践经历。小王所学的专业虽是新闻传播类，但偏向于纸质媒体，在电视节目制作方面实践经历不多。怎么办？小王只好将自己平时参加的一些校园活动说了一大通。这些活动虽然听起来很丰富，但几乎与电视节目沾不上边。面试官觉得小王不是机构需要的人才，没有录用小王。

5. 适当用点“小聪明”

进行自我介绍时，要突出个人的优点和特长。为此，求职者可以使用一些小技巧，比如通过介绍自己做过什么项目来说明自己具有某种能力，也可以适当引用别人的言论，如老师、朋友对自己的评价，来支持自己的描述。但无论使用哪种小技巧，都要坚持以事实说话，少用虚词、感叹词。自吹自擂是很难逃过面试官的眼睛的。在谈弱点时，则要表现得坦然、乐观、自信。

案例 6-14

面试“小技巧”

阿枫参加了去年某大医院的校园招聘会，招聘会是在大广场里进行的，队伍排到了出口处，每一位应聘者与面试官只有几分钟的交谈时间，如何在这么短的时间里，取得面试官的好感，进入下一轮呢？阿枫放弃了常规的介绍，而是着重给面试官介绍自己暑假的医院实习经历，他还引用了医院老师的评价作为佐证。由于运用了这些小技巧，阿枫顺利闯过这种“海选”般的面试。

（六）模拟面试场景

面试技巧是可以通过练习来提高的，练习的方式之一就是模拟面试场景。参加过面试的人都知道，面试中的很多问题大同小异，因此，事先有准备和没有准备的面试，效果会截然相反。在参加面试之前，毕业生可以对着镜子反复进行练习，如此才能真切地模拟面试场景。每一次面试都是积累经验的好机会，毕业生不能放弃每一次练习的机会。即使面试失败了也不要紧，重要的是从失败中吸取经验和教训，以便在下一次面试中提高。如果条件允许的话，可以找与应聘企业属于同一个行业的师兄师姐帮忙进行模拟面试。如果找不到师兄师姐，也可以邀请同学互相充当主考官。在练习的过程中，切记不要死记硬背答案，因为面试的问题不可能完全一样，要根据问题灵活应变。

阅读材料 6-3

自我介绍的注意事项

自我介绍时，客套的话不要太多，不要谄媚，一句“老师好”即可。正式介绍时，要注意以下几点。

（1）突出个人的特长和优点。

（2）以事实说话，少用空洞词汇。

（3）展示个性，使自己个性鲜明。

(4) 符合逻辑，层次分明，重点突出，条理自然。

(5) 尽量使用口语。

四、面试的技巧

案例 6-15

面试怯场

阿明毕业于中部城市的某大学，带着憧憬南下广东。由于自己是一位专科生，在研究生成堆的人才市场里，阿明的自信心有点不足，面对主考官常常表现得怯场，有时会很紧张，谈吐不自然。他也明白这种情况不利于面试，但却找不到方法来调整自己。

要想在激烈的面试竞争中脱颖而出，可以运用下面的技巧。

（一）谦虚谨慎

面试时，对方往往是多数人，其中不乏行家里手、技能大师，因此，求职者在回答一些比较有深度的问题时，切记不可不懂装懂，不明白的地方一定要虚心请教或坦白说不懂，这样才能给用人单位留下诚实的好印象。

（二）随机应变

求职者应明白，无论准备得多么充分，总有一些问题是事先想不到的，总会有一些突发情况需要处理，这时候就需要求职者具备随机应变的能力。

（三）扬长避短

面谈的核心目的是向对方推销自己，而推销自己的关键是扬长避短。面试中，毕业生要适时适度地展示自己的能力和潜能，让面试官相信你具备胜任岗位的能力，是最适合招聘岗位的人。

首先，你讲述的个人经历要尽量与所应聘的单位的要求相符合。在谈个人经历时，应从以往的经历中找出适合应聘单位的进行重点叙述，顺水推舟地把自己的优点与长处表现出来。

其次，找出真正的优点，大胆地说给对方听。如果主考官提出："请谈谈你的优点吧！"你万不可畏畏缩缩。因为说不出自己优点的人，多半会被认为缺乏自信心和自我分析能力，必会被淘汰。

最后，每个人都有缺点，大学生应清楚自己的缺点，并不断改进。在求职时，尽量避免应聘自己不适合、不擅长的职位。参加面试时，大学生不需要主动谈自己的缺点。如果主考官提出："请你谈谈你的缺点。"你可以坦诚地说几点缺点，但如果是对应聘岗位有重大影响的缺点，那么一定要谨慎表达。

（四）应对主考官的语言艺术

在面试中，能否成功说服主考官，让主考官对你感兴趣，进而愿意录用你，是求职成功的关键。为此，大学生要把握以下四项原则：①根据实际需要来说服；②抓住有利时机进行说服；③提出可行性方案进行说服；④把主考官当作朋友进行说服。

人力资源专家指出，自我介绍时应该记住“3P 原则”：自信（Positive），个性（Personal），中肯（Pertinent）。回答问题时要能做到沉着冷静，突出个性，强调自己的专业与能力，语气中肯，不言过其实。在自我介绍时要调整好情绪，在介绍基本情况时，不能面无表情、语调生硬；在谈及优点时，不能眉飞色舞、兴奋不已；在谈论缺点时，不能无精打采、萎靡不振。这些都是不成熟的表现。建议大学生在面试前找自己的朋友或同学练习一下，当然也可以先对着镜子练习几遍，再去面试。

总之，当你与主考官交谈时，千万不可有生硬和陌生的表情出现，而应当表现出你是一个非常随和、善谈、易于结交的人，以便拉近你与主考官的距离，在轻松愉快的氛围中完成交谈。

（五）注意主考官的身体语言

从心理学的观点看，人们的身体语言会传递出某些信息。当你与主考官谈话时，应将视线集中在主考官的动作上，主考官的某些身体语言会暗示他的心理活动。

当主考官不耐烦时，他会做些漫无目的的动作，例如随手玩弄桌上的物件、在桌上敲指头等。当你发现主考官做出这些动作时，就该设法转移话题，改变一下现状。

当主考官的目光不常正对你，而是左顾右盼时，表示他对你正在说的内容不太感兴趣或心神不宁，此时你不应再滔滔不绝，而是要马上总结刚才的谈话，让主考官重新问你问题。

（六）出现意外时的回答诀窍

面试中免不了会出现一些难以预料的情况，如说错话、问题太难，甚至涉及自己隐私等，这时候说话更宜讲究技巧。

对于偶尔出现的错误，不必耿耿于怀。当你说错话后，心里不要总想着这事，应该继续回答问题，录用与否并不取决于你是否犯了小过错。

当你无法抓住问题核心时，应该使用“缓兵之计”：先起个开头，然后在讲开头时想第二点，讲第二点时想第三点。对于真不懂的问题，要果断地说不知道。坦然承认你对某个问题不明白，并不会影响主考官对你的印象，反而有可能给对方留下诚实的好印象。面试时，千万不要吹牛、不懂装懂。

遇到涉及个人隐私的问题时，千万不可生气，而应该保持沉着冷静，避开问题，用委婉的语言拒绝回答，如回答：“实在不好意思，这是我的个人隐私，我暂时不能回答，请问能否改个时间我们再谈？”

五、面试的礼仪

中国是拥有五千年文明的礼仪之邦，对于礼仪从来都非常注重。礼仪是人类生活的润滑剂，也是彼此能和谐相处的共同语言。在面试中，礼仪也是非常重要的。

在求职面试时，礼仪是毕业生呈给招聘单位的“名片”，是一个人修养、道德的外在表现，是面试成功的重要砝码。英国人力资源专家的研究结果显示，有三种人更容易找到工作：有礼貌的、漂亮的、个子高的。你的服饰打扮、言谈举止、气质风度、文明礼貌，无不在影响着你的形象，决定着你的前程和命运。礼节及礼貌是一封通向四面八方的推荐信。在求职的时候，除了要准备好一份优秀的简历以外，求职礼仪也是必须学习的内容。

求职礼仪一般是指求职者的面试礼仪，其中包括面试着装的礼仪、行为举止的礼仪、语言的礼仪等。在面试时有大方得体的穿着，遵守职场语言和行为的礼仪，招聘者在评价求职者的时候才能给出高的第一印象分，这对于求职者来说是至关重要的一步。

所以，求职礼仪是我们在踏上职场前需要学习的重要一课。

面试中的礼仪

有一批应届毕业生，共 22 个人，实习时被导师带到位于北京的国家某部委实验室里参观。全体学生坐在会议室里等待部长的到来，这时有秘书给大家倒水，同学们表情木然地看着她忙活，其中一个还问了句：“有绿茶吗？天太热了。”秘书回答说：“抱歉，刚刚用完了。”林晖听完有点别扭，心里嘀咕：“人家给你倒水，你还挑三拣四。”轮到林晖时，他轻声说：“谢谢，大热天的，辛苦您了。”秘书抬头看了他一眼，满含着惊奇，虽然这是很普通的客气话，却是她今天听到的第一句暖心话。

门开了，部长走进来和大家打招呼，但现场静悄悄的，没有一个人回应。林晖左右看了看，犹犹豫豫地鼓了几下掌，同学们这才稀稀落落地跟着拍手。由于不齐，掌声显得很凌乱。部长挥了挥手，说：“欢迎同学们到这里参观。平时这些事一般都是由办公室负责接待，因为我和你们的导师是老同学，非常要好，所以这次我亲自来给大家讲一些情况。我看同学们好像都没有带笔记本，这样吧，王秘书，请你去拿一些我们部里印的纪念手册，送给同学们作纪念。”接下来，更尴尬的事情发生了，部长发手册的时候，大家都坐在那里，很随意地用一只手接过部长双手递过来的手册。部长脸色越来越难看，来到林晖面前时，已经快要没有耐心了。就在这时，林晖礼貌地站起来，身体微倾，双手握住手册，恭敬地说了一声：“谢谢您！”部长听此言，不觉眼前一亮，伸手拍了拍林晖的肩膀：“你叫什么名字？”林晖照实作答，部长微笑点头，回到自己的座位上。早已汗颜的导师看到此景，微微松了一口气。

两个月后，林晖毕业分配表上的去向栏里赫然写着国家某部委实验室。有几位颇感不满的同学找到导师：“林晖的学习成绩最多算中等，凭什么选了他而没选我们？”导师看了看这几张尚属稚嫩的脸，笑道：“是人家点名要的。其实你们的机会是完全一样的，你们的成绩甚至比林晖还要好，但是除了学习成绩外，你们需要学的东西太多了。”

案例分析

面试的第一印象十分重要，第一印象往往从谈话、举止、着装、个性与修养中得来。良好的礼仪和外在形象能展示应聘者美好的外表和内在，让面试官产生好感，形成良好的第一印象。

（一）着装礼仪

《弟子规》中要求：“冠必正，纽必结，袜与履，俱紧切。”这些规范对现代人来说仍是必要的。对于求职者来说，帽正纽结、鞋袜紧切更是最基本的要求。如果一个人衣冠不整，鞋袜不正，就是对他人的不尊重，往往会使人产生反感甚至厌恶，有谁会亲近这样的人呢？所以，在出发去面试前，设计良好的个人形象非常重要。

衣着打扮必须适合自己的职业、年龄、生理特征、所处的环境等。例如，护理专业应聘者应严格依照护士礼仪规范的要求着装。

不同岗位的工作性质不同，着装需要和岗位吻合，例如某人打算应聘某建筑公司的现场管理一职，他如果西装革履地去面试，就会给主考官距离感；反之，如果他的着装能和用人单位保持一致或相似，就能给对方一种亲切感。如果做到这点有困难的话，也可以按以下建议着装。重视着装礼仪的最终目的是要展示自己的精神面貌，给用人单位留下良好的印象。

1. 女生着装礼仪

（1）服装。裁剪合宜、简单大方的学生装或者套装比洋装更能建立好感和专业感。全身颜色最好不要超过三种，套裙最好不要高过膝盖三厘米，不要穿无袖、露背、迷你裙等性感装束。

适合皮肤色调的服装能给人精力充沛、容光焕发的感觉。套装、西装的颜色要以中性为主，不要穿大红、大紫、粉黄、橙色等夸张、刺眼颜色的衣服。

（2）化妆。可以化淡雅的彩妆，勿浓妆艳抹，也不宜脂粉不施。不宜擦拭过多的香水。发型要文雅、庄重、梳理整齐、干净清爽。长发最好用发夹夹好，不能染鲜艳的颜色。不要留长指甲，最好是涂自然色的指甲油。

（3）鞋子。宜穿素色素面、略微有跟的鞋子，不要穿高跟鞋、平底鞋或露出脚趾的凉鞋。

（4）佩饰。佩戴的饰品要简单高雅，不要佩戴造型过于夸张、会叮当作响的饰品。

（5）包。最好只带一个手提包，手里又提又拿容易给人凌乱急躁的感觉。要把化妆品、笔、零碎的小东西有条理地收好，以免拿东西时带出乱七八糟的物品。

案例 6-17

“指甲油”惹的祸

李芳是2020级护理专业毕业生，在校期间成绩优秀，技能操作熟练。但她应聘了几家医院都被拒绝了，她对此百思不得其解。最近一次时，她鼓足勇气问面试官到底为什么不选择她？面试官真诚地告诉她，是因为她涂了指甲油！原来李芳非常喜欢装饰指甲，平时指甲上都是彩色图案，面试时还特意换了无色的指甲油。她以为面试官不会重视这个小细节，但还是被面试官发现了。

案例分析

面试的时候，应给人留下干净整洁的印象。能不能涂抹指甲油，要根据所面试的单位或者企业的情况来决定，另外还受行业性质的影响，比如外企比较开放，指甲颜色漂亮就可以，但如果面试的是事业单位，那就要注意得体了。千万不要觉得涂抹指甲油只是一件小事情，有时候很小的一个细节就能决定事情的成败。只有掌握好各种求职礼仪，才能让每个小细节都做到完美。

2. 男生着装礼仪

对学生而言，面试时不一定要穿什么时装、名牌，但一定要干净整洁，要符合社会大众的审美观，学生的着装应庄重、朴素、得体。此外，着装还应考虑不同职位的要求，例如，应聘公关职位就要适当地注意时尚，而应聘财会职位就应与时尚拉开适当的距离。

对社会人士而言，男生可以穿西装，以毛料的深蓝色西装为宜，西装要平整、清洁、有裤线；西装口袋里不要放任何东西。着装也应遵守三色原则，也就是全身的衣着颜色不要超过三种。可以配一双黑色皮鞋、一双深色袜子和一条领带。面试前应理发、刮胡子、去鼻毛、修指甲，稍稍用些护发、护肤品，以淡雅的香气为佳。西装上也可以适当喷些香水，但无论是护发、护肤品还是香水，务必要保持气味一致。处理好这些细节很重要，它能显示一个人品位的好坏。

从心理学上讲，人们通常把那些外表吸引力强的人看作友善、聪明且善于社交的人。尽管外表吸引力很大程度上依赖于天生，但人们可以通过一些方法使自己的吸引力最大化，穿着打扮就是其中之一。

这里并不是过分强调外表在第一印象和事业成功中的重要性，但为了获得第一次机会，适当修饰很重要。

案例 6-18

着装失败

穿着打扮在第一印象中不容小觑。投资商田先生与潜在的项目合伙人丁先生见面后不久，就做出了不给丁先生投资的决定。田先生说："看他的外表，就觉得他爱吹嘘，缺乏商业经验，首次见面连西装都不穿，让人感觉很不好。"

案例分析

面试者的穿着应视企业文化的不同而有所变化，不能一身衣服"走天下"。毕业生如果应聘国企、私企管理人员等很重视社交的职务时，最好穿正装。而如果应聘技术、服务类岗位，且企业工作氛围也比较轻松的话，穿着最好随意一些，着装过于正式会适得其反。

（二）行为礼仪

孔子说："君子不重则不威，学则不固。"（《论语·学而》）。意思是：君子不庄重就没有威严，所学也不牢固。这句话表明，行为礼仪可以反映一个人的内在状态。大学生要做到"站如松，坐如钟，行如风，卧如弓"，在公众场合举止不可轻浮，应该庄重、谨慎而又从容，做到"非礼勿视，非礼勿听，非礼勿言，非礼勿动"（《论语·颜渊》），处处都要合乎礼仪规范。

加州大学洛杉矶分校的一项研究表明，个人给他人留下的印象，7%取决于用词，38%取决于音质，55%取决于非语言交流。可见非语言交流多么重要。在求职过程中，这些无声的语言是重要的公关手段，它们通过仪表、姿态、神情、动作等诉说着你的素质，起着有声语言无法比拟的效果。迟到 2 分钟、一个无心的眼神、一个不经意的微笑、一个细小的动作都可能会决定成败。

在面试中，恰当使用非语言交流的技巧，将带来事半功倍的效果。

1. 面试前的行为礼仪

（1）拨打电话。现代社会是一个文明的社会，注意自己的礼仪就能给人留下好的印象。面试前拨打电话咨询是有素养的表现。

① 选好通话时间。拨打电话首先要考虑在什么时间最合适。如果不是特别熟悉或者有特殊情况，一般不要在早 7 点以前、晚 10 点以后打电话，也不要在用餐和午休时间打电话，否则会有失礼貌，也会影响通话效果。

② 礼貌的开头语。当对方拿起听筒后，应当有礼貌地称呼对方，亲切地问候"你好"。只询问别人，不报出自己是不礼貌的，要做适当的自我介绍。如果需要讲的内容较长，可以问："现在与您谈话方便吗？"

③ 用声调传达感情。讲话时语言要流利，吐字要清晰，声调要平和，让人感到悦耳舒适；还要语速适中、声调清朗、富于感情、热情洋溢，让对方能够感觉到你在向他微笑。这样富于感染力的电话，一定能打动对方，使对方乐于与你对话。

④ 有所准备，简明有序。如果要咨询的内容较多，可事先在纸上列出，按照顺序与对方沟通。

⑤ 礼貌的结束语。打完电话，应当有礼貌地寒暄几句，然后说出"再见""谢谢"等结束语。

阅读材料 6-4

拨打电话注意事项

（1）要考虑打电话的时间（对方此时是否有时间或者方便）。

（2）注意确认对方的电话号码、单位、姓名，以避免打错电话。

（3）准备好所需要用到的资料、文件等。

（4）讲话内容要有次序、简洁明了。

(5) 注意通话时间，不宜过长。

(6) 要使用礼貌语言。

(7) 外界的杂音或私语不能传入电话内。

(8) 讲电话时如果发生掉线、中断等情况，应重新拨打。

(2) 准时到达。守时是职业道德的最基本要求。面试迟到，不管有什么理由，都会给招聘者留下非常不好的印象，会被认为缺乏时间观念，自我管理能力、职业能力不足。最佳的效果是提前 10～15 分钟到达面试地点，这样可以熟悉一下环境，做好心理准备。提前半小时以上到达也会被视为没有时间观念。但是，当前很多城市交通复杂，路上堵车的情形很普遍，如果不熟悉地方很容易迷路。因此当距离较远时，还是要尽早出发，宁可早到一小时或者 30 分钟，也不能迟到。

对于面试地点比较远、地理位置比较复杂，而你又非常重视的面试单位，不妨提前跑一趟，熟悉交通路线、地形，甚至事先了解洗手间的位置，这样就能知道面试的具体地点，同时也能了解路上所需的时间。

早到后，不要提早进入面试办公室，最好不要提前 10 分钟以上出现在面谈地点，否则招聘者很可能因为手头事情没处理完而觉得很不方便。外企更注重时间安排，往往说是几点几分就是几点几分，绝不提前。但如果招聘单位事先通知了许多人前来面试，早到者可提早面试或是在空闲的会议室等候。

面试官有时也会迟到，让应聘者等很久。如果求职者在见到面试官时因等待过久而面露愠色、不满情绪流于言表的话，面试官对求职者的第一印象就会大打折扣，这次面试基本上已经失败了。这种情况下，求职者千万不要太介意，应尽量表现得大度、宽容一些，因为面试也是对人际磨合能力的考查，宽容、周到的表现是会带来加分的。

案例 6-19

面试迟到了该怎么办

一位姓沈的女士前来应聘办公室文员一职。由于之前已和沈女士约定了面试时间，于是两位面试官正襟危坐，静候沈女士到来。结果，左等右等，只等来一个电话，说她路上塞车，马上到。不想这个“马上”足足有半个小时！好不容易等到沈女士头发凌乱、香汗淋漓地跑进来，喘完气，第一句话就是“对不起”，然后开始解释。但是解释了半天，面试官还是没有明白，她到底是因为叫不到出租车，还是因为挤不上地铁，还是因为上了地铁而错过了出租车……面试官安慰了两句，没想到她更紧张了。接下来的面试中，面试官先让她做自我介绍，她竟然像小学生背书一样地背简历，中途居然还有背错和背不下去停顿的时候。“对不起，说错了，我再说一下。”“喔……”“哦……接下来……”最终的面试结果可想而知。

面试迟到真的没有机会了吗？未必。

曾经有一位李先生前来应聘人力资源管理一职，由于塞车，面试迟到了。本来他的面试顺序排在第二位，当他赶到的时候，发现第三位应聘者已经进入了面试室，局面对他极为不利。在等候室，他努力回忆自己应聘的岗位要求，忽然灵机一动，发动其他应聘者组织了一个“破冰游戏”，气氛顿时活跃起来，大家从沉默不语变得有说有笑。此时，一位面试官正巧路过，发现等候室异常后，询问前台情况，暗暗点头。等到李先生面试时，没有面试官问他迟到原因，李先生也未解释，但他很快收到了录用通知。

案例分析

同样是面试迟到，为何沈女士和李先生的结果迥异？原因就在于两者迟到之后的心境不同。沈女士迟到之后十分紧张，未能及时调整情绪，并且她应聘的是办公室文员一职，但由于迟到使自己的仪容受损，未能给面试官留下好印象。而李先生迟到之后，虽然也很紧张，但能及时调整好情绪，并根据自己所应聘岗位的要求组织了“破冰游戏”，让面试官看到了自己的能力。这个案例告诉我们，前去面试时一定要守时守约，争取给面试官留下良好的第一印象。即使迟到了，也要及时调整好情绪，积极想办法扭转不利局面。

阅读材料 6-5

用人单位十不要

(1) 面试迟到者不要。
(2) 穿着邋遢者不要。
(3) 自吹自擂者不要。
(4) 弄虚作假者不要。
(5) 没有诚意者不要。
(6) 只顾打探薪酬福利者不要。
(7) 对个人职业发展计划模糊者不要。
(8) 慷慨陈词却举不出例子者不要。
(9) 与面试官“套近乎”者不要。
(10) 纠缠不休者不要。

(3) 等待面试。从进入面试单位的那一刻起，面试就已经正式开始了，要时刻注意给面试单位留下良好的印象。走进单位之前，口香糖和香烟都要收起来，整理下仪容再信步进去。到了办公区，不要懒散漫步，不要四处张望，如果被保安盯上更糟糕。走到前台，开门见山说明来意；若无前台，则找工作人员求助。这时就要注意语言礼仪了，要使用文明语言，如“你好”“谢谢”等。

进入等待环节，还有一些需要注意的细节：①不要吃东西，不要嚼口香糖，不要抽烟；②在接待室千万不可旁若无人地大声说话或笑闹，可以轻声与其他应聘者交流信息；③对其他工作人员要以礼相待，主动打招呼或行点头礼；④手机要保持关机状态直到面试结束，避免面试时造成尴尬局面；⑤不要询问用人单位的情况或索要材料，更不要随意评价用人单位；⑥不要驻足观看其他工作人员的工作，或对工作人员所讨论的事情和接听的电话发表意见或评论，以免给人留下肤浅、嘴快的印象；⑦等待过程中应该站有站相、坐有坐相；⑧翻看随身携带的材料，以缓解紧张情绪。

2. 面试中的行为礼仪

(1) 进入考场。进场后要按顺序耐心等候,不要擅自走进面试房间。当自己的名字被喊到时,要有力地回答一声“是”,然后敲门进入,敲两三下即可,千万不可太用劲敲。听到里面说“请进”后,再进入房间。开门关门要尽量轻,进门后应转身正对着门,用手轻轻将门合上,不要用后手随手将门关上。然后回过身来向面试官鞠躬行礼,将上半身前倾45度左右,面带微笑称呼一声“你好”,要显得自然大方、彬彬有礼,不要过分热情或者过分拘谨。

(2) 握手。握手是面试时最重要的身体语言。怎样握手,握多长时间,这些都非常关键。因为这是求职者与面试官的初次见面,这种手与手的礼貌接触是建立第一印象的重要开始,不少企业把握手作为考查应聘者是否专业、自信的依据。求职者不要主动与面试官握手,除非面试官先伸出手来。握手时一定要用右手,左撇子也不例外,使手臂呈L形,手心迎向面试官,上下摇动两三次后自动收手,两眼平行注视对方,面带微笑,显示出自信热情的“感染力”,自信地说出自己的名字。至于与女士握手,一定要由女士主动,男士要伸手迎合,握手应该坚实有力,但不要太使劲,更不要使劲摇晃。

握手时,切忌长时间地拖住面试官的手,更不要偶尔用力或快速捏一下手掌,这些动作说明求职者过于紧张,而面试时太紧张表示求职者无法胜任这项工作;轻触式握手则会显示出求职者很害怕而且缺乏信心,求职者应在面试官面前应表现出自己是个能干的、善于与人相处的职业者;在对方还没伸手之前就伸长手臂去够面试官的手,也表示求职者太紧张和害怕,面试官会认为求职者不喜欢或者不信任他们。

(3) 坐姿。进入面试房间后,要等面试官说“请坐”时才可坐下,坐下时应道声“谢谢”。

良好的坐姿是给面试官留下好印象的关键要素之一。坐椅子时最好坐满三分之二,上身要挺直,不要弓着腰,也不要把腰挺得很直,这样反而会让人觉得求职者僵硬呆板;应该很自然地将腰伸直,这样显得精神抖擞;要保持轻松自如的姿势,身体要略向前倾,并拢双膝,把手自然地放在上面。以下两种不良坐姿对面试是不利的:一是完全靠着椅背坐,显得太放松,这种松懈的姿势会让面试官觉得求职者疲惫不堪或漫不经心;二是只坐在椅边,这会让面试官觉得求职者太紧张。

坐下后,切忌跷二郎腿并不停抖动,两臂不要交叉在胸前,更不能把两手放在桌子上反复搓捏或者玩手中的笔。注意不要做摸头、伸舌头等小动作,这会让面试官觉得求职者轻浮傲慢、不懂得尊重人。

(4) 眼神。眼睛是心灵的窗户,眼睛会说话。眼神能体现出求职者的自信、智慧及热情。从进入面试房间开始,求职者就要留心自己的身体语言,特别是自己的眼神;要和面试官正面对视,目光始终聚焦在面试官身上。正确的眼神表达应该是:礼貌地正视对方,注视的部位最好是考官的鼻眼三角区(社交区);目光自信而有神,专注而不呆板;如果有几个面试官在场,说话的时候要适当用目光扫视一下其他人,以示尊重;回答问题前,可以把视线投在对方背面的墙上两三秒做思考,思考时间不宜过长,开口回答问题时应该把视线收回来。

案例 6-20

眼 神

郭先生性格略显腼腆，但简历上出色的学业描述让他获得了一次面试机会。面试时，郭先生一见到考官就紧张地垂下了眼帘。更糟糕的是，郭先生随后越发紧张，开始手心冒汗，说话时眼神飘忽不定。考官认为郭先生心理素质太差，于是没有录用郭先生。

案例分析

在回答问题的时候，一定要和考官有眼神的交流，在面试刚开始、考官读引导语的时候，就要开始用眼神交流，但不要盯着考官看。当考官看向你的时候，不用回避，而要大大方方地看着考官，用眼神告诉考官自己在跟他"说话"。

(5) 微笑。任何人都是笑起来的时候最好看。微笑是自信的第一步，它能显示求职者的亲和力。面试时，要面带微笑、谦虚温和、有问必答。面带微笑会增进与面试官的沟通，提高求职者的外部形象，改善求职者与面试官的关系。面部表情赏心悦目的人应聘成功率远高于那些目不斜视、面孔严肃的人。听对方说话时要时常点头，表示自己听明白了或正在注意听；要不时面带微笑，笑得自然，而不是笑得太僵硬。表情呆板、扭扭捏捏、大大咧咧、矫揉造作都会破坏自然美不能给人留下最佳的印象。

(6) 手势。说话时做些手势，可以加大对某个问题的形容和力度，是有个人魅力的表现。但是手势不能太多，否则会分散别人的注意力，适度即可。讲话时注意不要用手比画，这样会让人心生厌恶。交谈很投机时，可适当地配合一些手势讲解，但不要做过多动作，比如频繁耸肩、眨眼睛、撇嘴巴等。更要避免小动作，抓耳挠腮、抖动双腿、用手捂嘴笑等都是求职者不成熟的表现。

很多中国人都有一个习惯，为表示亲切而拍对方的肩膀，但这样做对面试官是很失礼的。

(7) 面试结束。面试结束后要起立，并向对方表示感谢，然后面向对方缓步退出面试室，不可走得太快，以免对方误以为你紧张、怯场，或是有其他什么重要的事才这么快走的。最后，出门时一定要对面试人员再次行点头礼，然后轻轻将门带上。

3. 面试后的行为礼仪

(1) 面试结束三天后可以给人力资源部门或面试官打个电话，但不可过早。

(2) 电话中要先表示感谢，再询问面试情况。

(3) 万一在竞争中失败了，不要气馁，可以诚恳地请教面试官自己失败的主要原因。然后总结经验教训，找出失败的原因，并针对这些不足重新做准备，准备下一次的应聘。

(三) 语言礼仪

语言是人们思想、情操和文化修养的一面镜子。如果说外部形象是面试的第一张名片，那么语言就是第二张名片，它客观反映了一个人的文化素质和内涵修养。有人说，不同的职业对语言的要求有高低，比如研发部门招聘研究员就不需要求职者有多么会讲话，只要能做实验就可以了。其实这种观点是错误的，语言是人与人交流的重要工具，是显示个人综合素质的重要窗口。一个语言艺术造诣较高的人往往能体现出多方面的素质，如广博的知识、扎扎实实的语言功底等。谦虚、诚恳、自然、亲和、自信的谈话态度能让求职者在任何场合都受到欢迎，而动人的公关语言、艺术性的口才将帮助求职者获得成功。

面试时，求职者要在现有的语言水平上尽可能地发挥口才的作用，对面试官提出的问题要对答如流、恰到好处、妙语连珠、耐人寻味，同时不能夸夸其谈、夸大其词。具体而言，面试中的语言礼仪主要有以下几个方面。

1. 言简意赅

面试时不要唯唯诺诺，说每句话畏首畏尾，不敢大胆表露观点。语言要概括、简洁、有力，不要拖泥带水，轻重不分。重复的语言虽然有强调的作用，但也可能使面试官产生厌烦情绪，因此，重申的内容应该是浓缩的精华，要突出求职者与众不同的个性和特长，这样才能给面试官留下难忘的印象。

2. 慎言

求职者要分清具体情况，当说则说，当默则默。孔子说："可与言而不与之言，失人；不可与言而与之言，失言。知者不失人，亦不失言。"（《论语 · 卫灵公》）

3. 以事实说话

不要含糊其辞，少用虚词、感叹词。当不能回答某一问题时，应如实告诉对方，要"言必信，行必果"。巧言令色是不可能取信于人的。

4. 回答应诚恳

"知之为知之，不知为不知。"求职者在回答问题时一定要诚恳，对于一时想不起或没法作答的问题，可先记录在笔记本上，在征得对方同意后再补答。

5. 注意语言逻辑

按主次关系来回答时，要结论先行，先讲主要观点，然后层层展开，每个观点用几个论据进行支撑；按时间顺序来讲时，可以是倒序，也可以是顺序，可先讲时间最近的，然后往前推，避免听者听了好几分钟还没说到正题。

6. 注意观察，适时结束

当求职者发言时，若对方显得饶有兴趣，或身体前倾，说明求职者表现出色，可以继续交谈。若对方表现出明显的不耐烦，频繁移动身体、打哈欠或目光无神，这时可以停下来问："您是希望我再讲讲，还是想听听我其他方面的技能？"若对方希望尽快结束面试（收拾文凭或站起来），求职者就应该明白，此时结束面试是明智之举，应主动提出，并咨询面试后的下一个环节是什么。

案例 6-21

展现自己不必高谈阔论

"我在大学生时成绩优异，多次在演讲比赛中获奖。我有着丰富的实习经历，有一家大公司曾想和我签约，但我觉得这家公司升迁缓慢，不利于我的个人发展……”自信满满的刘先生在面试时，充分展现了自己的口才，希望可以捞足“印象分”，他甚至不顾考官频频做出的“停止”手势，始终滔滔不绝。最终，刘先生还是没有被录用。

不仅是在求职面试中，在其他初次见面的场景中，也不宜一个人高谈阔论。王先生外形、能力出众，可令众人不解的是，王先生频频相亲却都没有结果。据和他有过一面之交的金小姐说，王先生自以为是的夸夸其谈令她很反感。

案例分析

相互尊重和以诚相待是人与人相处的基本原则，求职者在与用人单位面谈时，谈吐要谦逊、自然，以增加自己的可信度和亲和力。夸夸其谈与不恰当的锋芒毕露都会让旁听者徒增反感，反而会暴露求职者性格中的弱点。当然，谦虚不等于自卑，在该表现个性和独特见解时，也需大胆沉稳，勿让他人轻视，以免错过表现自我的机会。具体而言，在应聘国有企业、民营企业时，谈话应谦虚一些；而在面对外资企业、合资企业时，可相对大胆一些。

阅读材料 6-6

企业招聘、面试时最关注的细节

(1) 简历不用多么华丽、复杂，但要让面试官能从简历中直接、明了地看到应聘者的学习经历和实践经历，从中看出面试者的细心准备。

(2) 按照预约时间准时到达，进门前先轻声敲门或按门铃，等待面试官招呼后方可入座。

(3) 男同学不留长胡须，女同学不化浓妆，不戴过于显眼的首饰，不用香味浓烈的香水。

(4) 目光温和，两眼平视，面带微笑，做到从容自如。

(5) 是否具备抗压能力。

(6) 是否认同企业文化。

(7) 是否具备团队凝聚力。

(8) 是否过分看重薪资待遇。

(9) 是否能干一行、爱一行，钻一行、精一行。

(10) 是否遵守职业道德和职业操守。

(四) 视频面试礼仪

现在有部分公司开始采用线上面试的方式招聘，而高效的面试系统更进一步提升了HR的工作效率。运用视频电话面试，HR可以很快淘汰大部分应聘者，从而挑出最好的人选进行面谈。作为求职者，在接到视频面试的电话通知时，招聘方一般会询问你的微信，添加后按照双方约定的时间进行视频面试。在视频面试的过程中，求职者需要注意以下几点。

1. 做好环境和硬件准备，展示职业形象

对于视频面试，求职者一定要提前安排好一个相对安静、不受干扰的环境，而且网络

信号要好，不要出现卡顿现象，否则会严重影响面试体验，从而直接影响面试官的判断。

视频面试前，求职者一定要提前做好检查和测试，想好备选方案，比如说这台手机不行，马上得切换到另一台手机。一些细心体贴的面试官也会提醒求职者：请提前准备一个安静不受干扰的环境（最好是独立房间），提前准备好通畅的网络。

2. 善于换位思考，与面试官建立情感链接

和面对面的沟通不同，视频面试既没有双方见面时的寒暄暖场，也没有面试结束后的握手告别，双方只能在面试过程中隔着冷冰冰的屏幕一问一答。很多人都说，视频面试总感觉少了点人情味。也正是因为这种情感链接的缺失，让面试官对那些表现不够出彩的候选人的记忆时间更短。这时，如果能想办法和面试官建立更多情感链接，加深对方印象，会大大提高面试的成功率。

求职者越能够站在对方角度考虑，就越能找到并加强彼此间的情感链接，面试成功的概率就会越大。

3. 冷静处理意外情况

很多HR表示，视频面试时感觉像是在串门，明明应该很严肃的面试现场，却连应聘者家的娃、猫、狗都看了个遍。所以求职者一定要提前“清场”，安排好家里那些不受控制又不好惹的“小主人们”。

当视频面试过程中出现意外情况时，求职者一定要保持冷静，因为事情本身并没有绝对的好坏之分，产生什么样的结果要看求职者以什么样的态度来对待。

案例 6-22

突发情况处理

一名资深HR表示，有一次她在视频面试一个研发经理人选时，候选人1岁多的儿子突然推开门，摇摇晃晃地跑了进来。

应聘者先是礼貌地和面试官说了声抱歉，请面试官给他2分钟时间，然后满脸笑意地抱起儿子，把儿子交给赶过来的孩子妈妈，之后轻轻关上房门，回到计算机前继续面试。

事后，这名HR说，自己参加过很多次视频面试，也遇见过不少面试被意外事件打断的情况，但只有这一次，她不但没有烦躁和不满，反而因为如此温馨的一幕让自己的心安静了下来。在这次视频面试中，应聘者对待家人的态度和处理突发状况的第一反应深深地打动了HR。而且，HR所在的公司本身就十分看重员工的同理心和亲和力，所以应聘者这个小小的举动反而增分不少。

案例分析

当然，求职者不必为了让面试官印象深刻而刻意加戏，故意安排桥段，但如果在视频面试过程中真的遇到突发状况，那也一定要记住：此时此刻是有机会扭转局面的。情况越特殊，越能体现出一个人的临场反应能力、应变能力和解决问题的能力，以及职业素养和个人品行。

4. 勤加练习，保证高效沟通

对面试官来说，最痛苦的事莫过于在远程面试时遇到一个逻辑混乱、语言不畅，但表达欲望十分强烈的应聘者。更可怕的是，应聘者还对面试官的各种引导和暗示置若罔闻，一副要讲到天荒地老的架势。

案例 6-23

无效沟通

一名资深HR表示，她曾面试过一个应聘者，教育背景突出，职业履历漂亮，但可能从未参加过视频面试，自从坐到镜头前就开始各种不自在。

在整个面试过程中，这名应聘者几乎一直在说，但遗憾的是，HR完全没明白他在说些什么。应聘者滔滔不绝说了好几分钟，压根没说到点上，HR不得不重新提醒他要回到最初的问题上来。

这名应聘者的表达能力本身就存在问题，加上不熟悉视频面试，更加剧了他的紧张感，导致面试失败。

案例分析

无论是视频面试还是见面沟通，面试中的表达能力都是可以提升的。尤其是在视频面试中，可供求职者使用的技巧更多。

阅读材料 6-7

如何提升视频面试时的沟通能力

(1) 对视频面试不熟悉的同学，可以提前请朋友帮忙做角色练习。请对方问自己一些面试时经常会被问到的问题，全程为自己录像，然后回看这些录像。站在旁观者的角度看自己的表现，能发现很多平时关注不到的问题。

(2) 针对自己应聘的岗位，提前准备可能会被问到的问题及答案，但千万不要对着手稿逐字逐句直接念。可以用“金字塔”式结构列出回答大纲，在回答问题时围绕大纲灵活作答。视频面试时，语言的逻辑性和条理性更为重要。

(3) 语速不要太快，要保证表达足够清晰。每讲完一段后要适当停顿，避免因为信号延迟而出现“他说你也说”的情况。

案例 6-24

让求职者放松的闲聊问题

(1) 王佳，你是哪里人？

问题分析：面试官询问应试人的家乡，一是出于人天生的好奇心，二是希望制造轻松和谐的气氛。

回答一：我是江西宜春人。

点评：除非是在警察局，否则不能这么挤牙膏式地回答。这样的回答会直接把天“聊死”。求职者在回答这类问题时一定要有所延伸，千万不要成为“话题终结者”。

回答二：我来自宜春市，您去过吧？

点评：一般来说，求职者一般不宜“反问”面试官，尤其是这种有关个人信息而不是商业信息的私人问题。而且，如果面试官没去过该地，气氛会比较尴尬。

回答示范：我是宜春人，韩愈笔下的“莫以宜春远，江山多胜游”描绘的就是我的家乡。它是一座四季如春的城市，有国内外罕见的富硒温泉，大家有空可以来我的家乡玩。

点评：首先，这名求职者很健谈；其次，他能理解到外地人对“江西省宜春市”这个地方会感到有点奇怪，说明他具有换位思考的意识。

（2）你应聘的是语文老师岗位，那请问诗仙、诗圣、诗鬼、诗神分别是指谁？

回答：李白、杜甫、李贺、陆游。

点评：答案确实没错，但总感觉好像少点什么。

回答示范：诗仙是盛唐最杰出的伟大浪漫主义诗人李白；诗圣是唐代伟大的现实主义诗人杜甫；诗鬼是一生体弱多病的唐代诗人李贺；诗神是南宋著名爱国诗人陆游，也有人说诗神是北宋文学家、书法家、美食家、画家、治水名人苏轼。

点评：这样的回答能让面试官知道你的答案不是蒙对的，而且对人物的介绍能让面试官了解到你的知识面非常广。

阅读材料 6-8

女生面试可能遇到的敏感问题

用人单位在考虑聘用女职员时，常担心婚姻和家庭会影响工作，面试时也往往会提出许多相关的问题。因此，能否回答好这些问题，直接关系到求职能否成功。在面对敏感问题时，准备求职的女生可以准备以下几种应答方法。

（1）你觉得家庭和事业哪个更重要？

面对这个问题时，求职者最好抱着工作至上的态度，可以这么回答：“我会结婚，但我认为女人最重要的是保持自己的活力，工作对现代女性来说尤为重要。”

（2）你是否计划在近期内生育？

求职者可以这么回答：“我很重视自己的事业，因此我的决定会以不影响工作和单位利益为前提，我会理智地处理好这个问题的。我相信我的丈夫也是个明理的人，他一定会理解和支持我的！”

（3）你对倒茶、扫地、复印资料等琐事怎么看？

求职者可以这么回答：“只要是工作需要，哪怕再不起眼的小事，我都会认真去做。”

（4）如果单位派你到外地出差，你的男友不同意，你该怎么办？

求职者最好这么回答："单位安排我出差，是工作上的需要，我和我的男友都是热爱工作和事业的人，相信我的男友会支持我。如果他不同意，我也会说服他。"

以上只是招聘单位可能问到的问题，其目的都是"旁敲侧击"地考验求职者，求职者千万不要忽视这些"小问题"。

练习与思考

1. 写自荐书应注意哪几个问题？
2. 按照面试的标准化程度，可以把面试分成哪几种类型。
3. 面试的主要内容有哪些？
4. 正式面试时应注意哪些礼仪？
5. 求职时应注意哪些语言礼仪？

实践训练

1. 情景小剧场——模拟面试。

沉浸式体验

活动目的：

更深入地了解面试的内容，熟悉面试前应做的准备，掌握面试的技巧，为顺利找到工作奠定基础。

活动内容：

(1) 分组。每6～8人为一组，每组设组长1名。

(2) 各小组可选用任意的面试形式，通过查阅相关资料，设计剧情并进行排练。注意剧情设计要符合现实。

(3) 可参考的情景(可以根据自己的专业需要进行设置)。

① 某公司招聘摄影人员2名，要求能熟悉操作常用的摄影设备，并且具备一定的影视资料后期剪辑技能，有一定文字功底者优先。试用期一个月，单位可包食宿，若能通过试用期，可签订合同，成为正式员工。

② 某旅游公司招聘民宿管家1名，要求专科及以上学历，专业不限，酒店管理、旅游管理等相关专业优先；要求具有良好的团队合作精神，待人接物落落大方，体贴周到有爱心；认同民宿理念，喜爱山水生活，有茶艺、绘画、园艺等爱好更佳。薪资面谈。

③ 某公司招聘新媒体运营专员1名，负责公司公众号等新媒体平台的推广与营销工作，要求专科及以上学历，专业不限，有新媒体运营相关工作经验者优先。

活动评价：

活动结束后，教师可根据表6-1进行评分。

表6-1 评价表

评分标准	分值	实际得分	备注
剧情编排合理，符合现实情况	25		

续表

评分标准	分值	实际得分	备注
应聘者能够按照面试要求进行充足准备	25		
应聘者能够掌握面试技巧，遵守面试礼仪	25		
积极参与活动	25		
总分	100		

2. 职业形象设计。

(1) 假设你要去面试一份工作，请自行搭配自己的面试服装(女生需化淡妆)。

(2) 讨论交流。

① 你选择的服装是否符合个人气质，应该怎样搭配？

② 不同肤色的同学应该如何进行颜色搭配？

③ 不同体形的同学该如何选择服装？

④ 如何根据自己的形象设计发型？

⑤ 不同场合下应该怎样化妆？

⑥ 选出最适合自己的职业形象。

专题六习题.docx

专题七

就业手续办理

知识目标：

1. 了解就业协议书的作用和内容，熟知就业协议书的注意事项；
2. 了解劳动合同的内容，明确就业协议书与劳动合同的区别；
3. 熟悉大学毕业生就业的权利和义务，掌握维护大学毕业生就业权益的方法和途径。

能力目标：

1. 能够正确与用人单位签订就业协议书和劳动合同；
2. 能够运用正确的方法和途径保护自身的合法权益。

思政目标：

培养大学生的自我保护意识，践行社会主义法治精神和法治理念。

在大学生毕业的不同阶段，需要办理不同的就业手续，如毕业前要与用人单位签订就业协议书，领取毕业资料；毕业后要与用人单位签订劳动合同。在当前就业形势下，签订就业协议书有助于规范和明确毕业生、用人单位和学校的权利和义务；劳动合同则是规范劳动就业市场的重要法律依据，也是合同双方维护自身权利的法律武器。毕业生要了解就业相关的法律、法规，学会维护自身的合法权益。

案例 7-1

小张在大四时到一家广告公司实习。由于实习表现突出，小张与该公司达成就业意向，并签订了就业协议。双方约定，服务期为 3 年，如果小张提前解约必须赔偿公司 1 万元。至于协议中的待遇、福利等条款暂为空白，公司人事部门让他先签名，具体条款过几天再补上。小张觉得自己是经熟人介绍来的，不好意思提待遇的事儿。“找个工作不容易，不敢要求太多。反正别人有啥咱有啥呗，差不了事儿。”小张便在协议上签上了自己的名字。正式上班后，公司与他签订了劳动合同，合同的有效期仅 1 年，而且也没有提前解除合同的赔偿条款。由于待遇与其他员工相差较大，小张在工作第 2 年便向公司提出解除合同。公司提出，必须按就业协议的规定赔偿 1 万元。小张不服，准备通过法律手段维权，那么小张需要向公司赔偿这 1 万元吗？

案例分析

就业协议与劳动合同的区别在于法律适用范围不同和争议处理方式不同。就业协议是毕业生在校时，由学校参与见证，与用人单位协商签订的，是编制毕业生就业计划方案和毕业生派遣的依据。劳动合同是毕业生到单位报到后，与用人单位确立劳动关系、明确双方权利和义务的协议。就业协议要解决的核心问题是毕业生正式毕业后要到单位报到，单位在毕业生报到上班时应无条件录用；同时，单位应当提供就业协议中约定的劳动报酬、工作岗位等内容。就业协议属于普通的民事协议，因而受民法典的调整。而劳动合同则受劳动法的调整。因此，就业协议签订后，学生和用人单位在就业过程中的争议，一般由高校毕业生就业办公室协调。当事人也可以向人民法院起诉。而履行劳动合同所产生的争议，则需要先进行仲裁，对仲裁不服的，才可以向人民法院起诉。

任务一 签订就业协议书

就业协议书是《全国普通高等学校毕业生就业协议书》的简称，俗称三方协议，由用人单位、毕业生及其毕业学校三方共同签订，是普通高等学校毕业生和用人单位在正式确立劳动人事关系前，经双向选择，在规定期限内就确立就业关系、明确双方权利和义务而达成的书面协议。就业协议书是用人单位确认毕业生相关信息是否真实可靠以及接收毕业生的重要凭据，也是高校进行毕业生就业管理、编制就业方案以及毕业生办理就业落户手续等有关事项的重要依据。就业协议书在毕业生到单位报到、用人单位正式接收后自行终止。签署就业协议书是一项法律行为，三方都要承担各自的责任和义务。对毕业生来说，应向用人单位如实介绍自己的情况，并在规定的时间内到用人单位报到；对用人单位来说，签署后就意味着同意毕业生到本单位工作，要负责为毕业生办理入职手续。

一、就业协议书的作用

就业协议书是国家为规范高校毕业生就业工作，避免混乱，杜绝就业欺诈行为，维护高校毕业生就业工作的严肃性，维护毕业生、用人单位和学校的合法权益而采取的一项必要措施。就业协议书有一定权威性，是许多用人单位录取毕业生、接转毕业生人事档案、给毕业生上编的重要文书。就业协议书主要有以下两点作用。

(1) 保障毕业生在寻找工作阶段的权利与义务，约束签订劳动合同的时间、劳动合同的内容等。当发现所要签订的劳动合同与就业协议书不一致，特别是出现对维护毕业生权益不利的情况时，毕业生应该要求用人单位按照已经签订生效的就业协议书拟订新的劳动合同，使其内容与就业协议书相符。

(2) 确保用人单位能方便地从学校直接调出该毕业生的真实档案、资料。

二、就业协议书的内容

就业协议书是依据教育部颁布的《普通高等学校毕业生就业工作暂行规定》(以下简称《暂行规定》)制定的。《暂行规定》第二十四条规定："经供需见面和双向选择后，毕业生、用人单位和高等学校应当签订毕业生就业协议书，作为制订就业计划和派遣的依据。"由此可见，毕业生就业时必须签订就业协议书；否则，国家或省(市、区)级毕业生就业主管部门无法为毕业生办理就业报到手续和签发就业报到证。

(一) 规定条款

就业协议书上载有以下 7 条规定条款。

(1) 毕业生应按国家规定就业，向用人单位如实介绍自己的情况，了解单位的使用意图，表明自己的就业意图，在规定的时间内到用人单位报到，若遇到特殊情况不能按时报到，需征得用人单位同意。

本条款要求毕业生在签订就业协议书前，一定要了解国家关于毕业生就业的方针和政策；在签订就业协议书时，毕业生本人的情况应当符合就业政策，并遵守有关的程序规定，否则将导致就业协议书无效。同时，本条款要求毕业生在双向选择过程中实事求是地向用人单位介绍自己德、智、体诸方面的实际表现和情况，不得弄虚作假。在签订就业协议书前，毕业生还应当了解用人单位对毕业生的使用意图和拟提供的工作岗位，并根据自己所学的专业和实际情况综合考虑该工作岗位是否适合自己，而不要只考虑单位的好坏。已经与用人单位签订就业协议书的毕业生，必须在报到证规定的时间内到用人单位报到，若遇到特殊情况不能按时报到，需征得用人单位的同意。

(2) 用人单位要如实介绍本单位的情况，明确对毕业生的要求及使用意图，做好各项接收工作。凡取得毕业资格的毕业生，用人单位不得以学习成绩为由提出违约，未取得毕业资格的结业生，本协议无效。

本条款是对用人单位提出的要求，要求用人单位与毕业生洽谈时，应当将用人单位的地点、性质、生产规模、生产的产品、生活条件和待遇，以及对毕业生所学专业的要求、具体的工作岗位等实事求是地向毕业生介绍，不得做虚假介绍。毕业生持报到证到用人单位报到时，用人单位要做好接收毕业生的工作。接收工作包括多方面的内容，如为毕业生办理人事关系、户籍关系、档案关系的转入手续，工作的具体安排，生活饮食住宿，介绍规范、纪律等方面的情况等。对于已取得学校颁发的毕业证的毕业生，用人单位不得以学习中有重修成绩为由提出违约，或拒收毕业生并将其退回学校。

(3) 学校要如实向用人单位介绍毕业生的情况，做好推荐工作，用人单位同意录用后，经学校审核列入建议就业计划，报教育部批准，学校负责办理派遣手续。

本条款主要包含两层意思：一是学校作为签约的一方，要实事求是地向用人单位介绍毕业生的情况，做好推荐工作；二是学校要对毕业生与用人单位签订的就业协议书进行审核。审核主要依据国家的政策和学校的规定进行，符合政策和学校规定的，列入建议就业计划。学校形成建议就业计划以后，必须报省(市、区)级毕业生就业主管部门审核批准，省(市、区)级毕业生就业主管部门审核批准后将其作为正式的就业方案下达给学校，由学校正式为毕业生办理就业手续，并颁发报到证。

(4) 学校应在学生毕业前安排体检，不合格者不派遣，本协议自行取消，由学校通知用人单位。如用人单位对毕业生身体条件有特殊要求，原则上应在签订协议前进行单独体检，否则，以学校体检为准。

本条款是对毕业生的身体情况提出的要求。在毕业生离校前，学校应当为毕业生安排一次身体检查，并做出结论性意见。体检合格的，由学校颁发报到证；体检不合格的，学校不予颁发报到证，同时就业协议书自行失效，并由学校函告用人单位。这样做既是对用人单位负责，也是对毕业生负责。对于身体不合格的毕业生，学校将要求其回家休养治病，待身体痊愈后，第二年重新派遣。

(5) 毕业生、用人单位、学校三方如有其他约定，应在备注栏中注明，并视为本协议的一部分。

本条款强调毕业生、用人单位、学校三方在签订就业协议书时，如有一些其他的事项或特殊的约定，应当在就业协议书的备注栏中写明。特别需要注意的是，对于这些其他的约定，一定要在备注栏中签字、盖章，否则有可能导致这些其他约定发生争议。

(6) 本协议经各方签字、盖章后生效。三方都应严格履行本协议，若有一方提出变更协议，须征得另两方同意，由违约方承担违约责任。

本条款是对就业协议书的生效所做的原则性规定。因为就业协议书在签订过程中的情况是复杂的，有的用人单位会来学校参加招聘会，有的用人单位则是单独来学校进行招聘。有的毕业生是到用人单位签约，有的毕业生则是在省、自治区或直辖市举办的人才市场上签约。而且，有的用人单位不能将单位的公章带出，这就使就业协议书的生效出现了许多复杂的情况。为了解决上述问题，各学校对就业协议书的生效以附加条款的方式做出了规定。所以，毕业生应注意学校的规定或就业协议书上的附加条款。本条款还对违约责任做了相关规定。应该说，违约是一种权利，签约的一方因特殊情况确须违约的，经另两方同意后，违约方应向另两方承担相应的违约责任。承担违约责任有多种方式，如赔礼道歉、赔偿损失、支付违约金等，但是无论采取哪种承担违约责任的方式，都应当在签订就业协议书时进行约定。

(7) 本协议一式三份，毕业生、用人单位、学校各执一份，复印无效。

本条款对就业协议书的数量和持有人做了规定，同时指出了不准复印，否则将造成就业协议书无效。

(二) 意见与签字盖章

签署意见与签字盖章部分包括以下四个方面的内容。

1. 毕业生情况及意见

这部分内容由毕业生本人填写，毕业生情况包括姓名、性别、年龄、民族、政治面貌、培养方式、健康情况、专业、学制、学历和家庭地址等。在上述各栏中需要注意的是，在“培养方式”一栏中，属于国家计划招收的毕业生要填写“统招统分生”。在“应聘意见”一栏中，毕业生要填写自己的意见，也就是毕业生对是否愿意到用人单位就业要表明自己的意见；同时也应将与用人单位在洽谈中达成的基本条件写明，以避免日后发生争议。

2. 用人单位情况及意见

这部分内容由用人单位填写，用人单位的情况包括单位名称、单位隶属、联系人、联系电话、邮政编码、通信地址、所有制性质、单位性质和档案转寄详细地址。用人单位意见包括用人单位人事部门意见和用人单位上级主管部门意见两部分。

3. 学校意见

学校意见包括院(系、所)意见和学校毕业生就业部门意见两部分。院(系、所)意见一般填写毕业生所在院(系、所)的意见，院(系、所)在签署意见时除了进行初步审核以外，还要了解毕业生的具体就业去向。学校毕业生就业部门意见是代表学校一方在就业协议书上签字盖章。学校要对就业协议书进行实质性审核，表明学校对毕业生与用人单位所签就业协议书的态度。

4. 备注

备注是为毕业生、用人单位、学校三方共同约定的其他条款所设计的。在备注中，毕业生与用人单位约定的条款如果不涉及学校的有关规定，不违反政策，并只在毕业生与用人单位之间约定，学校是不予干涉的。毕业生在接到学校颁发的正式就业协议书后，要仔细阅读就业协议书中的全部条款，以认真负责的态度签订就业协议书。

案例 7-2

范某就业协议纠纷案

1. 基本案情

范某2012年9月就读广东某大学。自2016年1月14日始,范某到广州某信息科技有限公司(以下简称信息公司)工作。双方于2016年4月28日签订了就业协议书,约定范某在信息公司从事销售工作,服务期3年,试用期2个月,从2016年5月1日起计,收入为3200元/月,试期满后收入为4000元/月。2016年6月28日,范某毕业后继续在信息公司就职,服从信息公司的管理,提供劳动(包括出差),领取报酬。双方没有订立书面劳动合同。2016年7月31日,范某离职。

仲裁裁决:一、确认范某与信息公司自2016年6月28日起至2016年7月31日止存在劳动关系;二、信息公司一次性支付范某2016年7月1日至2016年7月31日的工资4000元、经济补偿金2000元、2016年7月28日至2016年7月31日未订立书面劳动合同的工资516.13元。裁决后,范某不服,向一审法院起诉。

2. 裁判结果

一审法院判决:双方自2016年5月1日起至2016年7月31日止存在劳动关系。信息公司向范某支付2016年7月1日至2016年7月31日的工资4000元、经济补偿金2000元、未订立书面劳动合同的工资8000元等。判决后,信息公司不服上诉。二审判决驳回上诉,维持原判。

3. 典型意义

现行法律规定并没有将在校大学生排除在劳动法适用主体之外,因此,劳动者的学生身份并不必然成为其作为劳动主体资格的限制。在校大学生为完成学习任务或因勤工俭学到用人单位提供劳动的,双方不构成劳动关系。但如果在校大学生以就业为目的进入用人单位,双方用工关系符合劳动关系实质特征,应认定为劳动关系,不应以大学生尚未毕业而否认双方存在劳动关系。

案例分析

本案中,范某以就业为目的入职信息公司,入职时已满18周岁,双方签订的就业协议书明确了岗位、服务期、试用期以及报酬等情况。范某接受信息公司的管理,从事信息公司安排的劳动,信息公司按月向范某支付工资并报销差旅费。双方用工关系符合劳动关系的基本特征,应认定劳动关系成立。

三、就业协议书的申请

就业协议书由教育部按规定格式统一制表,由毕业生在毕业年度内通过手机端或计算机端两种途径登录“全国高校毕业生毕业去向登记与网上签约平台”申请。手机端登录方式是在微信上关注“24365 国家大学生就业服务平台”公众号，点击左下角“毕业生”，选择“去向登记”；计算机端登录方式是直接搜索“全国高校毕业生毕业去向登记与网上签约平台”，直接进入官网。

四、签订就业协议书的步骤

(1) 用人单位与毕业生通过双向选择，由一方向另一方要约，表达就业意向，经双方同意后，开启签约程序。毕业生参加招考被录取的，也需要签订就业协议书。

(2) 毕业生登录“全国高校毕业生毕业去向登记与网上签约平台”，申请就业协议书。学校经过审核后同意毕业生的申请，毕业生即可自行打印就业协议书，就业协议书上有学校的签章。

(3) 毕业生在就业协议书上作出承诺并签署意见后，将其交给用人单位，用人单位签署意见并盖章。

(4) 毕业生将一份就业协议书交给用人单位，一份自己留存，另一份交学校保存。

五、签订就业协议书的注意事项

(一) 了解国家有关就业政策

高校毕业生就业政策和规定是指导与规范毕业生顺利就业的政策依据。目前较为系统的就业法规是教育部颁布的《普通高等学校毕业生就业工作暂行规定》，其内容具体详尽，操作性强，对毕业生的就业行为规范有一定的指导作用，毕业生在签订就业协议前应认真学习领会。

(二) 认真审查用人单位的资格

签订就业协议书的当事人是否具有合法的主体资格，是就业协议书是否具有法律效力的前提。用人单位不管是机关、事业单位还是企业，都必须具有录用毕业生的自主权。如果其本身不具备用人的自主权，则必须经其具有用人权利的上级主管部门批准。因此，毕业生在签订就业协议书前，一定要先仔细了解用人单位的基本情况，审查用人单位的主体资格，这样才有利于做出正确的判断。

(三) 认真审查就业协议书的内容

就业协议书的内容是整个就业协议书的关键部分，毕业生一定要认真审查。首先审查内容是否合法，是否符合国家相关法律和政策；其次审查双方权利和义务是否合理；最后审查除主协议外是否有附件或补充协议，并审查清楚其内容。如果确有必要对就业协议书的条款进行变更或增减，毕业生可以和用人单位协商，就原就业协议书中未能体现的具体权利和义务，以补充协议的形式表达出来，并在就业协议书的“备注”栏中加以确定，但涉及的内容一定要具体、明确，不会产生歧义；如无附加条款，则应当将协议书中的空白部分划去，或注明“以下空白”。一定要注意，补充协议和主协议具有同等法律效力。

（四）就业协议书与劳动合同应相衔接

现行的毕业生就业协议书属于“格式合同”，但“备注”部分允许三方根据实际情况约定相应的权利和义务。因此，毕业生可以充分利用“备注”的合法空间及相关规定来进行自我保护。由于就业协议书签订在先，为了避免到就业单位签订劳动合同时发生争议，毕业生在就业过程中应与用人单位就服务期限、试用期、工作岗位和工作内容、劳动保护和工作条件、工作报酬、福利待遇等劳动合同的主要条款与用人单位协商，在就业协议书的备注栏中予以注明。双方需约定就业时签订的劳动合同包括上述内容，以保证毕业生就业前签订的就业协议书与就业时签订的劳动合同相一致。

六、就业协议书无效的情形

无效的就业协议书是指欠缺有效要件或违反就业协议订立原则的协议书，不具备法律效力，自订立之日起就无效。凡属如下情形之一者，均为无效的就业协议书。

（1）非毕业生本人签订的。

（2）对毕业生明显不公平，或违反公平竞争、公平录用原则的。

（3）用人单位没有录用权利或者虚假招聘的。

（4）采取欺骗、隐瞒、胁迫等违法手段签订的。

（5）未经用人单位及其主管部门签署意见并加盖公章的。

（6）其他违反法律法规或就业政策的。

七、就业协议书的解除

就业协议的解除分为单方解除和三方解除。

（一）单方解除

单方解除包括单方擅自解除和单方依法或依协议解除。单方擅自解除属违约行为，解约方应对另两方承担违约责任；单方依法或依协议解除是指一方解除就业协议有法律上或协议上的依据，如学生未取得毕业资格，用人单位就有权单方解除就业协议，此类单方解除，解除方无须对另一方承担法律责任。

（二）三方解除

三方解除是指毕业生和用人单位双方经协商一致，废除原订立的协议，使协议不发生法律效力。此类解除因是双方当事人真实意思表示一致的体现，所以毕业生、用人单位和学校三方均不承担法律责任。三方解除应尽量在就业计划上报主管部门之前进行，若在就业派遣计划下达后进行三方解除，还须经主管部门批准，办理调整改派。

八、就业协议书与劳动合同的区别

就业协议书与劳动合同都是用人单位录用毕业生时订立的书面协议，但两者处于毕业生与用人单位相互联系的不同阶段，两者的区别具体表现在以下几个方面。

（一）内容不同

就业协议的内容主要是毕业生如实介绍自身情况，并表示愿意到用人单位就业；用人单位表示愿意接收毕业生；学校同意推荐毕业生，并将其列入就业计划进行派遣。劳动合同的内容涉及劳动报酬、劳动保护、工作内容、劳动纪律等，是在明确工作关系后签订的关于双方权利与义务的协议。

（二）主体不同

就业协议书是毕业生在校时，由学校参与见证，与用人单位协商签订的，是编制毕业生就业计划和毕业生派遣的依据。劳动合同是毕业生与用人单位明确劳动关系中权利义务关系的协议，学校不是劳动合同的主体，也不是劳动合同的见证方。劳动合同是毕业生上岗后从事何种岗位、享受何种待遇等权利和义务的依据。

（三）效力不同

就业协议书只是毕业生在择业过程中签订的协议，其有效期是自协议签订之日起，至毕业生到用人单位报到、签订劳动合同之日止。签订劳动合同后，就业协议书就会丧失法律效力。劳动合同的有效期是劳动者与用人单位以合同方式确定的，除法律规定的情形外，双方不得随意变更、中止。

一般来说，就业协议书签订在前，劳动合同订立在后，如果毕业生与用人单位就工资待遇、住房等有事先约定，也可在就业协议书的备注栏中予以注明，日后订立的劳动合同对此内容应予认可。就业协议书是毕业生和用人单位关于将来就业意向的初步约定。

总之，就业协议书重点约定用人单位接收毕业生到该单位工作，而劳动合同重点约定劳动过程中产生的权利与义务关系。

任务二 签订劳动合同

劳动合同是劳动者与用人单位确立劳动关系、明确双方权利与义务的协议。根据劳动合同，劳动者加入企业、个体经济组织、事业组织、国家机关、社会团体等用人单位，成为该单位的一员，承担一定的工种、岗位或职务工作，并遵守所在单位的内部劳动规则和其他规章制度；用人单位应及时安排被录用的劳动者工作，按照劳动者提供劳动的数量和质量支付劳动报酬，并且根据劳动法律、法规及劳动合同的约定提供必要的劳动条件，保证劳动者享有劳动保护及社会保险、福利等权利和待遇。劳动合同在法律上确立了劳动者与用人单位之间的劳动关系，将双方的有关权利、义务通过书面合同的形式确立下来，并使其特定化、具体化。根据《中华人民共和国劳动合同法》(以下简称《劳动合同法》)等法律法规订立的劳动合同受国家法律保护，对订立合同的双方当事人产生约束力，是处理劳动争议的直接证据和依据。

《中华人民共和国劳动合同法》是 2007 年 6 月 29 日第十届全国人民代表大会常务委员会第二十八次会议通过，并以中华人民共和国主席令发布的关于劳动合同的法律条文。2012 年 12 月 28 日，第十一届全国人民代表大会常务委员会第三十次会议对《劳动合同法》进行了修正。

新修正的《劳动合同法》自 2013 年 7 月 1 日起施行。《劳动合同法》对于保护劳动者合法权益，构建和发展和谐劳动关系、构建和谐社会具有重要意义。《劳动合同法》共八章九十八条，包括总则、劳动合同的订立、劳动合同的履行和变更、劳动合同的解除和终止、特别规定、监督检查、法律责任和附则。

《劳动合同法》是我国在新的历史发展时期对劳动关系现状及其发展趋势做出准确判断的基础上制定的一部重要法律。这部法律的立法宗旨是明确劳动合同双方当事人的权利和义务，保护劳动者合法权益，构建和发展和谐稳定劳动关系。

一、劳动合同的内容

劳动合同的内容可分为两部分：一是必备条款；二是协商条款。

(一) 必备条款

根据 2012 修正的《劳动合同法》，必备条款包括九条：用人单位的名称、住所和法定代表人或者主要负责人；劳动者的姓名、住址和居民身份证或者其他有效身份证件号码；劳动合同期限；工作内容和工作地点；工作时间和休息休假；劳动报酬；社会保险；劳动保护、劳动条件和职业危害防护；法律、法规规定应当纳入劳动合同的其他事项。

1. 劳动合同期限

劳动合同期限是指合同的有效时间，它一般始于合同的生效之日，终于合同的终止之时。任何劳动过程，都是在一定的时间和空间中进行的。在现代化社会中，劳动时间被认为是衡量劳动效率和成果的一把尺子。劳动合同期限由用人单位和劳动者协商确定，是劳动合同的一项重要内容，有着十分重要的作用。

《劳动合同法》规定劳动合同的期限如下：

(1) 固定期限，如 1 年期限、3 年期限等；

(2) 无固定期限，指合同期限没有具体的时间约定，只约定终止合同的条件，若无特殊情况这种期限的合同应存续到劳动者到达退休年龄；

(3) 以完成一定的工作为期限。

指用人单位与劳动者约定以某项工作的完成为合同期限的劳动合同，劳动合同期限由用人单位和劳动者协商确定。

2. 工作内容

双方可以在合同中约定工作数量、质量及劳动者的工作岗位等内容。在约定工作岗位时可以约定较宽泛的岗位概念，也可以另外签一个短期的岗位协议作为劳动合同的附件，还可以约定在何种条件下可以变更岗位条款等。

3. 劳动保护和劳动条件

双方可以在合同中约定工作时间和休息、休假的规定，各项劳动安全与卫生的措施，对女员工和未成年员工的劳动保护措施与制度，以及用人单位为不同岗位劳动者提供的劳动、工作的必要条件等。

4. 劳动报酬

双方应在合同中约定劳动者的标准工资、加班费、奖金、津贴、补贴的数额及支付时间、支付方式等。

5. 劳动纪律

劳动者应当遵守用人单位制定的规章制度，可采取将内部规章制度印制成册，作为合同附件的形式加以简要约定。

6. 劳动合同终止的条件

此条款一般是在无固定期限的劳动合同中约定，因这类合同没有终止的时限，其他期限种类的合同也可以做此约定。须注意的是，双方当事人不得将法律规定的可以解除合同的条件约定为终止合同的条件，以避免出现用人单位将应当在解除合同时支付经济补偿金，改为终止合同不予支付经济补偿金的情况。

7. 违反劳动合同的责任

合同中一般约定两种违约责任形式：一种是一方违约，赔偿方式为违约方赔偿给对方造成的经济损失；另一种是双方事先约定违约金的计算方法，采用违约金方式时应当注意根据职工一方的承受能力来约定具体金额，避免出现显失公平的情形。

（二）协商条款

按照法律规定，用人单位与劳动者订立的劳动合同除上述必备条款以外，还可以协商约定其他内容，一般简称为协商条款或约定条款。

协商条款是当国家法律规定不明确，或者国家尚无相关法律规定的情况下，用人单位与劳动者根据双方的实际情况协商约定的一些随机性的条款。劳动行政部门印制的劳动合同样本一般都将必备条款写得很具体，同时留出一定的空白由双方随机约定一些内容，如对试用期的约定、劳动者要保守用人单位商业秘密的事项、用人单位内部的一些福利待遇、房屋分配或购置等内容。

随着《劳动合同法》的施行，人们的法律意识、合同观念越来越强，劳动合同中约定条款的内容也越来越多。

案例 7-3

能否认定劳动者加班事实

1. 基本案情

吴某于2019年12月入职某医药公司，月工资18000元。某医药公司加班管理制度规定："加班需提交加班申请单，按程序审批。未经审批的，不认定为加班，不支付加班费。"吴某入职后，按照某医药公司安排实际执行每天早9时至晚9时、每周工作6天的工作制度。其按照某医药公司加班管理制度提交了加班申请单，但某医药公司未实际履行审批手续。2020年11月，吴某与某医药公司协商解除劳动合同，要求某医药公司支付加班费，并出具了考勤记录、与部门领导及同事的微信聊天记录、工作会议纪要等。某医药公司虽认可上述证据的真实性，但以无公司审批手续为由拒绝支付。吴某向劳动人事争议仲裁委员会（简称仲裁委员会）申请仲裁。

2. 申请人请求

请求裁决某医药公司支付2019年12月至2020年11月加班费50000元。

3. 处理结果

仲裁委员会裁决某医药公司支付吴某2019年12月至2020年11月加班费50000元。某医药公司不服仲裁裁决起诉，一审法院判决与仲裁裁决一致，某医药公司未上诉，一审判决已生效。

案例分析

本案的争议焦点是某医药公司能否以无公司审批手续为由拒绝支付吴某加班费。

《中华人民共和国劳动法》（以下简称《劳动法》）第四十四条规定："有下列情形之一的，用人单位应当按照下列标准支付高于劳动者正常工作时间工资的工资报酬：（一）安排劳动者延长工作时间的，支付不低于工资的百分之一百五十的工资报酬；（二）休息日安排劳动者工作又不能安排补休的，支付不低于工资的百分之二百的工资报酬；（三）法定休假日安排劳动者工作的，支付不低于工资的百分之三百的工资报酬。"《工资支付暂行规定》（劳部发〔1994〕489号）第十三条规定，用人单位在劳动者完成劳动定额或规定的工作任务后，根据实际需要安排劳动者在法定标准工作时间以外工作的，应按标准支付工资。从上述条款可知，符合"用人单位安排""法定标准工作时间以外工作"情形的，用人单位应当依法支付劳动者加班费。

本案中，吴某提交的考勤记录、与部门领导及同事的微信聊天记录、工作会议纪要等证据形成了相对完整的证据链，某医药公司也认可上述证据的真实性。某医药公司未实际履行加班审批手续，并不影响对"用人单位安排"加班这一事实的认定。故仲裁委员会依法裁决某医药公司支付吴某加班费。

此案的典型意义在于，劳动规章制度对用人单位和劳动者都具有约束力。一方面，用人单位应严格按照规章制度的规定实施管理行为，不得滥用优势地位，侵害劳动者合法权益；另一方面，劳动者在合法权益受到侵害时，要注意保留相关证据，为维权提供依据。仲裁委员会、人民法院应准确把握加班事实认定标准，纠正用人单位规避法定责任、侵害劳动者合法权益的行为。

二、订立劳动合同的原则

劳动合同订立是指劳动者和用人单位经过相互选择和平等协商后，就劳动合同条款达成协议，从而确立劳动关系和明确双方权利义务的法律行为。

《劳动合同法》第十条的规定，“已建立劳动关系，未同时订立书面劳动合同的，应当自用工之日起一个月内订立书面劳动合同”；第八十二条规定，“用人单位自用工之日起超过一个月不满一年未与劳动者订立书面劳动合同的，应当向劳动者每月支付二倍的工资”；第十四条规定，“用人单位自用工之日起满一年不与劳动者订立书面劳动合同的，视为用人单位与劳动者已订立无固定期限劳动合同”。

对于劳动合同订立应遵循的原则，《劳动法》第十七条规定：“订立和变更劳动合同，应当遵循平等自愿、协商一致的原则，不得违反法律、行政法规的规定。”

（一）平等自愿原则

平等是指双方当事人法律地位平等，双方都有权选择并就合同内容表达各自独立的意志。自愿是指劳动者与用人单位自由表达各自的意志，主张自己的权益和志愿，任何一方都不得强迫对方接受自己的意志。凡采取欺诈、胁迫等手段把自己的意愿强加给对方的，均不符合自愿的原则。对于双方当事人来讲，平等是自愿的基础和前提，自愿是平等的表现，二者相辅相成、不可分割。平等自愿原则是劳动合同订立的基础和基本条件。

（二）协商一致原则

在订立合同的过程中，劳动者与用人单位双方应对劳动合同的内容、期限等条款进行充分协商，达到双方对劳动权利和义务的意思表示一致。只有双方协商一致后，合同才能成立。

（三）合法原则

合法原则是指遵守国家法律、行政法规的原则。劳动者和用人单位在订立劳动合同时，不能违反国家法律、行政法规的规定，这是劳动合同得以有效并受法律保护的前提条件。依法订立劳动合同，必须符合以下几项要求。

1. 订立劳动合同的目的必须合法

当事人不得以订立劳动合同的合法形式掩盖非法意图和违法行为，以达到不良企图。

2. 订立劳动合同的主体必须合法

这是指双方当事人必须具备法律、法规规定的主体资格。用人单位应是依法成立的企业、个体经济组织、国家机关、事业组织、社会团体等。劳动者必须具有劳动权利能力和劳动行为能力，即应是年满 16 周岁、具有劳动行为能力的中国人、外国人和无国籍人。双方主体在签约时，主体资格必须合法。

3. 订立劳动合同的内容必须合法

双方当事人在劳动合同中所设定的权利义务条款必须符合国家法律法规和有关政策的规定。例如，有的劳动合同规定“发生工伤事故，单位概不负责”“旷工 3 天予以除名”“不享受星期天休假”等，这些规定均属于因内容违法而无效的条款。对此，用人单位应承担由此产生的法律责任。

4. 订立劳动合同的程序必须合法

有的地方性法规除了要求当事人签订书面合同并签字盖章以外，还规定劳动合同须由劳动行政主管部门的劳动合同管理机构进行鉴证，方能生效。

5. 订立劳动合同的行为必须合法

订立劳动合同的行为合法是劳动合同合法的前提之一，行为不合法，自然无法保证劳动合同合法。

三、订立劳动合同的注意事项

(一) 详细阅读合同条款，识别并拒绝霸王条款

劳动合同牵涉劳动者的切身利益，在订立合同的时候，劳动者应仔细研读合同条款，认真判断合同条款是否符合国家的相关法律和政策、合同签订双方的权利和义务是否合理、是否存在霸王条款等，对违规条款应予以拒绝。

(二) 待遇条款要明确

签订合同时，工资水平、工作条件、职务、保险等有关自己利益的待遇条款要明确，切不可含糊。如合同规定用人单位提供保险，但未指明是哪几类保险，这就属于模糊条款。如果不明确说明保险种类和数量，那么只提供一类保险也算是符合合同，劳动者在签订合同时应对此类条款予以明确。

(三) 了解用人单位的情况，防止签订无效合同

劳动者应详细了解用人单位是否具有法人资格、从事的工作是否合法、是否有能力兑现合同的约定，以防止因签订无效合同而蒙受损失。同时，劳动者还应该详细了解用人单位的其他情况，如用人单位的发展前景、用人单位给员工的福利待遇及提供的培训机会等，以确定该用人单位确实有利于自身的发展。

(四) 应当订立书面合同，口头合同不可取

建立劳动关系，应当订立书面劳动合同。大学生切不可因求职心切而相信某些用人

单位关于工资水平、福利待遇等事项的口头许诺，这些口头许诺是靠不住的，一旦有争议，大学生难以真正维护自己的权益，口头许诺也会化成泡影。

案例 7-4

伤心的小睿

小睿是个口才不错的男孩，常常因为口才好而受到别人夸奖。但是，再好的口才，在白纸黑字面前也会“哑口无言”。小睿找工作的过程就像是一场“游戏”，学装饰设计的他没有去人才市场，而是直接骑车在自己喜欢的路段上寻找大的家装公司，上门直接求职。在经过 4 家公司的入门咨询与谈判后，小睿与一家公司签了约，合同规定试用期 1 个月，试用期内工资为 2500 元，转正后工资涨到 2900 元。在签订合同时，老板还亲自强调，等小睿转正之后每天会另加 10 元的餐补和 10 元的车补；如果工作满两年，还可以考虑补助电话费等。老板还说，等到小睿结婚时，公司还可以考虑以五折优惠为他装修新房。老板的话让小睿感觉美滋滋的。

可是，试用期结束后，小睿并没有在自己的工资单里看到餐补、车补的内容。于是，他就去询问公司的人力资源经理。人力资源经理说，公司合同中并没有此类内容，小睿马上告诉人力资源经理，这是老板亲口说的，人力资源经理像看一头怪物一样看着小睿。后来小睿才知道，他们老板的遗忘速度比说话速度更快。实际上，这是很多企业老板在招揽人才时的通病。回忆起签约时自己曾经问过老板这些内容在合同里如果没有的话，公司会不会否认，老板说这么大的公司不会在乎这几个钱。而现在，对于人力资源经理的解释，小睿真不知道该如何是好。

案例分析

在这个案例中，小睿过于相信了单位老板的口头承诺。在试用期结束后，用人单位并未按照口头承诺兑现工资待遇。事实表明，大学生应该学会保护自己的合法权益，面对用人单位在福利待遇方面的口头诱惑，应当保持清醒，应将相关权利落实到合同中。

（五）收取押金或者证件是违法的

一些用人单位在签订合同前会擅自向劳动者索要押金或者扣押劳动者的身份证、毕业证等重要证件，毕业生在签订劳动合同时应对此类行为予以警惕。押金是不可以交的，证件可以让用人单位看或提交复印件，但绝不可以让用人单位将原件带走。

（六）试用期的期限

试用期是指用人单位对新招收的职工进行思想品德、劳动态度、实际工作能力、身体情况等进行进一步考察的时间期限。《劳动合同法》规定，劳动合同可以约定试用期，但最长不得超过六个月。同一用人单位与同一劳动者只能约定一次试用期。

在劳动合同中约定试用期，一方面可以维护用人单位的利益，为每个工作岗位找到合适的劳动者；另一方面也可以维护新招收职工的利益，使被录用的职工有时间考察了解用人单位的工作内容、劳动条件、劳动报酬等是否符合劳动合同的规定。

《劳动合同法》中关于劳动合同期限与试用期的规定如表7-1所示。

表7-1 劳动合同期限与试用期

劳动合同期限	试 用 期
3个月以下	不得约定试用期
3个月以上不满1年	不超过1个月
1年以上不满3年	不超过2个月
3年以上	不超过6个月
无固定期限劳动合同	不超过6个月
以完成一定工作任务为期限的劳动合同	不得约定试用期
非全日制用工	不得约定试用期

(七) 试用期工资

《劳动合同法》第二十条规定:“劳动者在试用期的工资不得低于本单位相同岗位最低档工资或者劳动合同约定工资的百分之八十,并不得低于用人单位所在地的最低工资标准。”

(八) 注意就业协议书和劳动合同的衔接

就业协议书是毕业生和用人单位达成意向后签订的协议,在毕业生到用人单位报到并建立正式劳动关系时,应当签订劳动合同。劳动合同签订后,就业协议书自动失效,因此毕业生在签订劳动合同时,要注意让劳动合同中的条款与就业协议书中的承诺保持一致,尤其是要将就业协议书中的约定在劳动合同中明确表达,防止因就业协议书中的条款未写入劳动合同而无法得到法律保障。

案例 7-5

劳动者拒绝违法超时加班安排,用人单位能否解除劳动合同

1. 基本案情

张某于2020年6月入职某快递公司,双方订立的劳动合同约定试用期为3个月,试用期月工资为8000元,工作时间执行某快递公司规章制度相关规定。某快递公司规章制度规定,工作时间为早9时至晚9时,每周工作6天。2个月后,张某以工作时间严重超过法律规定上限为由拒绝超时加班安排,某快递公司即以张某在试用期间被证明不符合录用条件为由与其解除劳动合同。张某向劳动人事争议仲裁委员会(简称仲裁委员会)申请仲裁。

2. 申请人请求

请求裁决某快递公司支付违法解除劳动合同赔偿金8000元。

3. 处理结果

仲裁委员会裁决某快递公司支付张某违法解除劳动合同赔偿金8000元(裁决为终局裁决)。仲裁委员会将案件情况通报劳动保障监察机构,劳动保障监察机构对某快递公司规章制度违反法律法规规定的情形责令其改正,给予警告。

案例分析

本案的争议焦点是张某拒绝违法超时加班安排,某快递公司能否与其解除劳动合同。

《劳动法》第四十一条规定:“用人单位由于生产经营需要,经与工会和劳动者协商后可以延长工作时间,一般每日不得超过一小时;因特殊原因需要延长工作时间的,在保障劳动者身体健康的条件下延长工作时间每日不得超过三小时,但是每月不得超过三十六小时。”第四十三条规定:“用人单位不得违反本法规定延长劳动者的工作时间。”《劳动合同法》第二十六条规定:“下列劳动合同无效或者部分无效:……(三)违反法律、行政法规强制性规定的。”为确保劳动者休息权的实现,我国法律对延长工作时间的上限予以明确规定。用人单位制定违反法律规定的加班制度,在劳动合同中与劳动者约定违反法律规定的加班条款,均应认定为无效。

本案中,某快递公司规章制度中“工作时间为早9时至晚9时,每周工作6天”的内容,严重违反法律关于延长工作时间上限的规定,应认定为无效。张某拒绝违法超时加班安排,系维护自己合法权益,不能据此认定其在试用期间被证明不符合录用条件。故仲裁委员会依法裁决某快递公司支付张某违法解除劳动合同赔偿金。

此案的典型意义在于,《劳动法》第四条规定:“用人单位应当依法建立和完善规章制度,保障劳动者享有劳动权利和履行劳动义务。”法律在支持用人单位依法行使管理职权的同时,也明确其必须履行保障劳动者权利的义务。用人单位的规章制度以及相应工作安排必须符合法律、行政法规的规定,否则既要承担违法后果,也不利于构建和谐稳定的劳动关系、促进自身健康发展。

案例7-6

就业协议转劳动合同纠纷

应届毕业生刘某与某公司签订了就业协议书,双方未在协议中约定具体的工资福利,只约定违约金3000元。2021年7月11日,刘某到该公司报到,并与公司签订了为期1年的劳动合同,合同约定试用期为1个月。工作10天后,刘某向公司提出辞职申请,公司要求刘某承担3000元的违约责任。

公司认为,劳动合同产生的基础是就业协议书,根据就业协议书,刘某的辞职行为已构成违约,理应向公司支付违约金。

刘某则认为自己解除劳动合同的行为是合法的,不需要支付违约金。

问题：

1. 刘某是否应该承担违约责任？

2. 刘某是否应该支付3000元的违约金？

案例分析

就业协议书是劳动者在就业前与用人单位基于就业问题达成的协议，就业协议书从成立之日即对双方当事人具有约束力，效力中止于毕业生到用人单位签订劳动合同或聘用合同之日。劳动者违反就业协议书的行为也只可能在此期间产生，在此期间之外不存在违约情形。

明确了以上问题，案例中的问题就不难回答了，刘某已到单位报到，并签订了劳动合同，这意味着就业协议书已失效。此时，双方应当受劳动合同的约束，而根据《劳动合同法》的规定，劳动者在试用期内提前3天通知用人单位，就可以解除劳动合同。刘某在试用期离职是自己的权利，无须承担责任，公司没有权利向刘某主张违约金。

四、劳动合同的变更和解除

劳动合同的变更和解除是劳动合同制度中最影响双方利益的行为。目前，劳动合同方面发生的大量争议大多是由于解除合同而引起的。

（一）劳动合同的变更

在劳动合同订立以后、尚未履行或未完全履行以前，当事人可以就合同的内容进行修改和补充。《劳动合同法》第三十五条规定："用人单位与劳动者协商一致，可以变更劳动合同约定的内容。变更劳动合同，应当采用书面形式。"这一规定包括以下三个方面的内容。

（1）合同的变更必须经当事人协商一致，在原来合同基础上达成变更协议。

（2）合同内容的变更是指合同内容的局部变更，而不是合同内容的全部变更。

（3）合同变更后，原合同变更的部分依变更后的内容履行，原合同没有变更的部分依然有效，即合同的变更并没有取消原合同关系，只是对原合同的内容进行了部分修改。

（二）劳动合同的解除

劳动合同的解除可分为协商解除和单方解除。

1. 协商解除

《劳动合同法》第三十六条规定："用人单位与劳动者协商一致，可以解除劳动合同。"协商解除是指用人单位与劳动者在完全自愿的情况下互相协商，在彼此达成一致意见的基础上提前终止劳动合同的效力。协商解除包括以下两种情形。

（1）用人单位向劳动者提出解除，双方协商一致后解除劳动合同。

（2）劳动者向用人单位提出解除，双方协商一致后解除劳动合同。

在协商解除劳动合同的过程中，如果是用人单位提出的，应依法向劳动者支付经济补偿金。

2. 劳动者单方解除

劳动者单方解除包括以下两种情况。

（1）预告解除。预告解除即劳动者履行预告程序后单方解除劳动合同。预告解除有以下两种情形。

① 劳动者提前 30 日以书面形式通知用人单位，可以解除劳动合同。

② 劳动者在试用期内提前 3 日通知用人单位，可以解除劳动合同。

（2）即时解除。即时解除又称特别解除。劳动者享有单方特别解除权，无须双方协商达成一致意见，也无须征得用人单位的同意。特别解除权是劳动者无条件单方解除劳动合同的权利，是指如果出现了法定的事由，劳动者无须向用人单位预告就可通知用人单位解除劳动合同。由于劳动者行使特别解除权往往会给用人单位的正常生产经营带来很大的影响，所以，《劳动合同法》在保护劳动者与企业合法利益的基础上对此类情形作了具体的规定，只限于在用人单位有过错行为的情况下允许劳动者行使特别解除权。

用人单位有下列情形之一的，劳动者可以解除劳动合同：

① 未按照劳动合同的约定提供劳动保护或者劳动条件的；

② 未及时足额支付劳动报酬的；

③ 未依法为劳动者交纳社会保险费的；

④ 用人单位的规章制度违反法律、法规的规定，损害劳动者权益的；

⑤ 因《劳动合同法》第二十六条第一款规定的情形致使劳动合同无效的；

⑥ 法律、行政法规规定劳动者可以解除劳动合同的其他情形。

用人单位以暴力、威胁或者非法限制人身自由的手段强迫劳动者劳动的，或者用人单位违章指挥、强令冒险作业危及劳动者人身安全的，劳动者可以立即解除劳动合同，不需事先告知用人单位。

根据《劳动合同法》的规定，用人单位有违法、违约行为的，劳动者可以随时或者立即解除劳动合同，并有权取得经济补偿。

3. 用人单位单方解除

用人单位单方面解除劳动合同是指当具备法律规定的条件时，用人单位享有单方解除权，无须双方协商达成一致意见。其主要包括过失性辞退、无过失性辞退和经济性裁员三种情形。

（1）过失性辞退。过失性辞退是指在劳动者有过失时，用人单位有权单方解除劳动合同，无须支付经济补偿金。劳动者有以下情形之一的，用人单位可不支付补偿金，单方解除合同：

① 在试用期间被证明不符合录用条件的；

② 严重违反用人单位的规章制度的；

③ 严重失职，营私舞弊，给用人单位造成重大损害的；

④ 劳动者同时与其他用人单位建立劳动关系，对完成本单位的工作任务造成严重影

响，或经用人单位提出，拒不改正的；

⑤ 因欺诈、胁迫或乘人之危导致合同无效的；

⑥ 被依法追究刑事责任的。

(2) 无过失性辞退。无过失性辞退是指劳动者本人无过失，但由于主客观原因致使劳动合同无法履行，用人单位在符合法律规定的情形下，在履行法律规定的程序后，有权单方解除劳动合同。有下列情形之一的，用人单位提前30日以书面形式通知劳动者本人或者额外支付劳动者一个月工资后，可以解除劳动合同：

① 劳动者患病或者非因工负伤，在规定的医疗期满后不能从事原工作，也不能从事由用人单位另行安排的工作的；

② 劳动者不能胜任工作，经过培训或者调整工作岗位，仍不能胜任工作的；

③ 劳动合同订立时所依据的客观情况发生重大变化，致使劳动合同无法履行，经用人单位与劳动者协商，未能就变更劳动合同内容达成协议的。

(3) 经济性裁员。经济性裁员是指用人单位为降低劳动成本、改善经营管理，因经济或技术等原因一次性裁减20人以上或者裁减不足20人但占企业职工总数10%以上的劳动者。经济性裁员具有严格的条件和程序限制，用人单位裁员时必须遵守规定，并支付劳动者经济补偿金。应该注意的是，企业进行经济性裁员时，劳动者有以下情形之一的，企业不得依据无过失性辞退和经济性裁员的规定单方解除劳动合同：

① 从事接触职业病危害作业的劳动者未进行离岗前职业健康检查，或者疑似职业病病人在诊断或者医学观察期间的；

② 在本单位患职业病或者因工负伤并被确认丧失或部分丧失劳动能力的；

③ 患病或非因工负伤，在规定的医疗期内的；

④ 女职工在孕期、产期、哺乳期的；

⑤ 在本单位连续工作满15年，且距法定退休年龄不足5年的；

⑥ 法律、行政法规规定的其他情形。

案例 7-7

劳动者是否有权拒绝用人单位增加工作任务

1. 基本案情

张某于2018年9月入职某报刊公司从事投递员工作，每天工作6小时，每周工作6天，月工资3500元。2020年6月，因同区域另外一名投递员离职，某报刊公司在未与张某协商的情况下，安排其在第三季度承担该投递员的工作任务。张某认为，要完成加倍的工作量，其每天工作时间至少需延长4小时以上，故拒绝上述安排。某报刊公司依据员工奖惩制度，以张某不服从工作安排为由与其解除劳动合同。张某向劳动人事争议仲裁委员会（简称仲裁委员会）申请仲裁。

2. 申请人请求

请求裁决某报刊公司支付违法解除劳动合同赔偿金14000元。

3. 处理结果

仲裁委员会裁决某报刊公司支付张某违法解除劳动合同赔偿金14000元(裁决为终局裁决)。

案例分析

本案的争议焦点是某报刊公司未与张某协商一致增加其工作任务,张某是否有权拒绝。《劳动合同法》第三十一条规定:“用人单位应当严格执行劳动定额标准,不得强迫或者变相强迫劳动者加班。”第三十五条规定:“用人单位与劳动者协商一致,可以变更劳动合同约定的内容。”劳动合同是明确用人单位和劳动者权利义务的书面协议,未经变更,双方均应严格按照约定履行,特别是涉及工作时间等劳动定额标准的内容。

本案中,某报刊公司超出合理限度大幅增加张某的工作任务,应视为变更劳动合同约定的内容,违反了关于“协商一致”变更劳动合同的法律规定,已构成变相强迫劳动者加班。因此,张某有权依法拒绝上述安排。某报刊公司以张某不服从工作安排为由与其解除劳动合同不符合法律规定。故仲裁委员会依法裁决某报刊公司支付张某违法解除劳动合同赔偿金。

本案的典型意义在于,允许用人单位与劳动者协商一致变更劳动合同,有利于保障用人单位根据生产经营需要合理调整用工安排的权利。但要注意的是,变更劳动合同要遵循合法、公平、平等自愿、协商一致、诚实信用的原则。工作量、工作时间的变更直接影响劳动者休息权的实现,用人单位对此进行大幅调整,应与劳动者充分协商,而不应采取强迫或者变相强迫的方式,更不得违反相关法律规定。

五、违反劳动合同的法律责任

违反劳动合同的法律责任是指一方当事人违反劳动合同给对方造成损失时应承担的法律后果。

(一)劳动者的赔偿责任

《劳动合同法》第九十条规定:“劳动者违反本法规定解除劳动合同,或违反劳动合同中约定的保密义务或竞业限制,给用人单位造成损失的,应当承担赔偿责任。”劳动者的赔偿责任主要包括以下几点。

(1) 劳动合同被确认无效,给用人单位造成损失的,有过错的劳动者应当承担赔偿责任。

(2) 劳动者违反劳动合同中约定的保密义务或竞业限制,应当按照劳动合同的约定向用人单位支付违约金。给用人单位造成损失的,劳动者应当承担赔偿责任。

(3) 劳动者违反《劳动合同法》的规定解除劳动合同,给用人单位造成损失的,应当承担赔偿责任。

(4) 劳动者违反培训协议,未满服务期解除或者终止劳动合同的,或者因劳动者严重违纪,用人单位与劳动者解除约定服务期的劳动合同的,劳动者应当按照劳动合同的约定，向用人单位支付违约金。

（二）用人单位的赔偿责任

用人单位对劳动者的赔偿责任主要包括以下三个方面。

1. 用人单位订立劳动合同违法的法律责任

根据《劳动合同法》第八十二条和第八十四条的规定，用人单位订立劳动合同违法有以下 3 种情形。

（1）用人单位自用工之日起超过 1 个月不满 1 年未与劳动者订立书面劳动合同的，应当向劳动者每月支付 2 倍的工资。

（2）用人单位违反规定不与劳动者订立无固定期限劳动合同的，自应当订立无固定期限劳动合同之日起向劳动者每月支付 2 倍的工资。

（3）用人单位违反规定，以担保或者其他名义向劳动者收取财物的，由劳动行政部门责令限期退还劳动者本人，并以每人 500 元以上 2000 元以下的标准处以罚款；给劳动者造成损害的，应当承担赔偿责任。

2. 用人单位履行劳动合同违法的法律责任

《劳动合同法》第八十五条规定：用人单位有下列情形之一的，由劳动行政部门责令限期支付劳动报酬、加班费或者经济补偿；劳动报酬低于当地最低工资标准的，应当支付其差额部分；逾期不支付的，责令用人单位按应付金额 50%以上 100%以下的标准向劳动者加付赔偿金。

（1）未按照劳动合同的约定或国家规定及时足额支付劳动者劳动报酬的。

（2）低于当地最低工资标准支付劳动者工资的。

（3）安排加班不支付加班费的。

（4）解除或者终止劳动合同，未依照《劳动合同法》规定向劳动者支付经济补偿的。

3. 用人单位违法解除和终止劳动合同的法律责任

（1）《劳动合同法》第八十七条规定：用人单位违反《劳动合同法》的规定解除或终止劳动合同的，应当依照《劳动合同法》规定的经济补偿标准的 2 倍向劳动者支付赔偿金。

（2）《劳动合同法》第八十四条规定：劳动者依法解除或终止劳动合同，用人单位扣押劳动者档案或其他物品的，由劳动行政部门责令限期退还劳动者本人，并以每人 500 元以上 2000 元以下的标准处以罚款；给劳动者造成损害的，应当承担赔偿责任。

（三）连带赔偿责任

连带赔偿责任是我国民事立法中的一项重要民事责任制度，其目的在于补偿救济，加重民事法律关系当事人的法律责任，以有效地保障当事人的合法权益。《劳动合同法》第九十一条规定："用人单位招用与其他用人单位尚未解除或终止劳动合同的劳动者，给其他用人单位造成损失的，应当承担连带赔偿责任。"第九十四条规定："个人承包经营违反本法规定招用劳动者，给劳动者造成损害的，发包的组织与个人承包经营者承担连带赔偿责任。"

在商业竞争日趋激烈的今天，优秀的员工已经成为企业维持生存、保持竞争优势的关键所在。这些员工在其他单位任职期间所获得的劳动技能、客户资源、商业和技术秘密都已成为一种重要的资源，因此，恶意挖人成为一些企业提升竞争力的一种捷径。虽然《劳动合同法》并未明文禁止劳动者的兼职行为，但是用人单位雇用这种与其他用人单位尚未解除劳动合同的劳动者，会侵害其他用人单位的利益。作为实际利益的获得者，用人单位应当对此承担连带赔偿责任。现实生活中，由于这种行为往往会给原用人单位造成巨大的损失，而劳动者本人又没有能力对此进行赔偿，因此《劳动合同法》对用人单位的这种行为规定了连带赔偿责任，其目的是维护正常的市场秩序，促进劳动关系的和谐发展。

该项法律责任的构成要件包括以下三点。

(1) 用人单位有招用与其他用人单位尚未解除或终止劳动合同的劳动者的行为，即用人单位招用劳动者时，该劳动者与其他用人单位仍存在劳动关系。

(2) 用人单位招用劳动者的行为对原用人单位造成了损失。

(3) 用人单位招用劳动者的行为与原用人单位的损失之间存在因果关系。

原用人单位既可以同时请求该用人单位和劳动者承担赔偿责任，也可以任意选择由该用人单位或劳动者先行承担赔偿责任。无论该用人单位是否存在过错，只要该用人单位存在招用与其他用人单位尚未解除或终止劳动合同的劳动者的行为，且因该行为对原用人单位造成损失的，该用人单位就应当对其损失承担连带赔偿责任，而不论该用人单位是否知道其招用的劳动者与其他用人单位尚未解除或终止劳动合同。

六、劳务派遣

劳务派遣又称人才派遣、人才租赁、劳动派遣和劳动力租赁，通常是指劳动力派遣机构与派遣劳动者签订派遣契约，在得到派遣劳动者同意后，使其在被派企业的指挥监督下提供劳动。劳务派遣的最大特点是劳动力雇用与劳动力使用相分离，派遣劳动者不与被派企业签订劳动合同，发生劳动关系，而是与派遣机构存在劳动关系，但却被派遣至被派企业劳动，形成“有关系没劳动，有劳动没关系”的特殊形态。

(一) 劳务派遣迅速发展的原因

劳务派遣近年来在我国迅速发展，劳务派遣用工形式非常普遍，使用劳务派遣的原因主要有以下几个。

(1) 能降低用人单位的用人成本。企业使用派遣劳动者，除了支付工资和社保外，只需给派遣机构支付一定数量的管理费，派遣劳动者比例越高，节约的成本越多。

(2) 能降低用人单位的用工风险。由于派遣劳动者是与派遣机构签订劳动合同，因此所有相关的劳动保障及管理风险都由派遣机构承担。若派遣劳动者与用人单位发生劳动纠纷，就会由派遣机构出面进行调解；若劳动者发生工伤、生病及其他安全问题，也会由派遣机构承担经济损失。另外，派遣机构也可以为用人单位承担突发性大量招聘或裁员带来的风险，用人单位也没有解除劳动合同给付经济补偿金的风险。

(3) 有些用人单位的业务季节性很强，使用劳务派遣能很好地解决短期用工的需求。

（二）劳务派遣的适用岗位与存在的问题

1. 适用岗位

《劳动合同法》第六十六条规定："劳务派遣用工是补充形式，只能在临时性、辅助性或者替代性的工作岗位上实施。"

2. 存在的问题

劳务派遣在一定程度上解决就业问题的同时，也带来了很多其他问题，特别是在劳动者权益保护方面的问题尤为突出。具体有以下几种情况。

(1) 个别派遣机构用工操作不规范。一些派遣机构运作不规范、不合法，如不交或少交社保，随意克扣派遣劳动者的工资等。

(2) 人员流动性大，不利于社会和企业的管理。由于派遣劳动者的工资、福利待遇比正式员工低，且从事的大多是低层次或高强度的工作，造成了派遣劳动者队伍不稳定，人员流动频繁，离职率、失业率较高，给派遣机构和用人单位都带来了管理上的困难。

(3) 派遣劳动者很难获得正常晋升和工资增长。由于派遣劳动者不是用工单位的正式员工，因此很难得到正常的晋升和工资增长，这会导致派遣劳动者同工不同酬。在有些企业中，正式工与派遣劳动者从事同样的工作，如加油、窗口业务等，工资却要差很多。

(4) 滥用劳务派遣问题。有的用人单位为降低用工成本，逃避法律责任，任意使用派遣劳动者，使劳务派遣范围不断扩大，派遣劳动者人数不断增加。还有的用人单位对于一些长年稳定需求的工作岗位，也使用派遣劳动者，如银行的前台柜员等。

(5) 派遣机构的法律和经营风险不断加大，不利于其快速发展。由于派遣劳动者的增加以及各类派遣机构之间竞争的加剧，派遣机构的法律和经营风险不断加大。另外，若因为员工工伤、怀孕、生病、职业病、安全问题，以及非正常离职、员工工作过失或严重违纪违规等原因给用人单位造成严重经济损失的，用人单位会要求派遣机构承担赔偿责任，这使得派遣机构承担了巨大的风险和压力，同时也制约了派遣机构的发展。

任务三　就业权益保护

一、大学生就业的权利和义务

（一）法律法规规定的权利

1. 自主择业权

根据国家规定，高校毕业生有权在国家就业方针和政策的指导下自主择业。只要用人单位经营合法，毕业生就可以自主选择用人单位，任何单位和个人均不得干涉。强令毕业生到某单位就业的行为侵犯的是毕业生的自主择业权。

2. 公平待遇权

根据《劳动法》第十二条的规定，毕业生不分民族、种族、性别、宗教信仰，享有平等就业的权利。用人单位在录用毕业生的过程中，也应公正、公平、一视同仁。公平待遇权包括以下内容。

(1) 大学毕业生享有被学校公正、平等推荐的权利。高校在就业工作中的一项重要职责是向用人单位推荐毕业生。具体有三方面的要求：①如实推荐，即高校在对毕业生进行推荐时，应实事求是地根据毕业生本人的实际情况向用人单位进行介绍、推荐，不能故意贬低或随意捧高毕业生的在校表现；②公正推荐，即高校对毕业生进行推荐时应做到公平、公正，应使每位毕业生都得到就业推荐的机会，不能厚此薄彼，公正推荐是学校的基本责任，也是毕业生享有的最基本的权益；③择优推荐，即高校根据毕业生的在校表现，在公正、公开的基础上，还应择优推荐，让毕业生在就业过程中只能凭优秀的自身综合素质来取胜，这样才能调动广大毕业生和在校生学习的积极性。

(2) 大学毕业生享有被用人单位公平录用的权利。用人单位在录用毕业生时，应坚持择优标准，真正体现优生先录、学以致用、尊重知识、尊重人才；应做到公开、公正、公平，不得歧视少数民族毕业生，不得歧视女毕业生，除国家规定的不适合女性的工种或者岗位以外，不得以性别为由拒绝录用女毕业生或提高女毕业生的录用标准，在工资方面也应贯彻同工同酬的原则。

当前，毕业生公平录用权受到了很大的冲击，也最为毕业生所担忧。由于完全开放的公平的就业市场尚未真正形成，用人单位录用毕业生时还不同程度地存在不公平、不公正的现象，如性别歧视仍然是困扰女毕业生就业的一大问题。公平录用权是所有毕业生最迫切需要得到维护的权益。

(3) 大学毕业生享有公平竞争的权利。公平竞争是市场体制存在和运行的必要条件，毕业生作为就业主体，都享有公平参与竞争的权利。这里的公平是指竞争机会平等、竞争起点平等。竞争主体要自觉遵守毕业生就业的法律、法规和政策，制裁非法竞争和不正当竞争，规范竞争行为。公平竞争是自主择业的前提，是大学毕业生在择业过程中的一项基本权利。

3. 解约及求偿权

毕业生与用人单位签订就业协议书后，任何一方均不得擅自毁约。如用人单位无故要求解约，应对毕业生承担违约责任，并支付违约金，毕业生有权利要求用人单位进行补偿。大学毕业生的解约及求偿权包括以下内容。

(1) 求偿权。求偿权即向违约方要求承担违约责任、获得赔偿的权利。《中华人民共和国民法典》(以下简称《民法典》)第一百八十六条规定："因当事人一方的违约行为，损害对方人身权益、财产权益的，受损害方有权选择请求其承担违约责任或者侵权责任。"

(2) 解除协议权。当履行协议后，毕业生的权益或人身自由、人身安全受到用人单位严重侵害时，毕业生有权主动提出解除协议。

(3) 申诉权。用人单位与劳动者发生劳动争议时，当事人可以依法申请调解、仲裁、提起诉讼,也可以协商解决。《劳动法》第七十九条规定:"劳动争议发生后,当事人可以向本单位劳动争议调解委员会申请调解;调解不成,当事人一方要求仲裁的,可以向劳动争议仲裁委员会申请仲裁。"第八十三条规定:"劳动争议当事人对仲裁裁决不服的,可以自收到仲裁裁决书之日起十五日内向人民法院提起诉讼。一方当事人在法定期限内不起诉又不履行仲裁裁决的,另一方当事人可以申请人民法院强制执行。"

除此之外,毕业生还享有国家和省级人民政府规定的与就业有关的其他权利。

案例 7-8

违规约定试用期导致的就业纠纷案

宋某是 2022 年毕业的大学生,经过应聘于 2022 年 10 月 13 日来到石家庄某外语培训学校从事课程顾问工作。宋某在该学校经历了半个月的所谓"培训期"。之后,学校以口头的形式与宋某约定了一个月的试用期,工资 1000 元。学校与宋某未签订书面劳动合同,也未为宋某交纳各种社会保险。该学校还以工作服的名义向所有员工索要了 600 元的保证金,并且与员工签订了一份有关培训费的协议书,其中约定了培训费用 1000 元,服务期限 6 个月。然而,宋某实际上只接受过岗前培训。宋某上班期间,几乎每天都会延退下班,少则半个小时,多则两三个小时。一天,宋某因家中有事,向部门经理请假一天,部门经理却一反常态,在 11 月 29 日向宋某下达通告,要求宋某要么再延长一个月试用期,要么于 11 月 30 日提前结束试用期并辞退宋某。对于部门经理的无理要求,宋某十分气愤,并求助于律师,以维护自己的合法权益。

案例分析

本案中,用人单位石家庄某外语培训学校违反《劳动合同法》,侵害了其员工宋某的合法权益。有证据证明,该学校存在以下违反《劳动合同法》的行为:①自用工之日起不与员工签订书面劳动合同;②与员工约定和实际所发工资均低于当地最低工资标准;③勒令员工延长试用期;④在试用期内,没有对员工说明理由,提前无故辞退;⑤要求员工交纳保证金;⑥与员工签订实为岗前培训而名为专项培训的培训费协议;⑦经常要求员工加班,但不支付加班费。

(二)法律法规规定的义务

义务是法律、法规和政策规定的主体所承担的一种责任。大学毕业生就业义务是指毕业生在就业活动中应对国家、社会、单位所承担的责任。每名毕业生在求职活动中都必须以高度负责的态度,对国家、社会、单位、家庭尽到应尽的责任。在择业过程中,当个人的兴趣、爱好、特长与国家的需要发生矛盾时,应该从国家的需要出发,自觉服从和服务于国家的需要,到祖国最需要的地方去。大学毕业生在就业过程中应当树立责、权、利统一的思想,形成权利义务一致的观念。毕业生在就业阶段应当履行以下几项义务。

1. 回报国家和服务社会的义务

《中华人民共和国宪法》(以下简称《宪法》)规定,劳动对于公民来说,既是权利也是义务。对于毕业生而言，国家和社会乃至家庭，都为其成才和发展提供了相当优厚的条件与待遇，这是其他青年群体所无法比拟的。按照“得之于社会、还之于社会、报之于社会”的原则，毕业生应积极、有责任地用自己的职业行为回报国家、社会和家庭，承担起自己应尽的义务。新时代的大学生，肩负着民族的希望、历史的重任，应当志存高远、不畏艰辛，到边远地区去，到艰苦行业去，到祖国最需要人才的地方去。

2. 如实介绍自己情况的义务

毕业生在求职择业过程中应当如实地向用人单位介绍自己的情况，这是基本的择业道德要求，也是自己应尽的义务。毕业生在填写推荐表、自荐信，以及与用人单位洽谈介绍自己时，必须实事求是，不得弄虚作假，讲优点不可夸张，谈缺点不要回避，有过失不可隐瞒，说成绩不能虚假，要以诚相见。只有如实介绍自己的情况，才能让人觉得可信、可靠，才能获得用人单位的信任。

3. 遵守就业协议的义务

毕业生与用人单位通过双向选择签订协议，以约束双方的行为。遵守协议是就业工作顺利进行的保障。讲信誉是毕业生应尽的义务，毕业生不能朝三暮四，协议一经签订就不能随便违约，一旦违约，不仅会影响学校正常的就业秩序，而且会损害用人单位、学校、其他同学等各方面的利益。因此，毕业生必须增强信用意识，严格遵守就业协议。

4. 按时到工作单位报到的义务

《普通高等学校毕业生就业工作暂行规定》要求，毕业生办理完离校手续后，应持报到证按时到用人单位报到。如果自离校之日起，无正当理由超过三个月不去就业单位报到，由学校报毕业生就业主管部门批准，不再负责其就业，在其向学校交纳全部培养费或偿还奖（助）学金后，由学校将其档案转至家庭所在地，按社会待业人员处理。

二、企业应向大学毕业生提供的待遇

（一）社会保险

社会保险是国家通过立法的形式，由社会集中建立基金，以使劳动者在年老、患病工伤、失业、生育等丧失劳动能力的情况下，能够获得国家和社会补偿及帮助的一种社会保障制度。社会保险包括养老保险、医疗保险、失业保险、工伤保险和生育保险，也就是通常所说“五险一金”中的“五险”。其中，养老保险、医疗保险和失业保险由企业和个人共同交纳保费，个人承担的部分从工资里扣除；工伤保险和生育保险完全由企业承担，个人不需要交纳。需要强调的是，用人单位给劳动者上保险是一项法定的义务。《中华人民共和国社会保险法》第八十四条规定：“用人单位不办理社会保险登记的，由社会保险行政部门责令限期改正；逾期不改正的，对用人单位处应缴社会保险费数额一倍以上三倍以下的罚款，对其直接负责的主管人员和其他直接责任人员处五百元以上三千元以下的罚款。”

1. 养老保险

养老保险（养老保险制度）是国家和社会根据一定的法律和法规，为保障劳动者在达到国家规定的解除劳动义务的劳动年龄界限，或因年老丧失劳动能力退出劳动岗位后的基本生活而建立的一种社会保险制度。这一概念主要包含以下三层含义。

(1) 养老保险是以社会保险为手段来达到保障目的的。养老保险是世界各国较普遍实行的一种社会保险制度，一般都是由国家立法强制实行，企业单位和个人都必须参加，符合养老条件的人，可向社会保险部门领取养老金；养老保险的费用一般由国家、单位和个人三方或单位和个人双方共同负担，并实现广泛的社会互济；养老保险具有社会性，影响很大，享受者多且时间较长，费用支出庞大，因此必须设置专门机构，实行现代化、专业化、社会化的统一规划和管理。

(2) 养老保险是在法定范围内的老年人完全或基本退出社会劳动生活后才自动发生作用的。这里所说的“完全”，是以劳动者与生产资料的脱离为特征的；而“基本”指的是参加生产活动已不成为主要社会生活内容。需要强调的是，法定的年龄界限(各国有不同的标准)是唯一切实可行的衡量标准。

(3) 养老保险的目的是保障老年人的基本生活需求，为其提供稳定可靠的生活来源。

2. 医疗保险

医疗保险是为补偿疾病所带来的医疗费用的一种保险。医疗保险同其他类型的保险一样，也是以合同的方式预先向受疾病威胁的人收取医疗保险费，建立医疗保险基金，当被保险人患病并去医疗机构就诊而产生医疗费用后，由医疗保险机构给予一定的经济补偿。因此，医疗保险也具有保险的两大功能，即风险转移和补偿转移，也就是把个体身上由疾病风险所致的经济损失分摊给所有受同样风险威胁的成员，用集中起来的医疗保险基金来补偿由疾病所带来的经济损失。

3. 失业保险

失业保险是国家为保证失去工作的职工在失业期间获得一定的收入补偿而建立的社会保险制度。我国的失业保险是由国家法律规定的，通过建立失业保险基金，使失业人员在失业期间获得必要的经济帮助，保证其基本生活并通过转业训练、职业介绍等手段为其重新就业创造条件的一种社会保险制度。

我国失业保险基金的来源主要有四种，即企业交纳的失业保险费、失业保险费的利息收入、财政补贴和职工个人缴费。此外，失业保险基金的来源还有对失业保险基金进行增值的收入、运用生产自救费开展生产自救活动所获的纯收入，以及对未按规定交纳失业保险费的单位进行处罚获得的滞纳金收入等。

4. 工伤保险

工伤保险是国家和社会为在生产、工作中遭受事故伤害和患职业性疾病的劳动者及亲属提供医疗救治、生活保障、经济补偿、医疗和职业康复等物质帮助的一种社会保障制度。

劳动者享受工伤保险的权利是由《中华人民共和国宪法》和《中华人民共和国劳动法》给予根本保障的。为了使劳动者切实享受到工伤保险待遇，国务院于 2010 年 12 月 20 日修订了《工伤保险条例》，这一条例是现阶段实施工伤保险制度的政策措施，也是落实工伤待遇的主要依据。

5. 生育保险

生育保险是通过国家立法规定，在劳动者因生育子女而导致劳动力暂时中断时，由国家和社会及时给予物质帮助的一项社会保险制度。

我国生育保险待遇主要包括两项：一是生育津贴，用于保障女职工产假期间的基本生活需要；二是生育医疗待遇，用于保障女职工怀孕、分娩期间，及职工实施节育手术时的基本医疗保健需要。

生育保险的法律依据是 2018 年 12 月 29 日修正的《劳动法》和原劳动部于 1994 年 12 月 14 日发布的《企业职工生育保险试行办法》(劳部发〔1994〕504 号)，相关规定有 2012 年 4 月 28 日颁布的《女职工劳动保护特别规定》(国务院令第 619 号)。

(二) 住房公积金

住房公积金即通常所说的“五险一金”中的“一金”，指国家机关、国有企业、城镇集体企业、外商投资企业、城镇私营企业及其他城镇企业、事业单位为其在职职工缴存的长期住房储金。

住房公积金由两部分组成：一部分由职工所在单位缴存；另一部分由职工个人缴存。职工个人缴存部分由单位代扣，连同单位缴存部分一并缴存到住房公积金个人账户内。职工和单位住房公积金的缴存比例均不得低于职工上一年度月平均工资的 5%，不同城市的缴存比例有所不同。

住房公积金的提取及使用要遵从一定的章程。职工有下列情形之一的，可以提取住房公积金账户内的存储余额。

(1) 购买、建造、翻建、大修自住住房的。

(2) 离休、退休的。

(3) 完全丧失劳动能力，并与单位终止劳动关系的。

(4) 出境定居的。

(5) 偿还购房贷款本息的。

(6) 房租超出家庭工资收入的规定比例的。

依照前面第(2)、(3)、(4)项规定提取职工住房公积金的，应当同时注销职工住房公积金账户。

三、维护就业权益的方法和途径

在就业过程中，毕业生的权益有时会受到侵害，因此学会运用法律手段维护自身的合法权益是十分重要的。

(一) 维护就业权益的方法

毕业生在首次就业过程中，一定要时刻保持清醒的头脑，了解和掌握就业方面的知识和政策，并严格按照程序办事，使自己的合法权益能得到充分的保障，不致轻易受到侵害。

1. 慎重签订协议

毕业生在与用人单位签约时，落笔要慎重，要仔细研究就业协议书及其补充协议中的条款，确认合理合法后再签字；要重点注意试用期及违约条款的约定；尽量不要在协议书中留下空白条款；对用人单位的口头承诺要尽可能在补充协议中予以书面注明，并明确会在将来签订劳动合同时对此予以确认。

2. 敢于据法力争

如果毕业生在求职应聘和签订就业协议书的过程中发现自身权益受到侵害，千万不要因害怕失去就业机会而忍气吞声，要学会积极运用法律的武器，力争自己的合法权益。毕业生一定要明白，缺乏诚信、用心不轨的用人单位不去也罢，否则将来吃亏的还是自己。加强自身的维权意识，是阻止侵犯毕业生就业权益的现象泛滥的根本途径。

3. 借鉴专家意见

毕业生如果在首次就业的过程中遇到疑惑和困难，要及时咨询有关专家、老师和家长。毕竟毕业生在社会阅历方面还是一片空白，而法律专家的专业视角、学校老师的指导经验都可以为毕业生提供莫大的帮助。此外，往届校友在就业中的经验和教训，也是可供应届毕业生就业维权参考的一笔宝贵财富。

（二）维护就业权益的途径

毕业生就业工作是一项政策性、时限性、操作性都比较强的工作。毕业生要学会依据国家有关就业法律、政策、规章来对自身的合法权益进行保护。与毕业生就业权益相关的法律、法规主要有《中华人民共和国高等教育法》《中华人民共和国民法典》《中华人民共和国劳动法》《劳动保障监察条例》《中华人民共和国公务员法》等。

毕业生的就业权益保护主要分两个阶段：一是求职择业过程中（首次就业）的就业权益保护；二是就业上岗后（劳动关系）的就业权益保护。不同阶段的就业权益保护有着不同的侧重内容：前者主要集中在就业协议书的签订、试用期的纠纷等方面；后者主要集中在劳动合同的履行方面。

1. 与就业协议书有关的维权途径

大学毕业生就业中存在的一个突出问题，就是在履行就业协议书的过程中产生的纠纷。

当就业过程中出现一些侵害毕业生权益的行为时，毕业生可通过以下途径对自身权益实施保护。

（1）双方当事人在自愿、平等的基础上协商解决纠纷。如果毕业生在履行就业协议书的过程中与用人单位产生纠纷，可以通过协商的方式解决。

（2）依靠学校的保护。学校对毕业生权益的保护最为直接，制订了各项措施来规范毕业生就业指导和推荐。当用人单位在录用毕业生的过程中存在不公平、不公正的行为时，学校有权以拒绝签署就业协议书等手段维护毕业生的就业权益。

（3）依靠行政、权力机关和新闻媒体的力量保护自己的合法权益。当毕业生的合法权益受到侵害时，可以及时向当地行政部门（如劳动监察部门）投诉，也可以直接向有权主管用人单位的行政机关（如市场监督管理局）投诉或举报。经有关部门处理后，若合法权益仍未得到保护，毕业生有权依法向各级人民政府和人民代表大会机关申诉。此外，毕业生在权益受到侵害时，还可以向有关新闻媒体披露真实情况，借此获得社会舆论的监督、关注和支持。

2. 就业后的维权途径

《中华人民共和国劳动争议调解仲裁法》第四条规定："发生劳动争议，劳动者可以与用人单位协商，也可以请工会或者第三方共同与用人单位协商，达成和解协议。"第五条规定："发生劳动争议，当事人不愿协商、协商不成或者达成和解协议后不履行的，可以向调解组织申请调解；不愿调解、调解不成或者达成调解协议后不履行的，可以向劳动争议仲裁委员会申请仲裁；对仲裁裁决不服的，除本法另有规定的外，可以向人民法院提起诉讼。"

由上述规定可知，就业后的维权途径主要有三种：调解、仲裁、起诉。调解是指在查明事实、分清是非、明确责任的基础上，依照有关法律规定及劳动合同的约定，推动用人单位和劳动者之间相互谅解、解决争议的方式。当调解不成，一方当事人要求仲裁的，可以向劳动争议仲裁委员会申请仲裁，也可以不经调解直接向劳动争议仲裁委员会申请仲裁。诉讼程序是处理劳动争议的最后一道程序。对仲裁裁决不服的，可自收到仲裁裁决书之日起 15 日内向人民法院提起诉讼。

案例 7-9

口头约定导致的就业纠纷

一位去年毕业于山东师范大学的毕业生，自称是掉进合同陷阱的受害者。这名大学生在毕业前的一次人才招聘会上，把简历投给了一家房地产公司。公司总经理与他交谈后表示很满意，并许诺去公司后有房子住，月薪在 3000 元以上，希望他能当场签下合同。

公司总经理出具的是一份早已打印好的合同。该学生草草地浏览了一下合同，便怀着兴奋的心情在上面签下了自己的名字。几天后，他去公司上班，职位是公司销售部销售员。然而，之前口头承诺的月薪不低于 3000 元完全是子虚乌有的数字。因为销售人员的工资是上不封顶下不保底的，与销售额直接挂钩。该公司销售部有二十几名销售员，只有一位业绩突出的销售员曾经拿到过 3000 多元的月工资。公司许诺的住房是一间破旧的仓库，不到 40 平方米的面积，却住着 10 个人。他大呼上当，愤然找公司总经理理论。总经理却说："那是口头上说的，并没有写进合同里呀。你只要好好干，月工资肯定不会低于 3000 元的。至于住房，不就是条件差一点吗？"

他找出当初与公司签订的合同，工资条款只约定了"工资待遇高"，住房条款的用词则更模糊："由公司提供住处。"再往下看，他惊出了一身冷汗。合同规定："聘用期为 3 年，应聘方如毁约，需按照毁约时间交纳违约金，每年 5000 元。"也就是说，如果他要求解除合同，必须向公司交纳 1.5 万元的违约金。

案例分析

在大学生就业已从计划分配变为自主择业、双向选择的今天，劳动合同是规范就业市场的重要依据，是合同双方维护自己权利的法律武器。如果求职者与对方签订的是一份不利于自己的合同，那么合同就会变成对方用来对付自己的武器。因此，求职者在签订合同时一定要对合同内容斟酌清楚、仔细推敲，以防掉进合同陷阱。

签订劳动合同是求职过程的最后阶段，也是整个求职过程中的重中之重。大学毕业生在签订劳动合同时，一定要认真看清合同上的条款。

练习与思考

1. 就业协议书与劳动合同的联系和区别是什么？
2. 就业协议书包含哪些内容？
3. 劳动法对劳动合同中的试用期有哪些规定？
4. 毕业生在什么情况下可以单方面解除劳动合同？

实践训练

1. 小范在大学学的专业是护理，即将大学毕业。因为护士资格证的考试结果未出，暂时无法找到对口又称心的岗位，他决定先就业后择业，进入了一家贸易公司工作，想等拿到证书以后再选择专业对口的工作。他向班主任报告了就业去向，班主任让他与贸易公司签订就业协议书，作为学校统计本校大学生就业去向落实率的依据。小范正准备去签订就业协议书的时候，有同学提醒他，签订就业协议书后就不能保留应届生身份了，会影响今后求职、考编。小范听了以后，吓得不敢签了，立即打电话咨询班主任。经班主任详细解释后，小范放心地与单位签订了就业协议书。如果你是班主任，你会如何给小范解释。

2. 小杨大学毕业后，找到了一份比较满意的工作。在签订劳动合同时，用人单位提出，合同期限至少为 5 年。对此，小杨有些顾虑，他对这家用人单位还不是非常了解，不想长时间把自己局限在这里，希望有更多选择的自由。请问：小杨应该与用人单位签订 5 年合同吗？

3. 小孙毕业前与一家单位签订了就业协议书，并交纳了五千元保证金。小孙毕业后到该单位上班。但是工作不久后，她就感觉自己的身体状况很难适应单位高强度的工作，而且该工作也不适合今后的发展定位。于是在工作两个月后，她向单位递交了解除协议的申请，单位答应了她的离职要求，但是以违约为由扣留了她之前交纳的保证金。请问：小孙所在单位的这种做法是否合法？

4. 杨某是外地在沪就读的大学生，毕业前与上海一家房地产公司签订了就业协议书，约定毕业后由公司为其办理落户手续及必须工作两年，并约定违约金五千元。报到后，公司很快为杨某办妥了落户手续，待公司要与之签订劳动合同时，杨某却不愿意签订为期两年的劳动合同，只愿意签订一年，最终协商不成，杨某离开了公司。随后，公司将杨某告上法庭。请问：杨某的行为是否违法？

专题七习题.docx

全部习题答案.docx

参考文献

[1] 吴晟. 职业素质培养融入高职教育的探索[J]. 教育现代化,2021,8(55):161-164.

[2] 姜大源. 关于职业教育的几点哲学反思[J]. 教育与职业,2022(2):5-12.

[3] 刘彪文. 大学生创新创业基础[M]. 修订版. 南昌:江西高校出版社,2016.

[4] 曾天山. 试论"岗课赛证"综合育人[J]. 教育研究,2022(5):98-107.

附录

中华人民共和国职业教育法

（1996 年 5 月 15 日第八届全国人民代表大会常务委员会第十九次会议通过 2022 年 4 月 20 日第十三届全国人民代表大会常务委员会第三十四次会议修订）

第一章　总　　则

第一条　为了推动职业教育高质量发展，提高劳动者素质和技术技能水平，促进就业创业，建设教育强国、人力资源强国和技能型社会，推进社会主义现代化建设，根据宪法，制定本法。

第二条　本法所称职业教育，是指为了培养高素质技术技能人才，使受教育者具备从事某种职业或者实现职业发展所需要的职业道德、科学文化与专业知识、技术技能等职业综合素质和行动能力而实施的教育，包括职业学校教育和职业培训。

机关、事业单位对其工作人员实施的专门培训由法律、行政法规另行规定。

第三条　职业教育是与普通教育具有同等重要地位的教育类型，是国民教育体系和人力资源开发的重要组成部分，是培养多样化人才、传承技术技能、促进就业创业的重要途径。

国家大力发展职业教育，推进职业教育改革，提高职业教育质量，增强职业教育适应性，建立健全适应社会主义市场经济和社会发展需要、符合技术技能人才成长规律的职业教育制度体系，为全面建设社会主义现代化国家提供有力人才和技能支撑。

第四条　职业教育必须坚持中国共产党的领导，坚持社会主义办学方向，贯彻国家的教育方针，坚持立德树人、德技并修，坚持产教融合、校企合作，坚持面向市场、促进就业，坚持面向实践、强化能力，坚持面向人人、因材施教。

实施职业教育应当弘扬社会主义核心价值观，对受教育者进行思想政治教育和职业道德教育，培育劳模精神、劳动精神、工匠精神，传授科学文化与专业知识，培养技术技能，进行职业指导，全面提高受教育者的素质。

第五条　公民有依法接受职业教育的权利。

第六条　职业教育实行政府统筹、分级管理、地方为主、行业指导、校企合作、社会参与。

第七条　各级人民政府应当将发展职业教育纳入国民经济和社会发展规划，与促进就业创业和推动发展方式转变、产业结构调整、技术优化升级等整体部署、统筹实施。

第八条 国务院建立职业教育工作协调机制，统筹协调全国职业教育工作。

国务院教育行政部门负责职业教育工作的统筹规划、综合协调、宏观管理。国务院教育行政部门、人力资源社会保障行政部门和其他有关部门在国务院规定的职责范围内，分别负责有关的职业教育工作。

省、自治区、直辖市人民政府应当加强对本行政区域内职业教育工作的领导，明确设区的市、县级人民政府职业教育具体工作职责，统筹协调职业教育发展，组织开展督导评估。

县级以上地方人民政府有关部门应当加强沟通配合，共同推进职业教育工作。

第九条 国家鼓励发展多种层次和形式的职业教育，推进多元办学，支持社会力量广泛、平等参与职业教育。

国家发挥企业的重要办学主体作用，推动企业深度参与职业教育，鼓励企业举办高质量职业教育。

有关行业主管部门、工会和中华职业教育社等群团组织、行业组织、企业、事业单位等应当依法履行实施职业教育的义务，参与、支持或者开展职业教育。

第十条 国家采取措施，大力发展技工教育，全面提高产业工人素质。

国家采取措施，支持举办面向农村的职业教育，组织开展农业技能培训、返乡创业就业培训和职业技能培训，培养高素质乡村振兴人才。

国家采取措施，扶持革命老区、民族地区、边远地区、欠发达地区职业教育的发展。

国家采取措施，组织各类转岗、再就业、失业人员以及特殊人群等接受各种形式的职业教育，扶持残疾人职业教育的发展。

国家保障妇女平等接受职业教育的权利。

第十一条 实施职业教育应当根据经济社会发展需要，结合职业分类、职业标准、职业发展需求，制定教育标准或者培训方案，实行学历证书及其他学业证书、培训证书、职业资格证书和职业技能等级证书制度。

国家实行劳动者在就业前或者上岗前接受必要的职业教育的制度。

第十二条 国家采取措施，提高技术技能人才的社会地位和待遇，弘扬劳动光荣、技能宝贵、创造伟大的时代风尚。

国家对在职业教育工作中做出显著成绩的单位和个人按照有关规定给予表彰、奖励。

每年 5 月的第二周为职业教育活动周。

第十三条 国家鼓励职业教育领域的对外交流与合作，支持引进境外优质资源发展职业教育，鼓励有条件的职业教育机构赴境外办学，支持开展多种形式的职业教育学习成果互认。

第二章　职业教育体系

第十四条 国家建立健全适应经济社会发展需要，产教深度融合，职业学校教育和职业培训并重，职业教育与普通教育相互融通，不同层次职业教育有效贯通，服务全民终身学习的现代职业教育体系。

国家优化教育结构，科学配置教育资源，在义务教育后的不同阶段因地制宜、统筹推进职业教育与普通教育协调发展。

第十五条 职业学校教育分为中等职业学校教育、高等职业学校教育。

中等职业学校教育由高级中等教育层次的中等职业学校（含技工学校）实施。

高等职业学校教育由专科、本科及以上教育层次的高等职业学校和普通高等学校实施。根据高等职业学校设置制度规定，将符合条件的技师学院纳入高等职业学校序列。

其他学校、教育机构或者符合条件的企业、行业组织按照教育行政部门的统筹规划，可以实施相应层次的职业学校教育或者提供纳入人才培养方案的学分课程。

第十六条 职业培训包括就业前培训、在职培训、再就业培训及其他职业性培训，可以根据实际情况分级分类实施。

职业培训可以由相应的职业培训机构、职业学校实施。

其他学校或者教育机构以及企业、社会组织可以根据办学能力、社会需求，依法开展面向社会的、多种形式的职业培训。

第十七条 国家建立健全各级各类学校教育与职业培训学分、资历以及其他学习成果的认证、积累和转换机制，推进职业教育国家学分银行建设，促进职业教育与普通教育的学习成果融通、互认。

军队职业技能等级纳入国家职业资格认证和职业技能等级评价体系。

第十八条 残疾人职业教育除由残疾人教育机构实施外，各级各类职业学校和职业培训机构及其他教育机构应当按照国家有关规定接纳残疾学生，并加强无障碍环境建设，为残疾学生学习、生活提供必要的帮助和便利。

国家采取措施，支持残疾人教育机构、职业学校、职业培训机构及其他教育机构开展或者联合开展残疾人职业教育。

从事残疾人职业教育的特殊教育教师按照规定享受特殊教育津贴。

第十九条 县级以上人民政府教育行政部门应当鼓励和支持普通中小学、普通高等学校，根据实际需要增加职业教育相关教学内容，进行职业启蒙、职业认知、职业体验，开展职业规划指导、劳动教育，并组织、引导职业学校、职业培训机构、企业和行业组织等提供条件和支持。

第三章 职业教育的实施

第二十条 国务院教育行政部门会同有关部门根据经济社会发展需要和职业教育特点，组织制定、修订职业教育专业目录，完善职业教育教学等标准，宏观管理指导职业学校教材建设。

第二十一条 县级以上地方人民政府应当举办或者参与举办发挥骨干和示范作用的职业学校、职业培训机构，对社会力量依法举办的职业学校和职业培训机构给予指导和扶持。

国家根据产业布局和行业发展需要，采取措施，大力发展先进制造等产业需要的新兴专业，支持高水平职业学校、专业建设。

国家采取措施，加快培养托育、护理、康养、家政等方面技术技能人才。

第二十二条 县级人民政府可以根据县域经济社会发展的需要，设立职业教育中心学校，开展多种形式的职业教育，实施实用技术培训。

教育行政部门可以委托职业教育中心学校承担教育教学指导、教育质量评价、教师培训等职业教育公共管理和服务工作。

第二十三条 行业主管部门按照行业、产业人才需求加强对职业教育的指导，定期发布人才需求信息。

行业主管部门、工会和中华职业教育社等群团组织、行业组织可以根据需要，参与制定职业教育专业目录和相关职业教育标准，开展人才需求预测、职业生涯发展研究及信息咨询，培育供需匹配的产教融合服务组织，举办或者联合举办职业学校、职业培训机构，组织、协调、指导相关企业、事业单位、社会组织举办职业学校、职业培训机构。

第二十四条 企业应当根据本单位实际，有计划地对本单位的职工和准备招用的人员实施职业教育，并可以设置专职或者兼职实施职业教育的岗位。

企业应当按照国家有关规定实行培训上岗制度。企业招用的从事技术工种的劳动者，上岗前必须进行安全生产教育和技术培训；招用的从事涉及公共安全、人身健康、生命财产安全等特定职业（工种）的劳动者，必须经过培训并依法取得职业资格或者特种作业资格。

企业开展职业教育的情况应当纳入企业社会责任报告。

第二十五条 企业可以利用资本、技术、知识、设施、设备、场地和管理等要素，举办或者联合举办职业学校、职业培训机构。

第二十六条 国家鼓励、指导、支持企业和其他社会力量依法举办职业学校、职业培训机构。

地方各级人民政府采取购买服务，向学生提供助学贷款、奖助学金等措施，对企业和其他社会力量依法举办的职业学校和职业培训机构予以扶持；对其中的非营利性职业学校和职业培训机构还可以采取政府补贴、基金奖励、捐资激励等扶持措施，参照同级同类公办学校生均经费等相关经费标准和支持政策给予适当补助。

第二十七条 对深度参与产教融合、校企合作，在提升技术技能人才培养质量、促进就业中发挥重要主体作用的企业，按照规定给予奖励；对符合条件认定为产教融合型企业的，按照规定给予金融、财政、土地等支持，落实教育费附加、地方教育附加减免及其他税费优惠。

第二十八条 联合举办职业学校、职业培训机构的，举办者应当签订联合办学协议，约定各方权利义务。

地方各级人民政府及行业主管部门支持社会力量依法参与联合办学，举办多种形式的职业学校、职业培训机构。

行业主管部门、工会等群团组织、行业组织、企业、事业单位等委托学校、职业培训机构实施职业教育的，应当签订委托合同。

第二十九条 县级以上人民政府应当加强职业教育实习实训基地建设，组织行业主管部门、工会等群团组织、行业组织、企业等根据区域或者行业职业教育的需要建设高水平、专业化、开放共享的产教融合实习实训基地，为职业学校、职业培训机构开展实习实训和企业开展培训提供条件和支持。

第三十条 国家推行中国特色学徒制，引导企业按照岗位总量的一定比例设立学徒岗位，鼓励和支持有技术技能人才培养能力的企业特别是产教融合型企业与职业学校、职业培训机构开展合作，对新招用职工、在岗职工和转岗职工进行学徒培训，或者与职业学校联合招收学生，以工学结合的方式进行学徒培养。有关企业可以按照规定享受补贴。

企业与职业学校联合招收学生，以工学结合的方式进行学徒培养的，应当签订学徒培养协议。

第三十一条 国家鼓励行业组织、企业等参与职业教育专业教材开发，将新技术、新工艺、新理念纳入职业学校教材，并可以通过活页式教材等多种方式进行动态更新；支持运用信息技术和其他现代化教学方式，开发职业教育网络课程等学习资源，创新教学方式和学校管理方式，推动职业教育信息化建设与融合应用。

第三十二条 国家通过组织开展职业技能竞赛等活动，为技术技能人才提供展示技能、切磋技艺的平台，持续培养更多高素质技术技能人才、能工巧匠和大国工匠。

第四章 职业学校和职业培训机构

第三十三条 职业学校的设立，应当符合下列基本条件：

（一）有组织机构和章程；

（二）有合格的教师和管理人员；

（三）有与所实施职业教育相适应、符合规定标准和安全要求的教学及实习实训场所、设施、设备以及课程体系、教育教学资源等；

（四）有必备的办学资金和与办学规模相适应的稳定经费来源。

设立中等职业学校，由县级以上地方人民政府或者有关部门按照规定的权限审批；设立实施专科层次教育的高等职业学校，由省、自治区、直辖市人民政府审批，报国务院教育行政部门备案；设立实施本科及以上层次教育的高等职业学校，由国务院教育行政部门审批。

专科层次高等职业学校设置的培养高端技术技能人才的部分专业，符合产教深度融合、办学特色鲜明、培养质量较高等条件的，经国务院教育行政部门审批，可以实施本科层次的职业教育。

第三十四条 职业培训机构的设立，应当符合下列基本条件：

（一）有组织机构和管理制度；

（二）有与培训任务相适应的课程体系、教师或者其他授课人员、管理人员；

（三）有与培训任务相适应、符合安全要求的场所、设施、设备；

（四）有相应的经费。

职业培训机构的设立、变更和终止，按照国家有关规定执行。

第三十五条 公办职业学校实行中国共产党职业学校基层组织领导的校长负责制，中国共产党职业学校基层组织按照中国共产党章程和有关规定，全面领导学校工作，支持校长独立负责地行使职权。民办职业学校依法健全决策机制，强化学校的中国共产党基层组织政治功能，保证其在学校重大事项决策、监督、执行各环节有效发挥作用。

校长全面负责本学校教学、科学研究和其他行政管理工作。校长通过校长办公会或者校务会议行使职权，依法接受监督。

职业学校可以通过咨询、协商等多种形式，听取行业组织、企业、学校毕业生等方面代表的意见，发挥其参与学校建设、支持学校发展的作用。

第三十六条 职业学校应当依法办学，依据章程自主管理。

职业学校在办学中可以开展下列活动：

（一）根据产业需求，依法自主设置专业；

（二）基于职业教育标准制定人才培养方案，依法自主选用或者编写专业课程教材；

（三）根据培养技术技能人才的需要，自主设置学习制度，安排教学过程；

（四）在基本学制基础上，适当调整修业年限，实行弹性学习制度；

（五）依法自主选聘专业课教师。

第三十七条 国家建立符合职业教育特点的考试招生制度。

中等职业学校可以按照国家有关规定，在有关专业实行与高等职业学校教育的贯通招生和培养。

高等职业学校可以按照国家有关规定，采取文化素质与职业技能相结合的考核方式招收学生；对有突出贡献的技术技能人才，经考核合格，可以破格录取。

省级以上人民政府教育行政部门会同同级人民政府有关部门建立职业教育统一招生平台，汇总发布实施职业教育的学校及其专业设置、招生情况等信息，提供查询、报考等服务。

第三十八条 职业学校应当加强校风学风、师德师风建设，营造良好学习环境，保证教育教学质量。

第三十九条 职业学校应当建立健全就业创业促进机制，采取多种形式为学生提供职业规划、职业体验、求职指导等就业创业服务，增强学生就业创业能力。

第四十条 职业学校、职业培训机构实施职业教育应当注重产教融合，实行校企合作。

职业学校、职业培训机构可以通过与行业组织、企业、事业单位等共同举办职业教育机构、组建职业教育集团、开展订单培养等多种形式进行合作。

国家鼓励职业学校在招生就业、人才培养方案制定、师资队伍建设、专业规划、课程设置、教材开发、教学设计、教学实施、质量评价、科学研究、技术服务、科技成果转化以及技术技能创新平台、专业化技术转移机构、实习实训基地建设等方面，与相关行业组织、企业、事业单位等建立合作机制。开展合作的，应当签订协议，明确双方权利义务。

第四十一条 职业学校、职业培训机构开展校企合作、提供社会服务或者以实习实训为目的举办企业、开展经营活动取得的收入用于改善办学条件；收入的一定比例可以用于支付教师、企业专家、外聘人员和受教育者的劳动报酬，也可以作为绩效工资来源，符合国家规定的可以不受绩效工资总量限制。

职业学校、职业培训机构实施前款规定的活动，符合国家有关规定的，享受相关税费优惠政策。

第四十二条 职业学校按照规定的收费标准和办法，收取学费和其他必要费用；符合国家规定条件的，应当予以减免；不得以介绍工作、安排实习实训等名义违法收取费用。

职业培训机构、职业学校面向社会开展培训的，按照国家有关规定收取费用。

第四十三条 职业学校、职业培训机构应当建立健全教育质量评价制度，吸纳行业组织、企业等参与评价，并及时公开相关信息，接受教育督导和社会监督。

县级以上人民政府教育行政部门应当会同有关部门、行业组织建立符合职业教育特点的质量评价体系，组织或者委托行业组织、企业和第三方专业机构，对职业学校的办学质量进行评估，并将评估结果及时公开。

职业教育质量评价应当突出就业导向，把受教育者的职业道德、技术技能水平、就业质量作为重要指标，引导职业学校培养高素质技术技能人才。

有关部门应当按照各自职责，加强对职业学校、职业培训机构的监督管理。

第五章 职业教育的教师与受教育者

第四十四条 国家保障职业教育教师的权利，提高其专业素质与社会地位。

县级以上人民政府及其有关部门应当将职业教育教师的培养培训工作纳入教师队伍建设规划，保证职业教育教师队伍适应职业教育发展的需要。

第四十五条 国家建立健全职业教育教师培养培训体系。

各级人民政府应当采取措施，加强职业教育教师专业化培养培训，鼓励设立专门的职业教育师范院校，支持高等学校设立相关专业，培养职业教育教师；鼓励行业组织、企业共同参与职业教育教师培养培训。

产教融合型企业、规模以上企业应当安排一定比例的岗位，接纳职业学校、职业培训机构教师实践。

第四十六条 国家建立健全符合职业教育特点和发展要求的职业学校教师岗位设置和职务（职称）评聘制度。

职业学校的专业课教师（含实习指导教师）应当具有一定年限的相应工作经历或者实践经验，达到相应的技术技能水平。

具备条件的企业、事业单位经营管理和专业技术人员，以及其他有专业知识或者特殊技能的人员，经教育教学能力培训合格的，可以担任职业学校的专职或者兼职专业课教师；取得教师资格的，可以根据其技术职称聘任为相应的教师职务。取得职业学校专业课教师资格可以视情况降低学历要求。

第四十七条 国家鼓励职业学校聘请技能大师、劳动模范、能工巧匠、非物质文化遗产代表性传承人等高技能人才，通过担任专职或者兼职专业课教师、设立工作室等方式，参与人才培养、技术开发、技能传承等工作。

第四十八条 国家制定职业学校教职工配备基本标准。省、自治区、直辖市应当根据基本标准，制定本地区职业学校教职工配备标准。

县级以上地方人民政府应当根据教职工配备标准、办学规模等，确定公办职业学校教职工人员规模，其中一定比例可以用于支持职业学校面向社会公开招聘专业技术人员、技能人才担任专职或者兼职教师。

第四十九条 职业学校学生应当遵守法律、法规和学生行为规范，养成良好的职业道德、职业精神和行为习惯，努力学习，完成规定的学习任务，按照要求参加实习实训，掌握技术技能。

职业学校学生的合法权益，受法律保护。

第五十条 国家鼓励企业、事业单位安排实习岗位，接纳职业学校和职业培训机构的学生实习。接纳实习的单位应当保障学生在实习期间按照规定享受休息休假、获得劳动安全卫生保护、参加相关保险、接受职业技能指导等权利；对上岗实习的，应当签订实习协议，给予适当的劳动报酬。

职业学校和职业培训机构应当加强对实习实训学生的指导，加强安全生产教育，协商实习单位安排与学生所学专业相匹配的岗位，明确实习实训内容和标准，不得安排学生从事与所学专业无关的实习实训，不得违反相关规定通过人力资源服务机构、劳务派遣单位，或者通过非法从事人力资源服务、劳务派遣业务的单位或个人组织、安排、管理学生实习实训。

第五十一条 接受职业学校教育，达到相应学业要求，经学校考核合格的，取得相应的学业证书；接受职业培训，经职业培训机构或者职业学校考核合格的，取得相应的培训证书；经符合国家规定的专门机构考核合格的，取得相应的职业资格证书或者职业技能等级证书。

学业证书、培训证书、职业资格证书和职业技能等级证书，按照国家有关规定，作为受教育者从业的凭证。

接受职业培训取得的职业技能等级证书、培训证书等学习成果，经职业学校认定，可以转化为相应的学历教育学分；达到相应职业学校学业要求的，可以取得相应的学业证书。

接受高等职业学校教育，学业水平达到国家规定的学位标准的，可以依法申请相应学位。

第五十二条 国家建立对职业学校学生的奖励和资助制度，对特别优秀的学生进行奖励，对经济困难的学生提供资助，并向艰苦、特殊行业等专业学生适当倾斜。国家根据经济社会发展情况适时调整奖励和资助标准。

国家支持企业、事业单位、社会组织及公民个人按照国家有关规定设立职业教育奖学金、助学金，奖励优秀学生，资助经济困难的学生。

职业学校应当按照国家有关规定从事业收入或者学费收入中提取一定比例资金，用于奖励和资助学生。

省、自治区、直辖市人民政府有关部门应当完善职业学校资助资金管理制度，规范资助资金管理使用。

第五十三条 职业学校学生在升学、就业、职业发展等方面与同层次普通学校学生享有平等机会。

高等职业学校和实施职业教育的普通高等学校应当在招生计划中确定相应比例或者采取单独考试办法，专门招收职业学校毕业生。

各级人民政府应当创造公平就业环境。用人单位不得设置妨碍职业学校毕业生平等就业、公平竞争的报考、录用、聘用条件。机关、事业单位、国有企业在招录、招聘技术技能岗位人员时，应当明确技术技能要求，将技术技能水平作为录用、聘用的重要条件。事业单位公开招聘中有职业技能等级要求的岗位，可以适当降低学历要求。

第六章　职业教育的保障

第五十四条　国家优化教育经费支出结构，使职业教育经费投入与职业教育发展需求相适应，鼓励通过多种渠道依法筹集发展职业教育的资金。

第五十五条　各级人民政府应当按照事权和支出责任相适应的原则，根据职业教育办学规模、培养成本和办学质量等落实职业教育经费，并加强预算绩效管理，提高资金使用效益。

省、自治区、直辖市人民政府应当制定本地区职业学校生均经费标准或者公用经费标准。职业学校举办者应当按照生均经费标准或者公用经费标准按时、足额拨付经费，不断改善办学条件。不得以学费、社会服务收入冲抵生均拨款。

民办职业学校举办者应当参照同层次职业学校生均经费标准，通过多种渠道筹措经费。

财政专项安排、社会捐赠指定用于职业教育的经费，任何组织和个人不得挪用、克扣。

第五十六条　地方各级人民政府安排地方教育附加等方面的经费，应当将其中可用于职业教育的资金统筹使用；发挥失业保险基金作用，支持职工提升职业技能。

第五十七条　各级人民政府加大面向农村的职业教育投入，可以将农村科学技术开发、技术推广的经费适当用于农村职业培训。

第五十八条　企业应当根据国务院规定的标准，按照职工工资总额一定比例提取和使用职工教育经费。职工教育经费可以用于举办职业教育机构、对本单位的职工和准备招用人员进行职业教育等合理用途，其中用于企业一线职工职业教育的经费应当达到国家规定的比例。用人单位安排职工到职业学校或者职业培训机构接受职业教育的，应当在其接受职业教育期间依法支付工资，保障相关待遇。

企业设立具备生产与教学功能的产教融合实习实训基地所发生的费用，可以参照职业学校享受相应的用地、公用事业费等优惠。

第五十九条　国家鼓励金融机构通过提供金融服务支持发展职业教育。

第六十条　国家鼓励企业、事业单位、社会组织及公民个人对职业教育捐资助学，鼓励境外的组织和个人对职业教育提供资助和捐赠。提供的资助和捐赠，必须用于职业教育。

第六十一条　国家鼓励和支持开展职业教育的科学技术研究、教材和教学资源开发，推进职业教育资源跨区域、跨行业、跨部门共建共享。

国家逐步建立反映职业教育特点和功能的信息统计和管理体系。

县级以上人民政府及其有关部门应当建立健全职业教育服务和保障体系，组织、引导工会等群团组织、行业组织、企业、学校等开展职业教育研究、宣传推广、人才供需对接等活动。

第六十二条　新闻媒体和职业教育有关方面应当积极开展职业教育公益宣传，弘扬技术技能人才成长成才典型事迹，营造人人努力成才、人人皆可成才、人人尽展其才的良好社会氛围。

第七章　法 律 责 任

第六十三条　在职业教育活动中违反《中华人民共和国教育法》《中华人民共和国劳

动法》等有关法律规定的，依照有关法律的规定给予处罚。

第六十四条 企业未依照本法规定对本单位的职工和准备招用的人员实施职业教育、提取和使用职工教育经费的，由有关部门责令改正；拒不改正的，由县级以上人民政府收取其应当承担的职工教育经费，用于职业教育。

第六十五条 职业学校、职业培训机构在职业教育活动中违反本法规定的，由教育行政部门或者其他有关部门责令改正；教育教学质量低下或者管理混乱，造成严重后果的，责令暂停招生、限期整顿；逾期不整顿或者经整顿仍达不到要求的，吊销办学许可证或者责令停止办学。

第六十六条 接纳职业学校和职业培训机构学生实习的单位违反本法规定，侵害学生休息休假、获得劳动安全卫生保护、参加相关保险、接受职业技能指导等权利的，依法承担相应的法律责任。

职业学校、职业培训机构违反本法规定，通过人力资源服务机构、劳务派遣单位或者非法从事人力资源服务、劳务派遣业务的单位或个人组织、安排、管理学生实习实训的，由教育行政部门、人力资源社会保障行政部门或者其他有关部门责令改正，没收违法所得，并处违法所得一倍以上五倍以下的罚款；违法所得不足一万元的，按一万元计算。

对前款规定的人力资源服务机构、劳务派遣单位或者非法从事人力资源服务、劳务派遣业务的单位或个人，由人力资源社会保障行政部门或者其他有关部门责令改正，没收违法所得，并处违法所得一倍以上五倍以下的罚款；违法所得不足一万元的，按一万元计算。

第六十七条 教育行政部门、人力资源社会保障行政部门或者其他有关部门的工作人员违反本法规定，滥用职权、玩忽职守、徇私舞弊的，依法给予处分；构成犯罪的，依法追究刑事责任。

第八章　附　　则

第六十八条 境外的组织和个人在境内举办职业学校、职业培训机构，适用本法；法律、行政法规另有规定的，从其规定。

第六十九条 本法自 2022 年 5 月 1 日起施行。